青年发展导论

QINGNIAN FAZHAN DAOLUN

主编　胡荣华
副主编　林　楠

广东高等教育出版社
Guangdong Higher Education Press
·广州·

图书在版编目（CIP）数据

青年发展导论/胡荣华主编. —广州：广东高等教育出版社，2016. 11
ISBN 978 - 7 - 5361 - 5731 - 6

Ⅰ. ①青… Ⅱ. ①胡… Ⅲ. ①青年工作 - 中国 - 高等职业教育 - 教材
Ⅳ. ①D432. 6

中国版本图书馆 CIP 数据核字（2016）第 215660 号

出版发行	广东高等教育出版社 社址：广州市天河区林和西横路 邮编：510500 营销电话：(020) 87553335 http://www. gdgjs. com. cn
印　　刷	广州市穗彩印务有限公司
开　　本	787 毫米×1 092 毫米 1/16
印　　张	14
字　　数	340 千
版　　次	2016 年 11 月第 1 版
印　　次	2016 年 11 月第 1 次印刷
定　　价	30. 00 元

CONTENTS

目　　录

目　录

CONTENTS

CONTENTS

目　　录

CHAPTER 01

专题一
青年发展的理论基础与意义

导 言

一个有远见的民族，总是把关注的目光投向青年。青年发展水平既代表社会的未来发展，更代表着社会进步价值的现实落脚点。青年兴则国兴。青年人是社会发展的主力军，是国家经济建设的中坚力量，不管是任何国家都会把培养青少年作为重点来抓，因为他们直接决定着一个国家未来的发展。青年强则国强。现在世界的竞争归根到底是科学技术的竞争，而青年人正掌握着世界最先进的科学理论和科学技术。未来世界的竞争是青年人智慧的竞争，青年人担负着时代发展的重任，是我国社会发展的生力军。只有青年人不断强大，我们才能永驻世界民族之林。

精彩故事

“如今我们回来了，你们看便不同了!”这是1919年7月，28岁的胡适在北京“少年中国学会”演讲时的结束语，胡适说：“这便是少年中国的精神。”1919年中国最耀眼的历史标签是“五四运动”，但最重要的历史标签，则是“少年中国学会”。

戊戌变法失败两年后，梁启超写了一篇《少年中国说》的散文。文中极力歌颂少年的朝气蓬勃，指出封建统治下的中国是“老大帝国”，热切希望出现“少年中国”，振奋人民的精神。18年后，“少年中国学会”将中国最优秀的青年聚集到了一起。这些青年要为混乱的中国寻一条新的出路。发起人王光祈日后曾如此解释当日组织“学会”的缘由：

“学会何为而发生乎?有数十青年同志，既慨民族之衰亡，又受时代之影响，知非有一班终身从事社会改革之青年，不足以救吾族，于是不度德、不量力，结为斯会，以‘社会活动’为旗帜，奔走呼号，为天下倡。”

这一年，学会的一个边缘成员在《湘江评论》创刊号上大呼“民众的大联合”。这不是什么了不得的宣言，但这宣言意味着：青年已决心另起炉灶，去造就一个新时代。1919年，这名叫作毛泽东的青年学生在接到学会印制的一份“‘少中’会员终身志业调查表”时，他明确地填写了四个字：“教育事业”。

又过了20年，时人不无惊讶地发现：活跃在政坛、学坛上那些鼎鼎大名的人物，许多都是“少年中国学会”的会员。“少年中国学会”会员李大钊、高君宇、恽代英、邓中夏、张闻天、赵世炎、黄日葵、沈泽民、杨贤江、刘仁静、萧楚女、毛泽东等参与组织了共产党，成为领袖和骨干。杨亮功、易君左、程沧波、吴宝丰、沈怡、周佛海（先加入共产党）等加入了国民党。青年党发起人曾琦、左舜生、李璜、陈启天等几乎清一色都是“少年中国学会”会员。还有孟寿椿、康纪鸿等会员发起过一个昙花一现的“新中国党”。另外的人包括了音乐家王光祈、小说家李劼人、散文家朱自清、美学家宗白华、戏剧家田汉、教育家吴俊升、地质学家杨钟健、诗人康白情、哲学家方东美、实业家卢作孚，以及许德珩、张申府、周炳琳、舒新城等，他们的选择同样在这块土地上留下了痕迹。在这份名单面前，历史将会长久地沉思。

天下，果然成了“少年中国学会之天下”。

◎思考：

祖国的未来寄托在青年人身上，青年是国家强大的真正宝贵资源，是国家期望所在。习近平总书记指出：“青年兴则国兴，青年强则国强。”请结合材料，谈一谈你怎么看待青年发展与国家兴盛之间的联系？

情景导入

一、班级调查

1. 你认为什么是青年发展？
2. 你如何看待当前青年发展的社会大环境？
3. 你认为当前青年发展呈现什么样的趋势？

二、案例分析

【案例1】 2015年广州市高校毕业生大型供需见面会暨全国人力资源市场高校毕业生就业服务周（广州）人才招聘大会在华南理工大学举行。共有539家用人企业参会，提供2 488个适合高校毕业生的就业岗位，招聘人数14 476人，招聘人数比去年同期增加7.1%，1万多名高校毕业生进场。2016年广州市高校毕业生就业总量预计为25万~30万人，就业总量压力大。在经济增速放缓、下行压力持续加大、产业结构调整的大背景下，就业形势将更加严峻复杂。

【案例2】 重庆某小伙子今年22岁，无业，“啃老”族，嫌自己的“苹果4S”抢红包慢，经常遭到朋友的冷嘲热讽，要求母亲给他买新出的“苹果6S”手机。母亲拿不出钱来买，该小伙竟然一气之下摔了自己的手机，还嚷着要自杀，并径直蹲上卧室窗台。

◎问题：

结合案例和自身情况，思考当前青年发展存在哪些问题？

探求新知

伴随中国经济的快速增长，实际上已经出现了青年问题与社会问题的“同构现象”。即当下社会中出现的许多问题，从人口统计学意义上就直接表现为青年问题，如就业问题、教育问题、农民工问题，以及道德失范、性与犯罪、艾滋病、心理疾患、网络成瘾等问题。从年龄、数量等特征上看，青年已成为社会问题之主体人群。因此，当代青年发展与青年问题日益成为构建和谐社会需要解决的一个重要“公共议题”。

第一节 青年发展的含义

如何使青年拥有良好的品质，健康地成长，成为国家的主力军？这是人类发展和教育过程中的重要问题。当下，时代知识技术的进步在召唤年轻人坚定地履行新的历史使命。大学生作为青年中掌握着科学理论知识的一群人，是“科教兴国”战略的受益者和实践者，应该在实现自身发展的同时，义不容辞地挑起振兴祖国科技事业、实现中华民族伟大复兴的重担。

一、青年发展的定义

21 世纪，世界各国都在关注社会的发展和进步，更把关注的目光投向年轻一代的发展。21 世纪青年研究的主题扩展至“青年发展”。青年发展主要包括两层含义：一是青年自身的个体性发展，即青年在身心发育、价值观形成、个体素养养成和能力培养等所有涉及青年个体性发展、变化倾向及过程；二是青年与其身处的社会环境之间的融合过程，即青年社会化过程，这一过程是青年与社会互动发展的过程。无论是青年自身主体的发展过程，还是青年社会化过程，社会思想、文化等环境条件对这些过程都会产生极大的影响作用。

相应地，“青年发展问题”可以这样概括：指由社会环境、条件、制度等因素所形成的那些影响青年正常社会化发展的社会外在规定性。这种外在规定性又必然表现为各种社会现实问题。应该说，经过 30 年改革开放，中国社会事实上已经出现青年发展问题与社会发展问题的“同构现象”。即当今社会出现的许多问题，从年龄、数量等统计指标看，就明显表现为青年发展问题，如青年思想道德、价值理念、个性心理等隐性问题，以及青年教育、就业、婚恋等显性问题。

二、青年发展的目标

青年是社会中最积极、最有活力的一个群体，发展是其第一要义。青年发展的目标分为社会目标和个人目标。青年能力的提升、自我实现的愿望都取决于青年的社会目标与个人理想、抱负的选择与结合。青年所关注的价值观塑造、教育、交往、就业等问题，都是与青年发展这个主题密切相关的。研究社会的发展必须要研究青年的发展对社会的作用与影响。

（一）青年发展的社会目标

青年的命运是同整个国家、民族、社会的命运紧紧联系在一起的，青年发展的社会目标对于青年和社会来说都是非常重要的。由于社会有其客观发展目标，每个青年又有自己的理想抱负，这就使得青年发展的社会目标具有两方面的意义。

一是青年对社会的要求。青年个体发展性决定了他们对社会有着众多的发展要求。因此，青年寄希望于国家社会为其创造更多的发展良机，他们对社会环境、资源、社会福利等的要求是否得到满足都影响着青年对社会的满意度。

二是社会对青年的要求。每个社会都会根据自身的社会制度和历史文化背景来决定国家的价值观，因此，社会中的个体也会受其影响。而社会更是赋予青年更大的希望，将青年发展纳入社会发展当中。社会不仅运用经济、政治、文化、习惯的力量去影响青年，而且社会的管理者还会动用某些强制的力量迫使青年与社会发展目标相一致。一些法令和纪律就是为此而制定的，例如教育法、就业法等。

青年发展的社会目标就是要兼顾上述两个方面，找出它们的共同要素。只有青年的个人目标与社会目标具有一致性，才能促进青年和社会双重和谐发展，青年背负着国家社会的未来，当个人能力得到充分的发展，社会也能从青年方面获得前进的力量。

（二）青年发展的个人目标

当今青年在人生理想方面表现出的主要特征是：既注重精神的价值，又注重物质的价值。社会生活中的青年，为实现自我发展或达到某种要求、目的而确定的目标称为个人目标。个人目标是青年在家庭和社会环境的影响下，根据自身的兴趣爱好而做出的自我选择的结果。青年发展的个人目标一般以自己的理想、抱负的形式表现出来，它主要包括道德理想、生活理想、职业理想等。

道德理想就是对于自己人格模式和道德形象的选择与追求。早在小学阶段的教育中，少年就会从古今中外众多人物中找寻自己仰慕的模范人物，并根据所接受的道德标准来评价人和事。到了青年时代，这些标准将会被青年所内化，形成自身的道德评价。这就直接影响其道德信念和人格塑造。

生活理想就是生活上追求的目标。人们生存在一定的经济条件和社会利益关系中，青年的发展性决定了他们对自己的未来生活充满着设想，有着一定的追求；同时，社会的发展、家庭关系的变化等也推动着青年在物质层面、精神层面等实际生活问题上都有着个人目标。

职业理想是指青年根据行业发展状况和个人情况，凭借自身条件和想象而确立的职业目标，即个人渴望达到的职业最高境界。它是实现个人生活理想、道德理想的基础，是人们对职业活动和职业成就的超前反映，与人的价值观、职业期待、职业目标密切相关的。

青年的个人目标受到社会制度和社会发展情况的制约，青年的道德理想、生活理想和职业理想都必须要符合实际情况，否则就会遭遇来自各方面的阻力。青年在实现个人目标的过程中，逐步提升个人素质和能力；同时还需正确地处理集体与个人、国家利益与个人利益、民族前途与个人前途的关系，自觉认识到国家社会健康稳定地发展是青年发展的前提条件，个人目标与社会目标是辩证统一的关系。

第二节 青年发展的理论基础

从总体上看，随着跨学科、跨专业研究的重要性凸显，学术界对研究自由的态度，和社会与政治的民主化、人权与自由的普遍化、经济的发展、青年的生活与社会地位的转变，青年研究的学科领域不断扩大，范围包括青年学、心理学、社会学、教育学、政治学、经济学和历史学等，促使青年研究的理论朝多方面发展。

一、从青年本身看

寻觅青年发展理论的轨迹，不难发现，生理与心理方面的特征是当代中国青年最基本的特征，也是形成当代青年其他特征的前提和基础。因此我们有必要先讨论青年发展的生理基础和心理基础。

（一）青年的生理基础

在生理方面，“青年”概念有两层含义：一是以年龄作为划分依据，与少年、中年以及老年做区分。青年是现代社会一个特定年龄阶段群体概念，不同组织对其范畴有不同的界定。根据联合国官方微博在2016年5月4日中午发布“严正声明”，称联合国对于“青年”的定义是年龄介于15~24岁之间的群体。在国内，国家统计局在人口普查中界定15~34岁为青年人口（人口普查）；共青团对团员年龄的规定为：年龄在14周岁以上，28周岁以下都属于“青年”这个概念范畴当中。二是指生理各方面发育迅速。青年生理发育逐渐成熟，有着强健的体魄，青年的身高、体重、力量等方面发展迅速，大脑和神经系统逐渐发育健全以及性机能逐渐发育成熟。

青年生理学研究的是青年生理的局部发生观象。在人的一生中，身体发育和智力发育的黄金时期是青春期，青春期是决定一个人体质、心理、性格和智力发展的关键时期。一方面，身高体重增加是一个重要特征，神经系统和心肺等器官功能也显著增强，青春期人的体型也表现出明显的两性差异——自然态的男性躯干在第二性征上表现为宽肩窄臀、肌肉发达，而自然态的女性躯干在第二性征上呈现出与男性完全相反的鲜明特征，即：宽臀削肩、脂肪丰富、皮肤细腻、乳房丰满突出，形成柔和的曲线美。青春期还出现脑皮层细胞在机能上的成熟，它具体表现为感知觉非常灵敏，记忆力、思维力、想象力不断提高，脑和中枢神经系统的发展为青年的心理发展，特别是抽象思维能力的发展奠定了物质基础，从而为系统地深入掌握高难度的知识提供了生理条件。另一方面性发育和性成熟也是青春期的重要特征，男孩和女孩的性器官都迅速发育，男性的睾丸和女性的卵巢重量增加，并能够产生生殖细胞和分泌性激素，性激素能促进第二性征的出现。生理许多指数已经基本定型。青年不是发生在生理成熟之后，而是发生在生理成熟之中。

（二）青年的心理基础

青年在身体功能逐渐发育成熟的同时也在逐渐步入社会，他们要求独立自主地活动，在对人和事的态度、情绪情感的表达方式以及行为的内容等都发生了明显的变化，同时也渴望社会、学校和家长能给予他们成人式的信任和尊重。

从整体上看，当代青年心理健康向上，具备许多不同于其他年龄阶段的特征：他们有很强的独立意识、自我意识，崇尚自由，但又无法彻底摆脱对父母的依赖，甚至有时会表现出对父母的绝对服从；有较强的自尊心和自信心；想象丰富、抽象思维活跃、记忆力旺盛；情绪敏感而丰富，但易走极端；具有强烈的求知欲、广泛的兴趣爱好；等等。而伴随着中国经济社会的快速发展和医疗卫生体系的不断完善，当代中国青年拥有更加丰富的物质条件、教育条件以及父母的关爱，相比较于改革开放前的青年，当代青年获得了更多心理健康的保障，在心理方面的发展条件也更加优越。

心理素质的优劣影响和制约着人的全面素质的发展。心理素质是一个人在生活实践中，由于心理活动的积淀而逐渐形成并相对稳定的基础性的心理结构和品质，在个体的整个素质系统中起着基础与支架的作用。青年大学生的心理素质的发展正处于青年中期，心理状态正在走向成熟但又未真正成熟，具有一定的可塑性。

青年生理学、心理学的研究成果为我们提供了青年发展最基本的理论基础。

二、从社会层面看

（一）青年在历史进程中的作用

历史和众多经验证明，青年是历史进程中的先驱者和领导者。当中华民族面临外国侵略者时，先进青年为国家前途命运奔走于时代的前列，引领着社会的变革发展。中共一大的13名代表，其平均年龄只有28岁，最年轻的仅19岁，他们中许多人都成了后来中国革命的中坚力量。此外，中国青年学生在中国近现代史上曾发动过多次革命斗争，在反帝反封建反官僚资本的道路上添上了浓墨重彩的一笔。中国近现代史上两大学生运动——“五四”运动及“一二·九”运动，其核心力量都是爱国青年。从这两次学生运动中可以看出近代青年学生不断追求进步的历史轨迹，虽然两次学生运动发生的时代背景不同，但前后相继、一脉相承。

正是青年在社会发展中迸发着无限的活力和能量，为国家、为民族贡献着自己的每一分力量，才使得我们中华民族摆脱半殖民地半封建社会的历史，向着中华民族的伟大复兴的道路前进。中国正在以迅猛的速度崛起，自强自立已然实现，中国梦的伟大进程不仅是国家的发展目标，更是青年的奋斗目标。只有青年人不断进取、团结奋斗、承上启下、开启未来，才能完成中华民族的伟大复兴。

（二）青年在现实社会中的角色

青年学生正处于基本社会化向继续社会化的过渡期，经历着个体成长中时间维度上的本质跨越和空间维度上的骤然扩张。在纵横交错的节点上，他们统领着过去，体验着现在，筹备着未来。在当下角色结构和文化结构都比较复杂的环境里，受诸多角色期望的影响、现实环境的制约和个体能力的限制，在多元角色的扮演中不可避免地出现失调现象。

但总体而言，青年使整个社会趋向年轻化。青年作为推动社会进步的一支重要力量，在社会发展中发挥着生力军和突击队的作用。青年在社会发展中的创新能力和担当精神开辟新领域、开拓新事业、开创新思维，是社会发展的主力和骨干。“五四”时期，青年学生们纷纷将“救国、救民”作为自己的最高使命；如今爱国的表现已不再是救国，而是兴国、强国。创新是推动经济发展的动力，而青年则是以活跃的思维、扎实的专业基础、充沛的精力和初生牛犊不怕虎的闯劲成为社会创新的最大动力。在全球化的进程当中，国家间的较量日益扩大，从经济竞争转向文化较量、科技创新能力的制衡，一个国家仅凭出口低附加值的产品已不能保证其经济的真正优势。作为新时代的大学生，我们理应担负起振兴中华的历史责任。此外，越来越多的有志青年加入中国共产党，他们拥有着正确的思想价值观，拥护党的领导，掌握着越来越多的社会资源，发挥着作为党的助手和后备军的作用，成为巩固和扩大党执政的重要青年群众基础。青年学生党员带头做实事，在同学中树立威信，就能发挥凝聚力、带动群众的作用。

因此，我们分析青年发展的历史和现实作用离不开历史学、社会学的理论基础。

三、从国家层面看

（一）青年与社会行为

当代中国青年社会参与的热情很高，有着领域广泛、渠道增多、方式多样等特点。例如，由共青团率先倡导的志愿精神在全社会得以大力弘扬，彰显出当代中国青年社会参与的热情。青年积极参加各类志愿服务，如“一助一”长期结对服务计划、青年志愿者扶贫接力计划、大中专学生志愿者暑期文化科技卫生“三下乡”等活动，为北京奥运会、残奥会及广州亚运会提供志愿服务，并在农村扶贫开发、城市社区建设、环境保护、大型活动、抢险救灾、社会公益等领域形成了一批重点服务项目。除了通过由共青团领导和指导的青年联合会、学生联合会、少先队和团属青年社团等社会参与的主流渠道外，网络参与也是当代青年社会参与的重要途径之一，青年自发参与各类组织，关注国家时事，提升自身的责任感和个人能力，在网络参与中实现个人权利和义务的结合。

青年与社会变迁共成长，成为社会变革中最活跃的社会力量。这源于内在的未来性本质决定其对社会的各种新元素感觉最敏锐、行为最积极；源于青年是成长中的群体，受社会变迁影响大；源于青年对社会的参与会受到群体特征的限制，会形成群体性的社会矛盾和社会心理；也源于以青年为主体的社会问题形成原因复杂、影响时间长、个案影响面广、社会震动大、解决涉及的方面广和难度高等突出特征。

（二）青年与经济发展

当代青年成长于全球化变革的时代，伴随着社会主义市场经济体制的建立，自由、平等、民主、竞争和效率意识都已渗透到青年价值观当中，他们在东西方文化的冲击融合中为国家和社会创造了一大笔财富，在推动社会经济发展方面发挥了十分重要的作用。阿里巴巴、腾讯、百度等互联网公司及其创业者已经成为当代中国年轻人创业的时代楷模，这些青年才俊成长于互联网时代，他们的成功故事激发了青年创业梦想，孕育起社会上创新创业的文化氛围。同时，当代青年视野开阔，包容性强，在与海外交流时能辩证看待中西方文化的差异，取其精华，去其糟粕，成为走出去、引进来的最活跃群体。

在网络经济的发展中，如网上支付、网上银行、在线预订、在线团购、互联网理财等互联网消费中，青年占据着大份额。青年群体庞大的消费需求，能促进和提高经济发展水平和创新经济发展模式，拓展经济消费方式，是增强我国经济实力和竞争力的重要推动力。根据中国互联网络信息中心（CNNIC）发布的《第36次中国互联网络发展状况统计报告》表明，网民以10～39岁年龄段为主要群体，比例达到78.4%，其中，20～29岁年龄段网民的比例为31.4%，在整体网民中的占比最大。在互联网消费中，截至2015年6月，我国网络购物用户规模达到3.74亿人，较2014年底增加1 249万人，上半年度增长率为3.5%；2014年的上半年和下半年该增长率分别为9.8%和9.0%，数字表明我国网络购物用户规模增速继续放缓。与整体市场不同，我国手机网络购物用户规模增长迅速，达到2.70亿人，上半年度增长率为14.5%，手机购物市场用户规模增速是整体网络购物市场的4.1倍，手机网络购物的使用比例由42.4%提升至45.6%（见图1－1）。

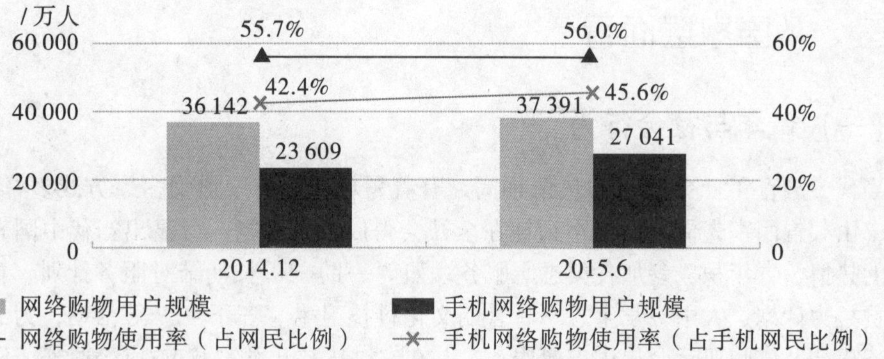

图1－1　2014.12—2015.6 网络购物和手机网络购物用户规模及使用率

（三）青年与文化

文化塑造青年，青年创造文化。青年文化，是青年这一社会群体的心理表达、精神需求、生活方式、行为模式以及价值观念的体现。青年文化作为青年群体的文化表征是与青年俱在的社会文化现象。

青年在当代政治、经济、文化的孕育和影响下，在继承社会主流文化的同时创造出属于青年的文化，表达自身对国家时政、经济发展和主流文化的价值取向，反映了作为新一代青年的多元性、开放性、包容性等特点，凸显了青年思维活跃、敏感和富有创造力。

青年文化是社会文化中的一部分。当青年文化与社会主流文化相一致时，青年文化是对主流文化的补充，并预示着未来主流文化的发展方向，推动社会文化的多元化发展，同时在主流文化的引领下，青年文化凸显出主流文化所肯定的价值观念、行为方式、生活方式；当青年文化与社会主流文化相冲突时，诸如出现江湖义气、极端个人主义、越轨行为、青少年犯罪等，则会阻碍未来的主流文化的传播，影响人们对青年的准确评价，破坏社会的风气和秩序。

青年人对于新文化的追求，是社会永葆生机和活力、持续不断向前发展的重要推动力。作为文化建设的一支先锋力量，广大青年乐于接受人类社会一切优秀文明成果，在引领文化时尚和倡导良好社会风尚中往往发挥着开风气之先的作用。

今天，青年依然站在时代文化的前头，对中华民族优秀传统文化的继承和弘扬，对国内外一切先进文化的追求，成为我们塑造和传承民族精神、建设先进文化、增强民族凝聚力的重要保证。他们以最快的速度，敏感地捕捉国内外社会文化的最新动向，推动着中国社会文化的创新和发展。

由此可见，对青年发展的研究还要建立在政治学、经济学、文化学理论基础之上。

从总体上看，我国改革开放以来，当代青年听从党的号召、顺应时代潮流，积极投身建设中国特色社会主义伟大事业，在改革开放和社会主义现代化建设各个领域中砥砺奋进、铿锵前行。在国家最需要的时候，总能看到青年突击队的身影。经历了北京奥运会和汶川大地震后，“80后”青年逐渐从“生力军”的角色转变为“顶梁柱”的角色，社会上对“80后”的批判声音也转变为颂扬赞歌，充分表达了对“80后”青年的奉献和承担精神的肯定。

改革开放后的青年，伴随着中国的崛起而成长，深刻体会到中国目前面临的内忧外患。青年在这些过程中逐步强化了国家意识和民族荣誉感，以更加积极、更加开放、更加包容的心态参与到国家政治生活、经济生活、社会生活、文化生活和社区公共事务当中。它更突出了青年社会参与的积极主动性；但也可能带来偏差和失控，对于个人素养也就提出了更高的要求。因此，务必要加强青年价值观的建设，在价值观多元化的今天，明确主流价值观念，引导青年学习并贯彻社会主义核心价值观。正如习近平总书记在“五四”青年节来到北京大学考察并发表重要讲话时所强调的：“青年的价值取向决定了未来整个社会的价值取向，而青年又处在价值观形成和确立的时期，抓好这一时期的价值观养成十分重要。这就像穿衣服扣扣子一样，如果第一粒扣子扣错了，剩余的扣子都会扣错。人生的扣子从一开始就要扣好。”

应当指出的是，当代青年的主流是健康的、积极的，但也有消极的一面。这些问题是当代青年以及全社会应该认真思考并切实加以改变的。这些问题的存在，也让我们更加明确了青年发展的方向。

第三节 青年发展的重要意义

一、实现青年发展是实现人的发展的重要阶段

人的发展问题早已引起社会的普遍关注。马克思和恩格斯在他们早期的著作中就已提出关于人的全面发展问题，“人以一种全面的方式，也就是说作为一个完整的人，占有自己的全部的本质”。早于20世纪30年代美国的教育学家提出发展任务的概念，用以指人生各个阶段所必须面临并需要解决的问题。婴儿、少年、青年、中年、老年，人生的每一阶段都有其意义和目的，发现它和接受它是人生最关键的问题之一。各项研究共同点在于青年发展是一个连续、渐进的过程，从了解自己，发展新的人际关系，充当某种社会角色开始，直到独立于父母，选择职业，建立家庭，承担公民义务，形成一定的世界观、人生观和价值观。本书的专题一和专题二论述了青年发展问题中的基本理论和角色定位。只有了解了青年发展提出的理论基础和意义，对人生的自我定位，才能更好地实现人的全面自由发展。

专题一“青年发展的理论基础与意义”——改革开放30年来，社会的深刻变革使青年发展经历了从依赖权力到依靠权利的转变，呈现出由“权力主导型”向“权利主导型”发展的进程。而在当下，青年不仅是中国梦的构筑者，也是中国梦建设成果的得益者。在现有的国内青年发展理论的基础上，重新审视青年发展历程，把握当代青年身心发展脉络和规律，解决青年发展过程中的各种问题。

专题二“青年的定位与特点”——对于青年角色定位，应当将其具体化和分散化，将这一概念应用于家庭影响和具体教学中，慢慢地在其成长过程中渗入。这是实现青少年角色定位及过渡的主要突破口和可能实践的地方。同时又因为生理、心理是个体发展的基础，因此可以从青年的身体情况、心理状态着手，帮助学生实行自我评定。

二、实现青年发展是青年素质的发展和青年参与社会发展的统一

青年素质的发展被认为是衡量青年社会发展的最重要的标准。没有青年素质的发展，没有青年实际参与社会发展，在社会发展中没有青年的地位和作用，青年发展就无从谈起。另外，青年素质的提升的主题是非常丰富的，本书的专题三至专题九着重研究青年素质的提升。青年的学习能力、交往能力、情感生活与爱情、社会参与、职业生活与职业发展、领导力、网络信息素养等，都是青年发展的具体领域。

专题三“青年学习能力”——学习是进步的根基。青年应在家庭、学校的指导下优化学习能力，成为学习中的思考者、探求者和发现者。如同美国教育学家埃富加·富尔在《学会生存》一书中深刻地指出：“未来的学校必须把教育的对象变成自己教育自己

的主体，受教育的人必须成为教育他自己的人。”因此，在终身学习的潮流下，青年不仅需要把握学习的主动性，更需要通过互联网课程培养自我学习的能力，掌握自我学习的方法，实现自我增值。

专题四“青年交往能力”——梅奥的人际关系学说认为：人是社会人，需要从社会关系中寻找乐趣。在中国式教育下的青年更多地注重个体独立式学习，缺少团体性交互合作。同时，互联网的便捷性使青年更热衷于网络交往，面谈式交流减少。如何在互联网大背景下摆脱现实社交困难的情况，在人文教育实践中逐步增强青年的现实社交能力显得尤为重要。

专题五“青年的情感生活与爱情”——青年渴望着爱与被爱，但是恋爱的过程中总免不了困惑重重，亟须重新审视处理学习与恋爱之间的关系。但青年的自我认知能力和认知世界的能力有所不足，同时受到众多西方思潮的影响，致使传统的爱情观、婚恋观也变得纷繁复杂。该如何学会爱的艺术，在爱情中尊重、包容、爱护对方，是每位青年该学习的一门必修课。

专题六“青年社会参与”——青年公民意识成熟的标志之一则是积极参与社会事务。青年积极参与社会事务，特别是与青年发展密切相关的社会公共事务，既是青年维护自身权益的方式，也是青年在社会中发挥作用的途径。青年志愿活动也是青年参与社会事务的表现之一。实践证明，青年志愿活动符合青年发展的特点，符合人民群众的需要，符合社会发展潮流，这在全社会中逐渐树立了“奉献、友爱、互助、进步”的志愿精神。

专题七“青年社交礼仪”——荀子曰：“人无礼则不生，事无礼则不成，国无礼则不宁。”礼仪作为人类道德的外在表现，是调节人际关系的重要手段，也是当代青年学生的必修课。青年学生时期是培养素养、塑造礼仪的最佳时期，青年学生的言谈、举止、仪表和服饰等反映出其思想修养、文明程度和精神面貌。通过学习校园礼仪和社交礼仪的基本常识，有利于青年学生与他人建立良好的人际关系，有利于促进青年学生的社会化，提高社会心理承受能力。

专题八“青年的职业生活与职业发展”——青年职业生活，不仅是青年工作状态的体现，更是青年未来职业发展的潜在因素。青年只有更深入地剖析自我，定位自己的人生并做好职业规划，才能在未来的职业生涯中获得更好的发展机会。然而，不少青年对于未来职业的期望值过高，自我认识不足，对于前途感到迷茫。鉴于此，百度公司创始人李彦宏建议：每个人应该寻找合适自己的东西，做自己爱好做的事情，做自己擅长做的事情。

专题九“青年领导力”——曾任谷歌公司、微软公司全球副总裁的李开复博士认为：领导力是一种有关前瞻与规划、沟通与协调、真诚与均衡的艺术。而这门艺术，在中国教育中是缺少的，大多数青年领导力的培养主要集中于社团、学生会、团委这三大机构，且缺乏统一、科学、全面的培养。而实际上每一位青年身上都潜藏着领导力潜能，需通过自我实践去挖掘、去感悟领导力，使领导力成为每位青年必备的能力之一。

专题十“青年网络信息素养”——青年网络素养的培养是这个时代的迫切要求。这要求青年要有选择地使用网络知识和灵活运用信息技术的技能；加强对网络信息的理解、分析和评价的辩证思维能力；提升网络沟通交往中的法理与伦理道德修养。由于网络信息的良莠不齐，急切要求信息工作者加快信息治理的脚步，加强网络伦理和网络规则的建设，着力提升青年的网络信息素养，优化信息环境。

三、实现青年发展是维护国家稳定、促进社会发展的重要前提

20 世纪 60 年代中期后，青年问题成为世界性问题，各国政府和国际社会对青年问题给予了特别的关注，并在青年的社会地位、作用及成长、发展等方面形成新的共识，对青年在促进社会发展进步方面的积极意义予以充分肯定。这推动着青年工作向更广阔的社会生活领域扩展，青年工作不再仅仅局限于传统的社会工作范畴，而成为一种由国家或政府统筹管理并实行政策调控、社会各界充分参与的社会性的公共事务。本书中专题十一的研究有利于凝聚青年，导向青年树立正确的价值观；专题十二关注失范青年的问题形成及如何绳愆纠缪；专题十三则是在性别视域下探索如何冲破传统观念，使男女青年获得同等的发展机会。这三个专题都围绕着一个中心——如何让当代青年主体在社会主义市场经济文化氛围中获得发展，以促进国家长治久安、社会文明繁荣。

专题十一“文化价值与青年发展”——“大学之道，在明明德，在亲民，在止于至善。”古人的核心价值观重点在于“德”。而社会思潮多样化的今天，青年的文化价值体系不断被重塑，在东方传统文化价值观延续的同时出现了许多消极社会思潮，催生出青年亚文化、反文化，激发青年对传统社会文化秩序、道德观念的反叛和挑战。当下，坚持用社会主义核心价值体系引领社会思潮显得更为迫切，对重塑青年文化价值观有着极其重要的意义。

专题十二“青年发展失范行为”——青年失范行为的出现是主客观原因导致的结果。青年学生失范行为矫治应加强学校教育，利用家庭教育，重视社会力量，探寻青年失范行为的心理根源，在社会实践活动影响中使“内化过程”转变为主动的因素。而同时，也要关注失足青年，通过心理辅导、法制宣传、培训技能等方式使他们树立正确的人生观、道德观和世界观，重获信心，重新踏入社会。

专题十三“性别视域下的青年发展”——每个个体都渴求自由，希望根据自身的兴趣、个性发展的特点，寻求未来的发展空间。但是在性别视域下，男女青年身体、心理发展存在差异，导致社会对男女青年有着不同程度的期待、不同层次的要求，甚至设置了条条框框限制个体的发展，特别是对于女青年的约束更是明显。因此，现代的男女青年都有着各自的权利诉求，其中，主旨是要求尊重个人自由发展的权利，冲破社会传统观念和价值取向，抛弃身份歧视，遵循公平、公正的原则和价值取向。

阅读与思考

代际文化属性演替

“70后”的激情 《中国合伙人》

“80后”的闷骚 《致青春》

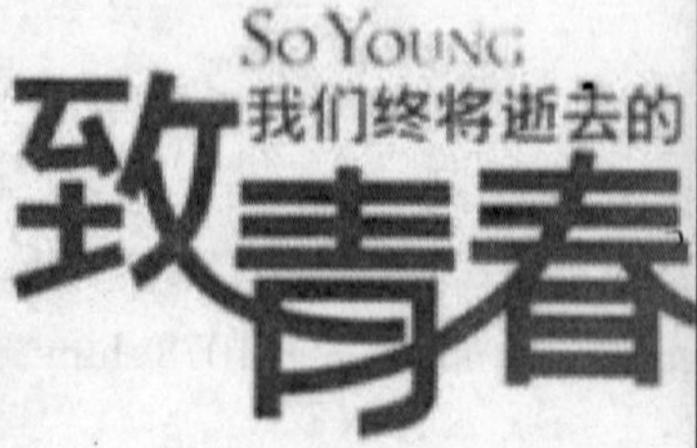

“90后”的洒脱 《小时代》

图 1－2　代际文化属性演替：“70 后”的激情、“80 后”的闷骚、“90 后”的洒脱

“70 后”追求物质效用，属激情专业主义

“70 后”成长环境同质化高、计划生育尚未全面落实，该群体成长早期与后期的人均 GDP 差异不大，“不见亦不得”造就了“70 后”对物质效用和理性的追求，并以享受的心情追求自己的专业领域，即激情专业主义，代表电影——《中国合伙人》。

“80 后”追求形式表达，时代标签为闷骚

“80 后”受计划生育影响，成长环境亦经历了从计划经济向市场经济的转型，成长早期普遍不高的人均 GDP 与成长后期丰富的物质与文化生活产生了明显的鸿沟，“所见不所得”造就了“80 后”对生活放不开、得不到亦放不下的窘境，闷骚为时代标签，追求形式表达多于实质要求，回忆过去为主旋律，代表电影——《致我们终将逝去的青春》。

“90 后”追求内涵表达，时代标签为洒脱

“90 后”人口出生率开始快速下降，独生子女普及，成长早期与后期均存较高人均 GDP 支撑了丰富物质与文化生活，“所见即所得”“想要就得到”的生活培养了“90 后”洒脱的性格并追求重内涵表达的消费主义，憧憬未来为主旋律，代表电影——《小时代》。

“00 后”：“累觉不爱”的一代

“00 后”出生率跌至代际最低、人均 GDP 达到代际最高，物质生活极大丰富与时代孤独感并存，他们追求能触摸到的真实生活并保持真实自我：好累，感觉不会再爱了。

◎思考：

1．“70后”“80后”“90后”“00后”的时代标签各反映了青年发展过程中的哪些问题？

2．青年发展与社会发展之间有什么关系？

课堂内外

◎网络资源

http://www.cycareer.cn/　中国青少年发展指导网

http://www.youth.cn/　中国青年网

http://types.yuzeli.com/survey/fpa30　性格色彩测试

http://cn.chinagate.cn/hotissues/node_2341078.htm　中国发展门户网——青年发展

◎参考文献

[1] 郑大俊，高立伟．当代社会思潮与青年发展问题的思考［J］．思想理论教育导刊，2009（12）．

[2] 高潮．失调与重构：论当代青年学生的角色社会化［J］．思想政治工作研究，2010（9）．

[3] 陆士桢，宗君．论青年群体的先锋作用［J］．青少年研究，2008（4）．

[4] 中国互联网络信息中心（CNNIC）．第36次中国互联网络发展状况统计报告［EB/OL］．（2015－07－23）．http://www.ce.cn/xwzx/gnsz/gdxw/201507/23/t20150723_6022843.shtml.

[5] 田杰．青年工作理论概要［M］．北京：中国青年出版社，2013．

[6] 马克思，恩格斯．马克思恩格斯全集［M］．北京：人民出版社，1979．

CHAPTER 02

专题二
青年的定位与特点

导言

在中国，自20世纪70年代末改革开放以来，社会发生巨变，人们的行为方式、生活方式和价值观念都发生了深刻变化。这些变化对中国青年的成长与发展产生了至关重要的影响，产生了“改革开放的孩子们”这样的一代人，在中国被称为“80后”“90后”，甚至是“00后”。随着日新月异的社会进步和互联网等新事物的产生与运用，他们作为社会的主要参与者，其行为方式和价值取向将影响着中国未来的发展和走向。因此，青年的自我认识和社会定位就成为关注的焦点。

精彩故事

汽车大王福特从小就在头脑中构想能够在路上行走的机器，用来代替牲口和人力。全家人都希望他在农场做助手，但福特坚信自己可以成为一名机械师。于是他用一年的时间完成了别人要3年才能完成的机械师培训，随后他花2年多时间研究蒸汽机，试图实现自己的梦想，但没有成功。随后他又投入到汽油机研究上来，每天都梦想制造一部汽车。他的创意被发明家爱迪生所赏识，邀请他到底特律公司担任工程师。经过10年努力，福特成功制造出了第一部汽车引擎。福特的成功，完全归功于他的正确定位和不懈努力。

在现实中，总有这样一些人：他们或因宿命论的影响，凡事听天由命；或因性格懦弱，习惯依赖他人；或因责任心太差，不敢承担责任；或因惰性太强，好逸恶劳；或因缺乏理想，混日子为生……总之，他们做事低调，遇事逃避，不敢为人之先，不敢转变思路，而被一种消极思想所支配，甚至走向极端。也许，每个人对成功的理解都有所不同，但无论你怎样看待成功，你都必须正确定位自己。

◎**总结：**

这个故事告诉我们：“成功往往是从准确定位自己开始。”

◎**思考：**

我的人生定位是怎样的？我怀揣着怎样的青春梦想？

情景导入

班级讨论

1. 我们珍惜青春吗？举例说明。
2. 各位可以为我们的青春代言吗？
3. 我们都有哪些中国青年独有的特点？

探求新知

第一节 青年的定位

一、青年阶层的形成与发展

（一）青年的群体定义

青年是一定社会经济形态和条件下由少年向成年过渡、发展的社会群体，是处在以性成熟为基本标志、身体继续发育成长、各种器官和机能达到完全成熟，思维、记忆、情感、意志、兴趣、能力、性格迅速发展，积累知识和形成世界观，社会生活范围日益扩大，开始选择职业并迈进成人生活的特定时期的人群。青年概念正式确立于 19 世纪。此前，世界各地对年轻人均有各自的称谓，如俄罗斯语称之为“OTPOK”，意为没有说话权力的人；中国古代一般称之为“少年”“后生”及“郎”等。欧洲文艺复兴运动之后，特别是 18 世纪基督教创办青年联合会以来，“青年”一词始正式出现，1919 年“五四”运动后，“青年”一词在中国逐渐被广泛使用。

其实，国际上一贯是把年龄界定作为青年概念范畴的基本判断标准，年龄又有上限和下限两个界限，但世界各国、各组织尚无明确统一的规定。中国当前的青年群体定义也是一个开放的概念，主要是立足更好地服务青年。

（二）中国青年阶层的形成与发展

清朝末期的中国社会中，事实上并不存在一个作为独立的年龄群体的青年阶层，古代中国人并无明确的年龄标准，只是模糊区分为“大人”和“孩子”，而作为生命阶段的“幼年期”“青年期”及其特征是被忽略的。从教育到生产，青年人被置于家族制度和伦理的约束之中。

19 世纪后期，西方近代文化冲击了中国的军事、经济、政治、教育系统乃至价值体系和社会结构，以往占支配地位的儒家伦理的动摇给社会教育和职业都带来巨大变动。19 世纪末 20 世纪初，清政府实施“新政”中的“新学制”规定了学生的年龄，“青年期”由此制度化，学生阶层作为一个新的社会群体开始出现。从观念认识和公众舆论上，将孩子送到新式学校读书救国具有了为国奉献的“公”的意义，固守家庭被视为“私”而受到否定和批判，当时的状况大大弱化了亲族体系对年轻人的约束。

随着民族危机的加深，政府、社会和改革派的知识分子都对学生阶层寄予担当国家命运的期待，1915 年《新青年》杂志的发刊和“新文化运动”的发端被看作中国社会中“青年”这一角色类别形成的象征。1919 年的“五四”运动正是始于学生的爱国运动，以学生与民众的联合运动的胜利结束，成为中国近代历史上最具影响力和社会意义的政治运动之一，“青年”的这种先锋角色也因此获得社会的公认。

至中华人民共和国成立，青年完成了民族独立的重任，同时也得以从亲族关系为基础的社会结构的压制中解放出来，共产党和政府有意识地积极给予“青年”肯定和位置，把他们编排在各个领域的组织中，期待他们成为革新道德规范和建立新秩序的角色担当者。“革命青年”被定义为社会主义革命、社会主义建设的先锋，共产主义事业的接班人，接受思想教育，为共产主义事业奉献力量。

随着“文化大革命”结束，进入 20 世纪 80 年代以后，年轻人的价值观和生活方式的更新，使学者开始用社会学、心理学等各种理论来对年轻人的行为和意识做出解释，“青年问题”开始被关注和思考，青年研究应运而生。

二、青年定位的内涵

（一）青年定位的含义

定位，通俗地讲就是寻找一个适合的位置。一个人不想活得稀里糊涂、浑浑噩噩，就要学会先给自己定好位——能做什么、想做什么、怎样去做以及成为一个什么样的人。人不能总是走到哪儿算哪儿，要懂得定位，学会以理性的态度追求更好的生存状态，这样才能把命运的主动权握在自己手中。

（二）青年定位的确立

定位给了你一个清晰的、看得见的美好图景。它既是努力的方向，也是一种鞭策，每个人通过努力奋斗实现到达自己的定位，就会有成就感，而且伴随着总定位中一个又一个分解的小定位的实现，你的思维方式和行为方式也会渐渐改变，你会越来越快乐，越来越心胸宽广。因此我们需要正确确立我们的定位。要做到正确定位需注意以下几点。

（1）定位必须是具体的、明确的。所谓明确就是要用具体的语言清楚地说明要达成的行为标准，明确的定位几乎是所有成功团队、成功人士的一致特点。很多团队不成功的重要原因之一就是定位制订模棱两可，或没有将定位的内容有效传达给相关人员。

（2）定位必须是可以达到的。这就是说定位不能过低或过高，偏低了无意义，太高了实现不了。这个也就是我们所指的可行性，一切定位要符合我们的自身条件，要考虑到当时的环境与诸多客观因素，当然还要利益相关者都接受的一个有意义、可行的定位。

（3）定位必须是可以衡量的量化指标。例如，我们为自己制订了一个计划，不应仅仅是进一步加强或提高，而应明确提出要在什么时间内加强、提高多少。这样可以帮助我们更清晰自己的定位，而且可以更客观地评估实施的效果。

（4）定位必须具有明确的截止日期。要在规定的时间内完成，时间一到，就要检查结果。这是我们做任何事情都应考虑的重要方面。很多事情当它失去时限性，那么它也就失去了实效性，所以，我们做任何事情都应注重时限、效率和效果。

第二节 青年的特点

青年时期是个体从少年走向成年的过渡时期。在漫漫人生历程中，它常常成为人们年老时暮恋不已的时光。青年时期的意义不仅来自个人在青年时期生理心理的自我成熟，更源于自身与社会互相影响下的行为变化。所以，青年作为特定的社会群体一旦形成，就有着它不可替代的特点。

一、青年的生理发展

之所以称青年时期是一个特殊的时期，主要是针对人在此阶段生理和心理的变化而言的。虽然一般认为这些方面的问题不是青年社会工作的研究对象，但是，我们只有在透彻地了解青年的生理和心理有何变化后，才能全面把握住他们的特点，为青年社会工作的开展打好基础。我们首先来了解一下青年时期生理上的变化。

（一）生长突增，体型变化

1. 身高变化

青年的身高有了显著的变化。男孩生长发育高峰出现在13.5岁，平均每年长高7~9厘米，最多可达10~12厘米；女孩生长发育高峰出现在11.5岁，平均每年长高5~7厘米，最多可达9~10厘米。另外，在11岁前男孩比女孩高一些，11~13岁女孩比男孩高，14岁以后，男孩又超过女孩。男孩发育高峰期结束较女孩晚2~3年。[①]

在身高猛增的阶段，身体的各个部位的发展是不同步的，例如上下肢的增长就比脊柱增长快。所以，青年出现臂长和腿长不协调的现象。到青春发育后期，脊柱的增长速度超过四肢，形成正常的体态。

2. 体重变化

青年体重增加尽管没有身高那样明显，但体重增加持续时间较长。9岁以前男女体

---

① 扎斯特罗．人类行为与社会环境［M］．师海玲，孙岳，等译．6版．北京：中国人民大学出版社，2006．

重相差无几，女孩的体重在9岁以后进入快速增长期，12～13岁达到高峰，14岁后增长速度下降。但女孩的脂肪发育程度一直持续不断，因此，女青年显得体态丰满。男孩在12～13岁时身体开始迅速增长，到13岁左右，男孩的体重超过女孩，但脂肪却增长缓慢，所以，男青年显得结实健壮。

（二）大脑和神经系统发达、健全

1．脑的发展

脑科专家认为，脑的生长到12岁时已基本完成，此时脑的重量基本接近成人的水平，脑容积也接近成人的脑容积。在13～14岁时，大脑皮层基本成熟，脑机能趋于完善。但在青年时期，脑内的高级神经活动的平衡性较差，兴奋过程强于抑制过程。因此，16岁左右的青年的情绪很容易激动，神经也容易疲劳。

2．神经系统的发展

青春期是神经系统机能最充沛、生长力最旺盛的时期。随着大脑神经系统的发展，第二信号系统的活动能够逐渐占据优势地位，从而使青年的抽象逻辑能力和理论思维能力得到充分的发展，表现出观察力、记忆力、想象力丰富的特征。

（三）身体内部机能快速发展

青年除了身体外形发生巨大变化外，身体内部机能也快速地发展起来，尤其是心血管系统和呼吸系统等逐渐健全起来。

1．心血管系统的生长发育

青年的心血管系统的健康发展表现在以下几个方面：首先，心脏的重量和容量。一方面，成人与儿童的心脏重量是不同的，新生儿心脏重量约20～25克，占体重的0.8%，而成人的只占体重的0.5%。1～2岁时心脏重量达60克，相当于新生儿的2倍，5岁时为新生儿的4倍，9岁时则为新生儿的6倍，青春期后期增至12～14倍，达到成人水平；另一方面，成人与儿童的心脏容量是不同的，人刚出生时心脏容量为20～22毫升，进入青春初期达到140毫升，18～20岁时达到240～250毫升。其次，血压和心率。人到14岁以后，血压达到成年人的水平，高压稳定在90～130毫米汞柱，低压稳定在60～80毫米汞柱。而男性青年的收缩压稍微高于女性青年。还有心率方面，新生儿在平静时心率为每分钟120～140次，且体现出男女的差别；16岁以后青年的心率已经达到成年人的水平，女青年的心率稍微快于男青年。

2．呼吸系统的发展变化

青年的呼吸系统功能明显增强，几乎达到成人水平，主要表现在两个方面：一是肺活量，二是呼吸频率。青年在17岁时，肺活量接近成人水平，男子达到3 250毫升，女子达到2 560毫升。

（四）第二性征开始发育

青年的性征已经开始发育。性发育包括性腺、性器官、第二性征的发育和性功能的具备。所谓第一性征，即出生后就能看见的外生殖器官等和未见的体内生殖器官，如子宫等；第二性征，又叫“继发性征”或“副性征”，即在青少年青春发育期表现出来的男女形态特征，如男子长胡须、女子乳房发育等。

男孩的第二性征发育表现为：声音变得洪亮低沉，颈正中出现喉结，下巴长出胡须，身体上也长出腋毛、阴毛，而且骨骼粗大，肌肉发达，身材变得魁梧，逐步形成男性成人面貌。男孩10岁前睾丸发育得很慢，青春前期开始加速生长发育；10~11岁阴茎开始增大，12~15岁出现成熟精子，12~13岁开始出现阴毛，14~15岁出现腋毛。男孩一般于14~16岁出现首次遗精，性器官也迅速发育接近成人程度。

女孩在青春发育期，骨盆逐渐变宽，乳房发育可早至8岁，一般在10~11岁；皮下脂肪增多，声调变得尖高，身体上出现阴毛、腋毛，阴毛长出的时间与乳房发育时间相近。除这些第二性征外，女孩在13岁左右开始出现月经，第一次月经称为初潮，月经初潮比乳房发育晚两年；16~17岁时长骨停止生长。由于这些变化，女孩身体出现胸部丰满、臀部变圆、腰部相对较细的特点，呈现出女性所特有的体态。需要注意的是，月经初潮是青春期性功能发育成熟的重要标志之一，但这并不是说女性性功能已经完全发育成熟。

此外，青年在外貌、体温、脉搏、呼吸、血压、性格等各方面都发生了明显的变化，并且越来越呈现出男女之间的差别。

二、青年的心理发展特点

随着青年生理的成熟和社会经验的丰富，青年的心理也日趋发展。心理成长在青年的成长过程中占有非常重要的地位，因此我们必须了解青年的心理特点。

（一）自我意识的发展

自我意识也称自我观念，是个体对自身的状态及心理活动变化的感知和控制活动。作为主体，自我意识是意识的一个重要方面，也是人的意识区别于动物的重要标志。美国社会科学家库利首先使用“自我意识”这个概念，他将自我意识分为三个阶段：一是我们设想自己在他人面前的行为方式；二是在做出行为之后，我们设想或理解他人对自己行为的评价；三是我们根据自己对他人的评价来调整自己的行为。个体自我意识的发展与动作对象的区别，以后渐渐明白自己名字的意思、代词“我”的意思，获得社会自我，也就是从他人那里了解自我，而后才逐步进入主观化自我的阶段，产生自我评价、自我观念、自尊、自我调节和自我控制。

随着青年身体的迅速发育成长，以及生活、学习环境的改变，他们的内心世界也发生了巨大变化，最突出的表现就是了解自己的意识越来越强烈，进入主观化自我阶段。他们常常在问：“我到底是一个什么样的人?”“别人喜欢我，还是讨厌我?”“怎样才能让别人喜欢我?”关于“我”的问题开始反复萦绕在他们心中，了解自我、认识自我的愿望越来越强烈。

（二）人际关系的发展

随着经济水平的提高以及社会的发展，人越来越趋向于早熟，青年的人际关系发生了很大的变化，青年个体对待朋友、父母以及异性方面表现出新的特点。

青年个体由于心理上的不安与焦躁，他们迫切需要倾诉的对象，能够将自己内心的烦恼及想法对其诉说出来，因此，他们对友谊非常重视。研究发现：青年时期对友谊的重视程度在人的一生中最为突出，拥有朋友的青年一般都有较高的自尊心，在学校表现也较好，而在友谊方面有较多冲突的青年往往在其他方面的表现也较差。

青年往往与父母产生不少冲突，尤其在功课、家务、交友和外出活动等方面，父母常常感觉到孩子在观念、情感、行为等多方面都与自己背道而行。这主要是由青年个体对成人社会的反叛意识所导致的：青年觉得自己已经长大成人，于是就有了想与父母分开而独立生活的愿望和需要，但是，无论是经济，还是自己的各方面能力，都不能完全做到独立，还必须依赖父母，所以他们的内心深处就产生了一种持续的压力与紧张，成为一个矛盾的集合体。

青年人际交往的另一个特点是：开始意识到了性别的差异，开始对异性产生兴趣。但在初期，青年对异性往往采取一种疏远的方式来表达相互之间的关注，他们在异性面前故意表现得漠不关心，在言行中对异性表示轻视，甚至还会以一种不友好的方式对待异性。而在后期，男女之间渐渐能够融洽相处，而且在他们的内心深处还会有喜爱的异性朋友。然而，青年时期的异性感情一般都比较隐蔽，是心中的一个秘密。但是，随着时间的推移，伴随他们各方面的进一步成熟及价值观的变化和调整，这种情感会渐渐地淡化或消失。

（三）心理闭锁与寻求理解的冲突

青年时代，是个既渴望友情又追求孤独的时代。一方面，由于自我意识的发展，青年常常对自己的内心世界进行细致而全面的探索、反省，希望有一处完全属于自己的自由角落，这是青年期最显著的心理特征之一。这种心理闭锁与真正的自我确立有着一定的关系。另一方面，青年又害怕孤独，希望自己的情感有一个宣泄的对象，希望自己有一个可以共鸣的知己。虽然在刚走出家门的青年身上，可以更容易看到这种需求；但实际上，整个青年时代都存在着与他人建立起亲密关系以满足感情上互助的需要。这种心理特征上的二重性，使青年的情感生活更为复杂。

（四）追求自我形象的完美与现状的矛盾交织

进入社会的青年，希望自己有更大的进步，他们面对自身的知识结构、综合能力素质、性格爱好、个人兴趣、气质等个性心理素质的培养均提出了较高的要求，确立了较高的目标。但是，青年群体中人才济济，山外有山、人外有人，因此，许多青年有一种自豪感与自卑感交织的心理，一遇到挫折就容易对自身的能力产生怀疑，出现消极的自我评价，甚至否定自己的能力，产生悲观的情绪，造成较大的心理负担，直至引发心理障碍。

（五）理想性与现实性的冲突

每个成长着的年轻人都会有自己的理想。青年由于文化层次较高，更富有理想性。容易把事情想象得非常美好，为自己树立较高的理想，等到进入社会以后，会发现现实并非如此。社会远非自己所想象的、所追求的那样完美，自己也远非想象那样出色。理想与现实终究是有距离的，当理想受挫时，必然产生强烈的心理冲突。因此对青年而言，常常困扰他们的是理想的“我”与现实的“我”、理想社会与现实社会之间所产生的矛盾，并由此可能会引发出很多苦恼。

三、青年的行为特点

行为是心理活动的外部表现。青年正处在热情四溢、激情澎湃的时期，他们处于社会化的中期阶段，人格并未完全塑造成功，他们的很多行为是不同于其他年龄阶段的。青年的行为特征表现在以下几个方面。

（一）个体行为

1. 冲动行为

人们常用“热血方刚”来形容青年，他们体力充沛、精力旺盛、性格倔强，心智正在发育中，情绪不稳定，时而热血沸腾，时而安静孤寂，并且人生观和价值观正在形成阶段，所以青年在为人处世、待人接物等方面容易感情用事，表现出不理性的一面。青年稍微受到刺激或者遇到不如意的事情时，就很难控制自己的语言、形态和行为等，容易做出不理性的选择和冲动行为。青年的这一特点如果处理不好，往往会产生严重的社会问题，如青年冲动型自杀、群体斗殴等行为。

2. 探索行为

好奇心是人的一种本质特征，正是因为人有好奇心，才会去探索，经济、社会才有了今天的发展。儿童时期的好奇心是最强烈的，他们对所有的人和事物都充满了好奇心。而青年的好奇心则更集中地表现在对一些问题和人的关注上，好奇心引导青年的探索精神是十分强烈的，他们试图去接近、了解事物的缘由，探索出事物的本来面目。所以，青年会做出很多出人意料的事情，如随着人们社会生活水平的提高，越来越多的孩子出现早熟现象，加上性教育的缺乏和青年本身的好奇心，越来越多的未婚妈妈、低龄妈妈开始出现，给女性青年本身及其家庭、社会都造成不同程度的影响。为避免这种社会问题的发生，需要专门的青年社会工作者、家长及学校给予青年合理的、正确的性教育。

3. 抗拒行为

获得独立的人格是人的基本需要，但是个性的发展必然受到家庭和社会的制约，受到各种文化观念的束缚。人生的这种矛盾在青年时期表现得特别尖锐，它既可以导向健康的独立性，也可以导出令人痛心的后果，对此我们不能不给予充分的关注。

青年心理学专家认为，抗拒是青年特有的，是其达到自主和成熟的主要途径，但这并不是现代社会中青年达到目的的唯一手段。青年抗拒行为是一类复杂的现象，界限亦比较模糊，必须将其置于特定的环境中加以认识。青年抗拒行为，是对外部和内部的权威或规范的有组织的、强烈的违抗、藐视和否认。

（二）群体行为

1. 学习行为

所谓学习，是指掌握知识、技能，发展智力和形成行为习惯的活动过程，同时也是形成世界观、人生观和价值观的过程。人的学习是为了认识世界和改造世界，是由人的生活和社会实践活动的需要决定的。青年的学习行为是有意识、有目的地认识世界，掌握前人知识经验的活动。换句话说，学习行为其实就是社会化的过程。通过社会化，青年能够适应社会，成为合格的社会成员。由于家庭的教育功能在弱化，所以青年的学习行为大多是在专门的学习机构——学校实现的。

2. **从众行为**

"从众"是一种比较普遍的行为现象，通俗地解释就是"人云亦云""随大流"。一般来说，群体成员的行为通常具有跟从群体的倾向：当一个人发现自己的行为和意见与群体不一致，或与群体中大多数人有分歧时，会感受到一种压力，这促使他趋向于群体保持一致，这种现象就叫作从众行为。

青年在发育过程中，由于人生观、价值观、世界观并未完全定型，加上人生阅历有限，在从事某项活动或者面对某种选择时，往往对自己持怀疑态度，不肯相信自己的判断，加上对所属群体的畏惧或者崇拜，青年在同龄群体面前或者群体规范的压力下，往往会选择从众行为。

3. **攀比行为**

社会工作的"人在情境中"理论认为：人类行为与社会环境之间的关系很密切，人不是孤立存在的个体，而是处在一定的社会环境中，在与他人互动的过程中相互影响、相互制约。因此在与他人相处的过程中，人难免会有攀比行为。青年的攀比行为往往比成年人表现得更加直接、更明显，在这个时期，青年的攀比行为应该得到很好的引导，家长和教育工作者及青年社会工作者应该对青年的攀比行为很敏感，并采取措施及时处理，给予正确的引导。如果青年的上述行为没有处理好，就会引发种种社会问题，如青年犯罪问题、越轨问题、自杀问题、盗窃问题等。

四、青年价值观特点

青年价值观就是青年对其生活中的各种事物、现象和对自身价值的认识、评价、决定取舍所持的最基本的观点。它是青年在自身发展过程中，处理其行为与社会、他人或自身需要的关系时产生的思想观念，是社会意识的一部分，是社会存在的反映。青年价值观的变化在很大程度上反映着社会经济和文化生活的变迁。青年价值观主要由价值评价、价值取向和价值目标三大要素构成。

（一）价值评价

青年的价值评价是指青年根据一定的标准对客观事物或现象有无价值和价值大小做出的肯定或否定的判断。它主要包括评价对象、价值标准和评价内容三个方面。评价对象即与主体的需要相联系的各种事物和现象。价值标准即人们对各种事物和现象进行评价时所持的标准和尺度。评价内容即关于各种事物和现象有无价值和价值大小的判断和结论。由于社会生活中的评价对象是多方面的，就决定了价值评价的内容是多样化的，这些多样化的价值评价内容，在青年成长过程中，不是同时占同等比重，往往是一个或几个评价内容占中心地位，影响其他评价内容。而在青年价值评价之中，价值评价标准的确定是最为关键的。它是青年用来衡量、评判对象世界的尺度和准绳。一般而言，价值标准是由价值主体的需要、目标、理想以及价值客体的共同的本质特征决定的。价值标准往往表现为一定的原则和规范，但它比一般性原则和规范更为具体、精细一些，一般的原则、规范只能对事物做定性判断，而价值标准则力求在定性判断的基础上，对事物做定量的分析和描述。价值标准是价值观的核心，它决定着价值观的性质和特征，决定着人们的价值取向，科学客观的评价标准是价值评价正确与否的关键，它对青年的价值活动起导向作用，决定着青年对价值关系的选择。可见，能否确立一个科学、客观的价值评价标准，对于青年能否做出正确的价值评价具有至关重要的作用。那么，这个标准是什么？就是对社会的贡献。没有人的创造和贡献，就没有社会的生存、发展和进步，也就没有青年的成长和成熟。个人的价值最终决定于社会价值，社会价值是个人价值的必然归宿。因此，青年应当到社会实践中去体验和掌握判断价值的客观标准，对客观事物和自身价值做出正确的评价。

（二）价值取向

青年的价值取向是指青年对价值追求、评价、选择的一种倾向性态度，也就是以什么样的态度来对待社会价值和自我价值，并做出追求。价值取向随价值标准的变化而变化，随价值评价标准的发展而发展。价值取向有多样与单一、稳定与易变之分，在一些领域还有科学与非科学、正确与错误、高尚与庸俗之别。青年在成长过程中，不是在正确的价值取向下自觉选择高尚的价值目标，就是在错误的价值取向下不自觉地追求消极的价值目标，或者是在模糊不定的价值取向引导下出现对正向或者负向价值目标的摇摆不定的选择偏差。正确的价值取向，应该体现个人与社会的统一、合目的性和合规律性的统一以及物质与精神、功利与道义、现实关切与理想追求、终极关怀的统一。而错误的价值取向往往就是没有能够正确处理个人与社会、目的性和规律性以及物质与精神、功利与道义、现实关切与理想追求、终极关怀之间的关系。可见，坚持正确的价值取向，是青年形成正确价值观的关键因素之一。此外，青年的价值取向，在不同的社会环境、历史条件和不同的年龄阶段是不相同的。一般说来，青年初期和中期发展阶段主要以知识价值（包括学历价值）作为主要价值取向，而后期阶段主要是以就业、婚恋以及与此相关的社会地位、社会作用作为价值取向。这表明青年价值取向的变化，既离不开青年自身发展的要求，也离不开青年所处社会的历史条件和社会环境，并且会随着社会发展的变化而变化。

（三）价值目标

青年的价值目标是指青年所追求的贯穿于自身一切活动行为中有其动因作用的最终目标。它支配着青年去解决“为什么活着”和“怎样活着才有意义”等人生的根本问题。价值目标是价值取向的积淀、概括和升华。青年的价值目标是一个复杂的系统，它由社会目标、人生目标、道德目标、职业目标、生活目标等各种目标组成。其中，社会目标是主导，人生目标是核心，道德目标是准绳，其他目标服从社会目标和人生目标，并受道德目标的制约。同时青年的价值目标还具有层次性，既有积极与消极、高尚与平庸之分，也有总体与局部、长远与近期之别。青年价值目标的确立对于青年的成长具有重要的意义，主要表现在它能够帮助青年确定行为目标并产生动力，同时还可以校正行为过程中的偏差。正确价值目标的确立并不是一件容易的事情，这就需要在确立过程中既要充分反映青年的各种需要，也要符合青年所处社会阶段的经济、政治、文化所能提供的现实基础，同时还不能忽视事物的客观规律和发展趋势。

第三节 青年成长与社会发展

青年是建设现代化、推进社会发展的生力军。青年群体是21世纪发展的重要推进力量。21世纪青年工作的宗旨，在于让广大青年学会发展，即学会适应和改造自己的环境，发展人的个性，使自己成为真正的人、完整的人；在于通过促进青年发展而推动经济发展和社会进步，并实现青年自身生活水平的提高和生活质量的改善；在于通过促进青年人的现代化而推进社会的现代化。

一、青年的健康发展

（一）青年的健康和安全问题

青年成长、发展过程中会有很多的需要，其中健康和安全是首要的。青年正处于身体快速发育的时期，成长迅速，体格变化大，肌肉和骨骼的增长也需要大量的营养。如果营养供应不足，会引发发育不良和身体疾病。所以，在这个时期除了要有合理健康的饮食外，还需要合理的大量的体育锻炼。另外，由于青年人格并未完全定型，判断是非的能力还不是很坚定，在缺乏社会经验的情况下，很容易受到不良环境的影响。因此，良师益友和良好的习惯，将使青年终身受益。

（二）青年的教育问题

党的十七大报告中提出："优先发展教育，建设人力资源强国"，表明建设人力资源强国是全面建设小康社会、实现社会主义现代化的长期战略的选择，也是我国教育和人力资源开发面临的新任务。但是，今天中国的教育制度存在着不足，比如教育公平问题、应试教育问题、教育资本问题等，尤其是农村留守青少年的教育问题。由于中国社会和经济的快速发展，价值观念趋于多元化，越来越多的农村人口流动到城市务工，部分留守的青少年缺乏爱和家庭教育，开始出现厌学、逃学、辍学的情绪，加上同龄群体的不良影响，便会误入歧途，对社会和青年本人产生不好的影响。

（三）青年的就业问题

社会化分为五个阶段：初始社会化、预期社会化、继续社会化、逆向社会化、再社会化。其中的预期社会化就是为青年的就业做铺垫的。由于近些年越来越多的青年就业难、就业差、就业率低，使青年的人生观和价值观受到很大的冲击，部分青年开始怀疑原来已经内化的知识价值，对生活重新定义，对社会也不再充满期待和幻想。

（四）青年的娱乐与休闲

青年在身体发育过程中，虽然已经趋向于成年人，但是他们在心理和社会适应方面仍然与儿童时的心理状态有着一致性，他们仍然像小孩一样需要充足的休闲和娱乐。很多人认为游戏只是儿童的专利，这种看法是不正确的，青年也需要休闲娱乐活动。但是，由于认识不足，我们的社会几乎没有为青年准备休闲娱乐项目，而脱离了儿童阶段以后，青年在渴望成长的压力下，更趋向于去参加一些成年人的休闲娱乐活动，可是他们无论在经验还是心理上，都还不能完全适应这样的娱乐活动，这就常常引发青年出现其他问题。如何开发一些真正适合青年心理的休闲娱乐项目应该引起我们社会和专业青年社会工作者的高度重视。

二、青年的社会适应要求

（一）青年的人际交往问题

与人交往，特别是与异性交往，是青年必须经历的。这表面上看起来是一个很自然的过程，但是我们对这个问题认识得并不够。传统观念认为，这些都是人自身所具有的本能，在适当的时候，就会被激发出来。其实，在现代社会生活中，我们逐渐发现，与人交往也是一门学问，婚恋是需要学习的。可是，我们这个社会并不是十分重视这个问题，甚至是在回避这个问题。所以，青年在“春情萌动”的时候，往往被社会规范压抑着，在与同辈交往以及异性交往的时候会遇到许多问题，而找不到可以求助的对象。青年社会工作者和教育工作者必须着眼于这些问题，给予青年适当的帮助。

（二）道德观和价值观发展问题

改革开放以来，中国处在快速的转型期，出现传统道德的缺失和价值观念多元化。青年的生理和心理处于快速发展时期，价值观念并未完全定型。如果青年在价值问题上存在较深层次的矛盾，特别是在价值观和人生观上发生很大的认识偏差时，他们的行为也常常会因此而发生很大的偏差和问题。道德发展的困惑，以及由此引发的行为选择的困惑，对于发展中的青年都有着巨大的摧毁力，导致代际冲突及亲子关系的不协调等。这些问题的解决需要家庭、学校、社会及青年教育工作者和专业青年社会工作者的共同努力。

三、青年发展的良性社会互动

21 世纪是知识经济唱主角的世纪。知识经济的发展以知识为基础，同时以科技和教育的高度发达为发展前提。它对青年人才的知识和科学文化素质提出了前所未有的要求。处在这样的时代，青年面临的问题将更加复杂，承担的任务将更加艰巨，肩负的使命也更加崇高。因此，青年的发展也必然有着独特的内涵。我们认为，当代中国青年的发展，指的主要是青年群体在各个社会生活领域里由一种状态向另一种较高级状态的转变。

（一）青年发展是以提高青年素质为主题的发展

21 世纪，青年的成长与进步，需要把握成才机遇，具有迎接挑战的勇气，还要有健康的心理状态。这就提出一个青年的发展必须具备现代人才素质的问题。青年作为知识、信息的主要载体，其素质成为青年发展的主要内容和指标。在这样的时代，高新科技的发展，不仅要求青年掌握专门化的技术，还要求他们具备更全面的素质。

（二）创新将成为青年发展一个不可或缺的主导因素

21 世纪，知识创新已成为社会文化的基础和核心。社会文化的变革必然导致青年文化与青年人格的转变与发展。青年将凭借着不断创新，不断探索的勇气重塑自我、完善自我。由于青年思想开放思维敏捷，加上他们对传统文化比较超脱，在培养创新能力方面，具有得天独厚的优势，并且将走在全社会的前列。

（三）青年的发展是青年学习化的过程

所谓学习化，是指学习意识普遍化和学习化行为社会化。学习和掌握知识已不再是一朝一夕的事情，而是一个长期的、终身的、积累和更新的过程。21 世纪，学习是发展的动力，成功的源泉。青年的发展通过学习实践得以实现，而且学习和接受教育将贯穿于青年发展的全部过程。

青年发展与社会可持续发展是相互协调、内在统一的，不能片面强调某一方面。青年的可持续发展，指的是既能满足当时的需要，又能保证其身心和谐、均衡、持久的发展力不受损害的发展。也就是说，谋求精神和肉体的和谐统一，身心发展的有序、均衡、协调，以保持全面的、持久的、强劲的发展能力，并把促进青年发展作为全部工作的主题。

阅读与思考

在一次盛大的宴会上，中国人、俄国人、法国人、德国人、意大利人争相夸耀自己民族的文化传统，唯有美国人笑而不语。为了使自己的表述更加形象，更有说服力，他们纷纷拿出具有民族特色、能够体现民族悠久历史的实物——酒。中国人首先拿出古色古香、做工精细的茅台，打开瓶盖，顿时香气四溢，众人纷纷称赞。紧接着，俄国人拿出了伏特加，法国人拿出了大香槟，意大利人亮出葡萄酒，德国人取出威士忌。

最后，大家都看着美国人，美国人不慌不忙地站起来，把大家先前拿出的各种酒都倒出一点，兑在一起，说：“这叫鸡尾酒，它体现了美国的民族精神——博采众长，综合创造。我们随时准备召开世界文明智慧博览会。”在全球化的今天，不仅经济、信息无国界，商品的单一特性和狭隘定位早已不能跟上生产力发展和时代进步的需要，正如各国的酒文化一样，即使融合内涵博大精深，特性追求各有千秋，但鸡尾酒的出现却又有了新的思维。

◎思考：

1. 请结合社会发展与青年定位，来谈谈你对这篇故事的理解。
2. 结合自身环境，谈谈当前青年面对时代发展的突出特性表现。

课堂内外

一、社会小调查

调研题目：当前的青年大学生与历史上的大学生相比有哪些新特点。

操作方法：利用文献搜索法、田野调查法、重点访谈法、问卷调查法。

效果预期：有助于同学了解当前青年的特点，了解青年发展的社会生态情况，在学习进步和实践学习上更加清晰地认识青年自我，强化青年责任意识和发展意义。

二、主题讨论

讨论题目：当代的青年存在哪些发展问题？相关部门应该如何介入？

◎参考文献

[1] 戴建兵，等. 大学生职业生涯发展教程［M］. 北京：北京师范大学出版社，2013.

[2] 陈红英，舒刚，等. 大学生心理健康教程［M］. 武汉：武汉大学出版社，2013.

[3] 杨雄，等. 社会转型与青年发展［M］. 上海：上海社会科学院出版社，2004.

[4] 李春玲，科兹诺娃（P. M. Kozyreva），等. 青年与社会变迁：中国和俄罗斯的比较研究［M］. 北京：社会科学文献出版社，2014.

[5] 陈钟林，金小红. 青少年社会工作［M］. 武汉：华中师范大学出版社，2014.

[6] 石海兵. 青年价值观教育研究［M］. 合肥：安徽人民出版社，2007.

CHAPTER 03

专题三
青年学习能力

导言

学习是进步的根基。学习能力是影响青年的学习过程、学习效率和学习结果的内在因素。青年应在家庭、学校的指导下寻找自身学习的特点，优化学习能力，成为学习中的思考者、探求者和发现者。正如美国教育学家埃富加·富尔在《学会生存》一书中深刻地指出："未来的学校必须把教育的对象变成自己教育自己的主体，受教育的人必须成为教育他自己的人。"因此，在终身学习的潮流下，青年不仅需要把握学习的主动性，更需要通过互联网课程培养自我学习的能力，掌握自我学习的方法，实现自我增值。

精彩故事

1996年，连高中都没上完的张立勇到清华大学食堂做了一名卖馒头的临时工。清华园里的学术氛围让张立勇非常向往。下了晚班后的张立勇总是匆匆赶到教室聆听大师们的讲座。因为下班时间总在晚上8点以后，所以对于很多讲座张立勇只能站着听到结尾，但是这是他最幸福的时刻。在一次次的讲座中，他吸收着清华大学的学子精神，并将自己的个人生活融入清华大学丰富的校园生活里。

在清华大学工作一段时间后，张立勇决定把自己感兴趣的英语作为学习的突破口。他制定了一个时间表：早上6：00必须起床；6：15—6：30跑步；6：30—7：00背英语；7：00—7：15刷牙、洗脸；7：15—7：30上班；午饭时间控制在8分钟之内，剩下的7分钟背英语单词；中午1点钟听英语广播；晚上8点下班，学习英语到12点；深夜12：45—1：15收听英语广播。

为了更好地掌握英语，他加入了清华大学的英语协会，积极参加校园里的英语角。一开始和大家交流的时候他显得很拘谨，生怕别人笑话，但是慢慢地他知道学英语一定要张嘴说，不管说得好与坏，都要大胆地说出来。为了检验自己的学习，他决定报考英语四、六级，在2000—2001年一年多的时间里，他先后参加国家英语四、六级考试，均以80多分获得通过，接着又以630分的高分考取了托福。

一时间，在清华大学的他引起了巨大的轰动。经过努力，张立勇获得北京大学本科文凭，被团中央评为全国十大杰出学习青年，被航空工业出版社聘为"三导自考丛书"的代言人。

◎总结

这个故事告诉我们："学习不可能一蹴而就，需要日积月累。学习让自己看得更远、走得更远。"

◎思考：

1. 你的学习兴趣在哪里？
2. 如何把学习的兴趣转化成学习的动力？
3. 如何提升自己的学习能力？

情景导入

一、班级调查

1. 你的学习兴趣在哪里？
2. 你认为青年人学习能力的培养重要吗？
3. 你有努力提升过自己的学习能力吗？
4. 你是否认可自我教育理念？

二、案例分析

【案例1】 张海云毕业后应聘我国一家有名的大型企业，经过层层筛选成为最后一名被录用者。她知道自己的实力与其他新入职的员工有差距，于是，她主动了解公司的宗旨、企业文化、政策及公司各部门的职能和运作方式。她积极参加公司内部各种关于管理技能和商业知识的培训课程，如提高管理水平和沟通技巧、领导技能的培训等，并结合自己个人发展的需要选择了自己要学的专业课程，很快就学到了很多知识，成为行家里手。再加上得到公司经理的悉心指导和培训，她很快就成了所在部门的工作能手，不久还被提拔为部门主管。对此，部分同事颇有微词，认为她背后搞小聪明，上级领导知道情况后决定在公司内部举办专业能力比赛，要求所有员工参加。结果，张海云无论哪一项比赛都名列第一，从此，公司所有人都对她刮目相看。从那之后，她扶摇直上，最终成为总经理。如今的她在商界，声名显赫，没有人会质疑她的能力。在一次采访中，当被记者问到这些年感受最深的是什么时，她回答说，学习能力就是竞争力。

【案例2】 20世纪90年代初，何敏是一家国企的小职员，老实本分，按时上下班，没有突出贡献，也没有拉大家后腿，但是，某天却突然被通知下岗待业。一向文静的她不知道自己究竟得罪了谁，犯了什么错误，于是，鼓起勇气去问领导，领导回复"没有犯错误"不是留职的充分条件。诚然，"没有犯错误"固然重要，但是"表现良好"和"表现出色"则更为关键。社会选择的是足够优秀的人，而"不犯错误"的标准太低了，既然有更好的，那么谁愿意放弃黄金而取粗沙呢？社会的竞争说到底不是在选择比较优秀的人，而是在选择最优秀的人。所以，一个不愿意学习的人就不会有任何竞争力，也终会被淘汰。

◎问题：

结合案例和自身情况，思考当前青年大学生学习能力应如何提升。

探求新知

随着科技的进步与经济的增长，世界的整体水平在快速地提升，所有事物都在以它前所未有的速度更新换代，竞争的激烈性日趋明显。一个人若想跟上时代步伐就不应该故步自封，亦步亦趋地被动追赶，而应该变化方式，主动学习所有先进的东西和具有竞争力的知识。这样，才能够事半功倍，早日成功。世界上所有的成功都是因为比他人做得更好，更善于在所有的“事情”当中学习成功的经验。在成长过程中，经历的每一件事情，都是一次极好的学习机会。如果你能够看清这样的机会，并将其充分利用，则所习得的知识与技能必然有所增加，竞争力也会随之提升。反之，你就会在日益激烈的竞争中失去优势。

第一节 学习能力的重要性

一、学习的定义

学习并不是一件那么简单的事。对于学习，每位专家，不论是教育学家、心理学家、社会学家还是哲学家，都有自己的独到见解。在不同情况下，学习既可以指理解、认识、记忆、发现、经验获得，又可以指运用已有知识。学习了不一定就理解了，从考试中就能看出这一点。人们可能知道某个知识，对其有所认识，但不一定能利用它。掌握知识是一回事，懂得利用则是另一回事。同时，学习既可以指个人在获取某种社会已经掌握的知识后，对其进行丰富使它具有新的知识点，也可以指提炼出一种全新的知识。

为了避免造成混淆，我们赋予“学习”一词强有力的意义。我们关心的不仅仅是如何描述学习者所记忆的东西或知道的操作程序，而是解释学习者如何理解、记忆、重建知识，特别是解释如何运用所学知识于实践之中。只有当学习这种能力给我们带来更多的东西，特别是当我们能够利用其所学时，我们才对这样的学习感兴趣。

二、学习能力的定义

曾经有人给学习能力下了这样一个定义：学习能力，就是学习动力、学习态度和学习毅力的总和。但笔者认为，如果非要给学习能力下一个准确的定义，它应该是包括学习动力、学习态度、学习方法、学习效率、创新思维和创造力的一个综合体。

学习能力的几个构成要素不是孤立存在的，而是互相叠加，互相促进，有机联系的整体，是人们自我学习、自我变革、自我超越、自我发展的螺旋式上升的过程。就像前面所说的，学习能力是一种学习的方式和解决问题的方法。

某些人认为，创新思维、创造能力与学习没什么太大的关系，学习者只要记住老师教给他的知识就可以了，别的东西，对学习来说都不是主要的。其实，这恰恰是那些灌输式教育者最大的悲哀。他们没有意识到，一个只是机械地将老师教授的内容记忆下来，不会用创造思维来进行独立思考的学习者，只能成为学习的奴隶。也就是说，一个学习者如果不具有创造能力的话，不管他具有多么丰富的知识，也永远只是在模仿和抄袭而已。

■拓展阅读

哈佛大学大一不分系科专业，希望学生通过一年的学习和尝试，发现并确认自己真正感兴趣的专业方向。大二开始在40多种学科中选择专业，选定之后也允许改变。哈佛本科4年，至少要学30多门课，包括7门“核心课程”、16门专业课和8门选修课。所谓“核心课程”，是每个学生的必修课，涵盖外国文化、文学与艺术、历史研究、道德伦理、数量推理、社会分析等领域。每个领域再细分为若干亚领域，共有11个亚领域，每个亚领域开设几十门课程，供学生自由选择。

三、学习能力决定竞争力

学习和竞争是人类发展的永恒的主题。学习能力是知识经济时代最强大的能力。知识经济时代是激烈竞争的终身学习的时代，每个人都“赤裸裸”地面向世界（是身体赤裸裸吗？当然不是，世界早已不是“赤条条来去无牵挂”的时代了。是灵魂吗？也不是，没必要；是能力——竞争力）。在机遇与挑战面前，有竞争力就是“大爷”（学活了，走遍天下都不怕）；没有竞争力也是“大爷”（Die——玩完了，此Die非彼“大爷”），但会自动“退出历史舞台”，这是事实，也是现实，别无选择！

学习能力是21世纪人们的基本竞争力，也是总体竞争力，同时又是核心竞争力。学习能力决定了人们的竞争力、创新力、发展力、成功力等。人人都拥有无限的潜力。美国、加拿大等西方国家，非常重视对读书学习与大脑潜能的开发和运用。我国许多方面都在与国际接轨。因此，在对于人才来说至关重要的学习科学和脑科学方面更应激流勇进，与国际同步，否则就会远远落后于发达国家。

第二节
提升学习能力

一、选择自己最喜欢的方式学习

目前涌现的诸如“快速学习法”“超级学习法”“无敌学习法”等各种学习法，都认为自己才是最有用的、最好的学习方法。但遗憾的是，这些学习法或过于片面，或过于偏重理论性，都不甚完美。

其实，每个人都有适合自己的学习方法。有些人喜欢独自一个人学习，有些人则喜欢合作学习；有些人喜欢坐着学习，有些人则喜欢躺着学习；有些人喜欢通过照片或图表进行学习，有些人则喜欢通过音频材料进行学习；有些人喜欢通过阅读来获取知识，有些人则喜欢通过与别人讨论来获取知识。

在这些学习方法中，哪一个才是最好的呢？答案就是，你最喜欢的且又最适用于自己的，就是最好的。因为，世界上没有绝对适合于所有人的学习秘诀。学习是个人行为，只要选择适合自己的学习方法就可以了，不一定非要按照别人的方法来学，否则，只能适得其反。

所谓最适合自己的方法，其实就是自己最关注、感觉最有兴趣的学习方法。如果你喜欢看报纸、杂志，那就从阅读中学习；如果你喜欢看电影、电视，那就从影像资料中学习。但要记住一点：这种方法应该和所有知识有机地联系起来。

二、保持自己最佳的状态学习

心情能够影响学习的效果，如果能够有效地调节自己的心情，始终保持愉快和轻松，就能使自己的大脑处于最佳的学习状态。我们或许都有这样的体会：当自己不幸生病时，如果只有自己孤零零地待在床上，就只会让病情加重；如果有朋友、亲人陪伴，顿时就感觉病痛好像减轻了许多。当自己心情欠佳，烦躁不安时，再美味的佳肴也引不起食欲；而当心情愉悦时，哪怕是一顿普通的快餐，也会吃得津津有味。

学习也一样，心情愉快时，学什么都轻松，而且乐意去学，效果自然不错。心情不好时，就很难静下心来认真学习，效果自然很差。哈佛大学心理研究中心的嘉西尔教授曾经做过一个有趣的实验。他把50名学生分成两组，一组在愉悦的气氛中授课，另一组则相反。一个月以后他发现，在愉快的气氛中上课的学生，大多数的学习效果都不错，对所学的东西大部分都能掌握。而另一组学生的情况明显就差很多，他们甚至早已想不起自己在这一个月中都学了什么。这项实验说明，心情能影响学习效果。谁能够有效地调节自己的心情，始终保持愉快轻松的状态，谁就能取得良好的学习效果。

总之，在学习的过程中，只要保持愉快的心情，学习就是一件非常轻松的事。

三、努力增强记忆力

记忆的种类很多，其中感觉记忆是以感知过的事物形象为内容的记忆，主要有两种：图像或视觉记忆，声音和听觉记忆。记忆的方法因人而异，选择适合自己的方法就能增强记忆力。

（一）便于记忆的方法

便于记忆的方法有很多种，最常见的有复述记忆、视觉记忆、书写记忆、理解记忆、背诵记忆等。如果我们掌握得较好的话，将有利于提高我们的记忆质量。

首先，列表、编写提纲是最有效、最简便的记忆方法。正如布鲁纳在《教育过程》一书中所指出的一样："关于人类记忆，经过一个世纪的充分研究，我们能说的最基本的东西，也许就是，除非把一件件事情放进构造得好的模型里面，否则很快就会忘记。"的确，把知识加以归类或者系统化，使所要记忆的内容纳入自己已有的认知结构中去，成为这个认知结构的一部分，这样记忆起来才会省时省力，又不至于遗忘。列出表格，画出系统图，编写识记材料提纲等，都是对知识加以归类或者系统化的重要手段。

其次，综合运用各种感觉记忆比只用一种感觉记忆更有效。人类是通过各种感官认识事物的，所以在记忆的时候我们还可以通过运用所有的器官协同记忆来达到我们记忆的目的。在一般情况下，人们识记材料主要靠视觉或听觉。但是，其他感官也能吸收知识，具体占比率如下：视觉占83%、听觉占11%、嗅觉占3.5%、触觉占1.5%、味觉占1%。从记忆的效率来看，单靠听觉获得知识，3小时后能记住60%，3天后只能记住15%；只靠视觉获得的知识，3小时后能记住70%，3天后只能记住40%；视觉、听觉并用获得的知识，3小时后能记住90%，3天后仍可记住75%。也就是说，多种感官并用的记忆效果比只用一种感官记忆的效果好得多。

最后，还可以运用无目的记忆法。我们有许多知识就是通过无目的记忆法积累起来的，比如，一些日常生活经验的获得，电视节目介绍的许多历史知识或者地理知识。这就是所谓的"潜移默化"的作用。保加利亚心理学家家洛扎诺夫就这样的记忆法提出了"启发性外语教学法"，他建议人们在听音乐、说英语、做游戏等轻松有趣的情景中学口语、记单词。然而，由于这种记忆法缺乏目的性，记忆的内容具有极大的偶然性和片段性，所以靠这种记忆法并不能迅速获得系统的科学知识。

（二）注意生活细节增强记忆力

研究表明，食疗可以延缓人们由于年龄的增长而导致的记忆力衰退和丧失。所以，日常生活中我们应注意食物的摄入量和搭配，只有这样我们才能够保持自己的记忆质量。而牛奶、鸡蛋、鱼类、花生、小米、玉米、黄花菜、辣椒、菠菜、菠萝等有助于提高记忆力，我们不妨在生活中注意这些食物的摄入量，以便达到提高记忆力的目的。

在此基础上，我们还可以运用其他方法增强记忆力，如按摩，用拇指和食指从上到下轻轻地按摩整只耳朵，用两只手的手指触摸位于发际和眉毛之间的印堂穴和神庭穴。按摩穴位后可促进血液流动，消除记忆障碍和增强记忆力。此外，还应注意睡眠，因为，睡眠有助于恢复体力和脑力，并且有舒缓压力、增强记忆力的功效。而打哈欠和伸懒腰也有助于我们的脑细胞活跃起来并恢复到清醒状态。另外，经常运动以及听一些古典音乐也有利于增强我们的记忆力。

（三）掌握记忆规律提高记忆质量

在学习中，遗忘是有规律的，遗忘的进程是不均衡的。在记忆的最初阶段，遗忘的速度很快，再逐渐减慢及至相当长的时间之后，几乎就不再遗忘了，这就是遗忘“先快后慢”的发展规律。因此，习得知识的第一天的遗忘速度是最快的，如不抓紧复习就有可能只记得25%的知识了。但随着时间的推移，遗忘的速度减慢，到了第6天后，遗忘就很少发生了。也就是说，如果你学习的新知识到第6天还没有被遗忘，那么你很有可能会永远记住它。

根据艾宾斯记忆遗忘曲线，知识在记忆20分钟、1小时、8~9小时、24小时、2天、6天和1个月后相对应的记住率为（%）：58.2、44.2、35.8、33.7、27.8、25.4和21.1。也就是说，越是及时复习，我们遗忘的东西就会越少，我们能够保留在记忆里的东西就会越多。当然，每个人的遗忘规律是有差别的，如果通过简单的实验总结出自己不同时间的遗忘规律，按照自己的遗忘规律来复习需要记住的事情，就能使我们事半功倍，而且不会忘记重要的事情。

四、追求打开思维之门

（一）坚持思维的独立性

思维决定了人的一生。当思维受限时，生活也会受到一定的影响。而社会上大部分的精英名人之所以取得成功，正是因为他们能保持自己思维的独立性，善于坚持正确的观点。所以，在学习的过程中，我们应该学会独立思考，寻找适合自己的学习方法。

独立思考无论在什么时候都非常重要。在美国通用公司的一次董事会上，一位资深董事提出一项决策议案，该议案立即得到了大多数董事的附和，有人说这项计划能够大幅提升利润，也有人说这项议案可以击败竞争对手，于是，大家一致同意尽快将议案付诸实施。但是，会议主持人在那一刻停顿了一下，说：“我不赞成这样的集体思考方式，我希望大家都能够独立思考之后再做决断。我建议大家将这个决议推迟一个月再做表态。”一个月之后董事会重新考虑这项议案，结果它被否决了。

由此可见，一个人的思考过程应该是独立的，而不是人云亦云，一味地参照和附和他人的建议。一个人如果不能够独立思考，即使其掌握了再高明的思维方式也不会有任何用处。

保持思维的独立性，首先要克服自身思维的惰性，在思考他人建议的时候，要跳出别人的思维圈，评估一下其他人建议的正确性和可行性，进而再看有没有更好的方法和途径。这样的话，一方面有改进的可能，另一方面还可以为突发情况做好心理准备。长此以往，你的见识和判断力就会逐渐胜过别人。

其次，还需要非凡的胆识和勇气。认识到思维独立性的重要性并不难，但是要在实践中保持自己的独立性却不是一件容易的事，这需要我们有很大的勇气和毅力。因为在一个群体意识很强的社会环境中，独立就意味着被排挤和被孤立。在众多的压力下，许多人会放弃自己的思维意识和坚持自己独立观点的勇气。所以，只有那些颇具胆识和勇气的人才会排除万难，把自己的思维和意志贯彻到底，最终达到自己所期望的人生境界。

（二）打开多项思维之门

常用的思维方式有发散思维和收敛思维、纵向思维和横向思维、常规思维和逆向思维、线性思维和非线性思维、对称思维和非对称思维、静态思维和动态思维。这些思维方式对于问题的解决是必不可少的，若不能充分地利用这些思维方式，则学习和解决问题的能力就会相对较弱一点。而能力是可以锻炼出来的，多项思维方式也是一样。只要我们按照正确的方式去做就一定会有收获。

任何事物都具有复杂的结构和多种多样的性质或属性，因而解决问题的方法也应是多种多样的。在众多解决问题的方法中，必定存在一种最佳的方案，这就要求我们主动积极地思考，以最恰当的方式解决问题。

另外一种值得我们学习的思维方式就是立体思维法。众所周知，单一的、平面的思维是不能适应对事物愈来愈深入的认知要求的。此时，就需要我们运用立体思维采取多方位、多角度、多层次、多手段的方法来真实地反映这个事物的整体及其与周围事物的联系。

当然，思维方式不是与生俱来一成不变的。随着年龄的增长、文化知识的积累、阅历的丰富，人们会不断总结经验，使思维方式由低级向高级转变，能够尽可能全面地做分析和思考问题，然后通过全面而精确的推理，做出正确的判断。我们可以先学一点形式逻辑的基本概念，再学一些形式逻辑的基本规律，如同一律、不矛盾律、排中律、充分理由律等。在掌握形式逻辑基本思想的基础上，再学习一点道家和儒家的论著。如还有精力，甚至可以再涉猎一点现代哲学的基本定律，如此，辩证思维的基本条件也就具备了。

（三）突破思维定式

思维是人类最为本质的特征，也是人类一切活动的源头。虽然人类的思维能力总体处于发展、变化的趋势中，但也会保持一种相对稳定的状态，这种状态是由一系列的思维定式构成，由一系列思维定式的品质所表现的。因为人们发现问题、研究问题、解决问题往往都是凭借原有思维活动的路径进行，所以人们认识未知、解决未知，都是以已知或已知的组合、变换为阶梯。要想提高思维能力，就要突破原来的思维定式，更新原来的思维模式，优化、深化思维的品质。

生活中我们要紧密联系实际，不断总结经验，要善于从人生的每一个阶段及要做的每一件事中吸取成功的经验和失败的教训，使认识得到升华。如此周而复始，每经历一次理论和实践的陶冶，思维能力和工作方法就有一次提高。经过阅历的不断丰富，经验的不断积累，思维方法就越来越成熟，洞察和判断是非的眼光就会越来越犀利，把握事物发展的能力就会越来越强。

第三节 教育与自我教育

一、教育的概念

广义的教育是指，一切增进人们的知识、技能，影响人们的思想，增强人们的体质的活动；狭义的教育是指社会通过学校对受教育者的身心所施加的一种有目的、有计划、有组织的，以影响受教育者身心发生预期变化的活动。这个定义深受学校教育的影响，渗透着师授性、他控性的理念，突出表现就是其中的“影响”一词。而“影响”本义为影子和回声，一般指其中“他人教育”的色彩并不少，因此，笔者认为用比较中性的“过程”一词来取代“影响”会更合适、更恰当。而“教育”则可以定义为：“是指增进人们的知识、技能、能力，形成和改变思想品德的一切过程。”

二、自我教育的概念

自我教育，从字面上来看，是“自我”和“教育”的结合，按现代心理学的看法，自我是“人类人格中通过知觉与外部世界发生联系的方面，是从动物本能的基质中分化产生的，是人们意识到的和能意识到的知觉活动和运动冲动的总和”（在社会心理学中“自我”与“自我意识”几乎是同义的，本书由于多从社会个体出发，因此就采用了社会心理学的这一做法，并没有细致区分“自我”与“自我意识”，而是通用了）。与上述教育概念的结合后，自我教育就是“指在社会生活中，个体通过把自我作为对象所进行的一切教育过程”。显然这个概念与教育和学习概念密切关联。首先这是一个教育过程，只是其中的教育主体和教育客体都是个体自身，没有第二者介入；其次这个教育过程的核心表现形式就是各种层次的学习，从比较内隐性质的感悟，即主体与认识对象经由体验和觉悟而达到新的精神境界的认识活动。到比较外显性质的模仿，即主体有意或无意地对某种刺激做出类似反应的行为方式。直到进行有计划、有目的的概念学习、规则学习和问题解决等。这些层次多样的学习模式说明了自我教育，在横向上，它是个体社会生存中无所不在的社会化形式的执行性架构；在纵向上，它是个体精神世界中因控制程度不同所排列出的一个与这些社会化形式相匹配的学习心理机制。也因此它的形式是极其多样的，存在范围是极其广泛的，所指内容是无所不包的，这样它才能在博大精深的文化活动中，有着极为关键的传承和创造功能。

三、青年自我教育存在的问题

（一）自我教育意识欠缺

青年自我教育首先应该有明确的自我教育意识，这是受教育者进行自我教育的心理前提，也是自我教育开展得好坏的表现之一。事实上，现阶段的青年人自我教育存在着自我教育意识欠缺的问题。他们中的许多人表现出成才意识狭隘，修身意识薄弱；自由意识强烈，规范意识欠缺；投机意识强烈，奋斗精神缺失；个体意识强烈，集体意识薄弱等现象。

1. 成才意识狭隘，修身意识薄弱

心理学的研究成果表明，动机支配人们的行为，而动机又由某种“欲望”或“需要”所引起，因此，需要是产生行为的原动力。大多数青年把提高自身能力为日后步入社会获取较大的经济效益作为最需要的动机。市场经济的发展，迫使青年在社会环境中去竞争，因此，他们的成才意识较强。在强烈的成才意识的驱动下，大部分青年学子积极投入专业理论知识的学习中，热衷于考研、考证，为提升竞争力打下基础。虽然重视成才是无可厚非的，但一些青年的成才意识十分狭隘，存在盲目性与心理方面的不成熟现象。他们认为只要拥有很高的学历、一定的专业知识或者很多的证书，就是新时期所需要的人才。青年要成为全面发展的人才，自我修身意识是不能忽视的。一个缺乏修身意识的青年即便是进入了社会，也难以提高市场适应力和竞争力，无法发挥出自己的最大潜能，与成才的初衷相背离。

2. 自由意识强烈，规范意识欠缺

近年来，青年的行为失范现象越来越引起社会的关注。对某些大学生来说，旷课迟到、考试作弊、作业抄袭习以为常；上课打手机、在公共场合大声喧哗大有人在；最为严重的道德失范当属作弊和造假。当代青年人自信、创造力强，有很强的自我保护意识和自我中心意识。他们过度追求自由，向往自由不愿受外在的强力压迫，认为道德规范是对其自由的一种阻碍和束缚。而目前所处的开放时代，为个人本位的西方文化的进入提供了便利。部分青年在吸取西方文化时易产生片面性，以自我为本位考虑问题而轻视道德规范，产生个人中心主义和极端自由主义。而实际上，西方国家的制度和法律比较成熟，权利约束也十分严格，在尊重个人自由的同时整个社会也很重视道德品质和行为规范。在充分尊重大学生的主体需要和主体地位的前提下，规范意识的培养必不可少，包括法治意识、道德规范意识、校规校纪意识以及未来职业规范意识等。规范意识的培养关键在于受教育者把握和运用规范的自主性，即规范意识的自我教育。目前自由意识的盛行、规范意识的缺失正是自我教育意识较差的表现之一。

3. 个体意识强烈，集体意识薄弱

别林斯基说过，大自然创造了人，但发展和形成人的是社会。每个人都是处于一定的集体中的，其发展既然受到集体的影响，必然也影响着这个集体。集体意识，是以个人对集体的关系的认识为基础的，以对集体的认同感、责任感、荣誉感等情绪体验为特征的，并能主动地调整自身行为的自觉的心理状态。当代青年更加重视自我，认为只有通过自我的主动性、独立性和创造性的发展才能充分实现个体的人生价值，因而特别注重自己的个体发展。这种自我意识的不断强化有利于青年人独立人格的形成，有利于他们才能的发挥。然而正是由于这种个体意识、自我意识强烈到极端，使得部分青年人不能正确处理个人与集体的关系，只关心自我的利益，不考虑到集体的利益和发展。

（二）自我教育能力较差

1. 自我学习缺乏持续性，理论功底欠缺

自我学习能力是学习主体独立地获取、吸收和应用知识的综合性能力，是一个人多种智力因素结合和多种心理机智参与的过程，是衡量一个人是否具有可持续发展能力的重要因素。我们所处的时代是经济、科技、信息网络的全球化、一体化迅猛发展势不可挡的时代，面对迅速变化的环境和大量的信息仅靠学校教育已经不能完全受用，需要不断地自我学习、自我发展与提高。受教育者是具有主观能动性的，具有主动认识、自主选择的学习主体。但自我学习能力不是与生俱来的，而是在后天的培养和锻炼中形成的，需要持久地做出努力。

虽然由于长期处在学校教育的氛围中，现阶段青年人对书本和理论知识的自我学习已经取得了一定的成果，但仍有一部分青年人认为书本上的理论知识是枯燥无味的，从而无感，或者习惯于被动接受教育而缺乏自我学习的兴趣。然而面对新的社会形势仅仅学习书本和理论知识是不够的。知识的来源也不仅仅是出自书本，还有媒体所传达的信息。在互联网逐渐普及的过程中，当前的青年人对这种形式传递的知识信息已经有所适应，但真正从中吸收新思想、新知识的人还不多，大多数人还停留在把大众媒介作为娱乐工具的阶段。

2. 自我控制缺乏意志力，易受外界影响

“社会控制是指通过社会力量，使人们遵从社会规范，减少社会行动的偏差，维持社会秩序，达到稳定和发展目的的过程。”与社会控制相对的是自我控制。自我控制能力是个体社会化过程中的一项重要能力，是主体自我意识发展的内容之一。青年阶段是人生发展的关键时期，青年人通过接受教育和社会化形成本质的进程加快，因此自我控制能力的培养非常重要。自我教育要通过调动受教育者的主观能动性来实现，因其目的之一也在于培养受教育者的自我控制能力和意志力以提高他们的思想道德素质水平。自我控制与青年人的自我意识水平、自我教育的发展水平有关。当今的宽松环境既对青年人自我控制能力的提高提出了要求和考验，也为意志力的培养提供了相应的氛围。青年人是自主性很强的群体，对自己意志的监控与调节的过程主要在于自我控制能力。若不能达到一定的自我教育目标，自我控制的能力和意志力则无法上升到一定的水平，越轨的言行仍然有可能发生在高校里。

四、提高青年自我教育能力的主要途径

（一）增强青年自我教育意识

自我教育是受教育者充分发挥其主动性进行思想内化和行为调控而达到提高自身素质目的的一种活动过程。因为最终还是要通过内因起作用，所以自我教育的前提是受教育者具有主动性。因此在日常的教育工作中，我们要注重青年人自我教育意识的培养，通过各种途径让青年人了解社会进步、时代发展，端正人生态度，激发青年自我教育的内在动力。

由于自我是认识的主体，又是认识的客体，所以自我认识的难点在于如何正确认识自我、改造自我。只有从内心接纳自己、鼓励自己，并乐于或善于战胜自己，全面而确切地了解自己，才能给自己一个准确的定位。

第一，培养自我认识能力，形成自我教育的信念。青年的一个明显特点是自我意识随着社会地位的变化而迅速增加，更多地把眼光投向自身，探索、认识、评价自己。这为我们引导青年培养自我认识能力提供了有利的条件和基础。青年认识和评价自己品质的能力，是在集体中从他认识别人的品质开始的，是在认识别人的过程中，学会以别人为"镜子"，与别人进行比较后逐步认识自己的。

第二，树立远大理想，激发自我教育的内在因素。自我认识能力是自我修养的起点。青年要具有坚持不懈地进行自我教育的能力，仅仅有自我认识能力和自我教育的信念是不够的，还必须培养他们自我激励的能力，使自我教育获得巨大的内在动力。自我激励能力的大小强弱，取决于个人理想是否远大，以及对这一理想是否有深厚的感情，是否有信心去实现它。

（二）发展自我教育方法，提高青年自我教育能力

青年自我教育是通过受教育者自身思想的矛盾运动进行的，是自觉的行为，与自我意识的发展有紧密的联系。自我意识是认识的一种特殊形式，是主体的自我认识。自我意识包括自我感觉、自我评价、自我监督、自我管理、自我激励等，是认知、情感、意志等的综合体。青年人正处于人的青年时期，随着知识和生活经验的不断积累以及对外界认识的不断提高，个体的自我感觉、自我体验、自我控制能力逐渐得到发展。他们能够比较客观、正确地评价自己和别人形成独立的看法，能够形成自己相对稳定的人生观、世界观和价值观。可见自我教育与自我意识之间存在不可分割的关系，前者是伴随着后者的发展而发展的。

认识自我、自我学习、自我调适、自我反思这一系列方法的运用是解决目前青年自我教育存在问题的根本方法。随着人社会化程度的不断提高，现代的人的身份更趋多样性。在青年人身上也同样反映出更为复杂的社会性。如此使青年对自我的认识更难。在面对不同的环境和情形中，他们不断转换着自己的角色定位。要全面而系统地认识自我，个体要将自己视为立体的人，不能再只是简单区分优点和缺点。

针对性的自我学习。自我教育包括自我学习的内容和自我学习的方式两个方面。而每个人的个人经历、家庭背景、成长环境、所受教育都不一样。水平略高的，可以尝试用更深一层的知识来提高自己；水平较低的则可以从最基本的理论知识学起，只有这样有针对性地选择自我学习的内容，自我教育才能有的放矢。与此同时，还要根据自身性格和所学的内容选择合适的学习方式。只有做出具有针对性的选择，自我教育才能成为一个积极的不间断的过程。

及时性的自我调适。当今社会竞争越来越激烈，青年人面临着来自各方面的压力。而生活本来就不可能完全一帆风顺，困难、挫折往往不期而至。如果对困难和挫折的处理不及时，方法不得当，就有可能导致心理失衡甚至出现心理障碍，如抑郁症就对身心健康危害很大，甚至令自我教育的效果大打折扣。因此，及时地进行自我心理调适是新时代青年必须掌握的自我教育方法。

深刻性的自我反思。“所谓反思，就是人的心灵以自己的活动为对象而反观自照，一般是指精神的自我活动和内心反省的修养方法。”在个体进行自我教育的过程中，个体除了自我认识、自我学习之外，还应对自己的行为和活动进行反省、思考和总结。事实上，自我反思被认为是个体自教自律的最高层次。深刻的自我反思，是从理性的角度，个体对自己的思想和行为进行多方位的深刻的反思。大自我反思既然是一个主体性很强的活动，贵在坚持。即在自教自律的每一个阶段和每一个环节，有规划、有准备地对自己的思想和行为进行反思。

阅读与思考

家境贫困的爱迪生是一个很勤奋的孩子，尽管他只读了3个月的书，但是，他很注意学习，凡事都要问个为什么，都要从生活的源头掌握知识。他12岁时做过火车上的报童，工作中他学会了发报技术。1878年，爱迪生想要发明一种光线柔和、价格便宜的安全电灯。为了找到合适的灯丝，他试验过硼、钌、铬、碳精以及各种金属合金，共1 600多种材料，历时13个月，但是都没有成功。一个曾经在爱迪生那里工作过的物理学家称这个试验是“大海捞针”，但是，爱迪生下决心要从大海中捞起针来。功夫不负有心人，1879年10月10日星期天下午5时，爱迪生点亮了用碳化棉丝做灯丝的灯泡，他亲自观察和做记录。这一次，灯泡明亮、稳定，1小时、2小时、3小时……灯泡一直亮着。从19日、20日到21日，没有一个人去休息。直到21日下午2时，当点燃到第45个小时的时候，爱迪生叫助手把电压加高一点，灯泡更亮了。又过了几分钟，灯丝终于烧断了。当有人问他试验那么多次都是失败，为什么还能坚持下去的时候，他说，在这个过程中他从未失败过，相反，他知道了很多材料是不适合用来做灯丝的。他一生中写下了3 400本详细记录发明设想、实验情况的笔记，这些都是他从实际操作中获得的知识。他的发明，改变了人们的一些日常生活方式，而他本人也赢得了世人的赞誉。

◎思考：

1. 我们应该怎样去学习？
2. 我们应该怎样面对学习过程中的“失败”？

课堂内外

小测试

题目：学习风格测试

目标：帮助同学们明确自己的学习风格，然后根据自己的学习风格提升学习能力。

操作方法：利用互联网，完成《所罗门学习风格自测问卷表》。

效果预期：帮助同学们了解自己的学习风格，从而选择适合自身特点的学习计划、学习资源和学习环境。

◎参考文献

[1] 刘海峰．学习力［M］．北京：中国华侨出版社，2008.
[2] 杜克丁．学习的智慧［M］．北京：国防工业出版社，2013.
[3] 黄蓉．大学生自我教育存在的问题及对策研究［D］．武汉：华中师范大学，2009.
[4] 杜泰山．提高大学生自我教育能力研究［D］．重庆：西南大学，2008.
[5] 南京师范大学教育学编写组．教育学［M］．北京：人民教育出版社，1984.
[6] 影响[EB/OL]．[2016-08-20]．http://baike.baidu.com/view/49527.htm.
[7] 张华龙．体悟教育研究［D］．兰州：西北师范大学，2008.
[8] 刘志维，姜伟，李海州．高校学生成长和集体意识的培育刍议［J］．科教文汇，2007（11）.
[9] 鲁洁，王逢贤．德育新论［M］．南京：江苏教育出版社，2002.
[10] 韩永红．论自我教育［D］．兰州：西北师范大学，2009.

CHAPTER 04

专题四
青年交往能力

导言

“交往是人类必然的伴侣。”在社会生活中，人要生存和发展，就必然会与他人发生这样或那样的联系。随着社会的发展，人类的交往范围越来越广，人际关系显得越来越重要。个人是社会的一分子，个人与社会相互联系、相互制约。人类社会是个大集体，个人的生存和发展，无论其愿意与否，都离不开这个集体。人与人之间，需要广泛的人际交往。无数事实证明，建立良好的人际交往关系是个人生存和发展的必不可少的条件。无论社会如何进步、科学技术怎样高度发展，个人都不可能孤立存在。每个社会成员为了正常生活、工作、学习，都必须与他人沟通思想、交流感情、传递信息、协调关系。青年是人生中的重要阶段，与人交往，在青年生活中占有重要地位。青年不再满足于在与父母、亲人的单纯关系中发展自己，而是渴望接触更多的人，与他人建立联系。青年人如果能在血缘关系、师生关系、同学关系、业缘关系等多种关系的处理上如鱼得水，游刃有余，那么将有利于自身的发展，确立自我，走向成熟。

精彩故事

胡雪岩原是一个出身贫寒的钱庄学徒,后来却成为大清国举足轻重的“红顶商人”，这其中的奥秘在哪里？除了胡雪岩自身资质过人之外，更重要的是他懂得人际交往的重要性，且善于经营。在钱庄做学徒时，胡雪岩碰到一个叫王有龄的人，胡雪岩见他形态举止并非一般人，断定日后一定能飞黄腾达，于是倾囊相助其五百两银子。后来王有龄官至浙江巡抚，对胡雪岩事业的起步起了决定性的作用。往后，胡雪岩又同大员左宗棠结为至交，协助左宗棠作战。经左宗棠力荐，朝廷特封胡雪岩为“布政使”，官从二品，并恩赐黄马褂。正是由于胡雪岩善于运用人际关系，才使自己登上了人生和事业的顶峰，成为影响一时的大商人。

◎总结:

这个故事告诉我们，人际交往在个人的成功中占有重要的地位。

◎思考:

在你看来青年交往能力为什么是重要的?

情景导入

案例分析

人能承受多少孤独?

【案例1】 1954年，美国做了一项实验。该实验以每天20美元的报酬（在当时是很高的金额）雇用了一批学生作为被测者。实验内容是这样的：为了制造出极端的孤独状态，实验者将学生关在有防音装置的小房间里，让他们戴上半透明的保护镜以尽量减少视觉刺激。接着，又让他们戴上木棉手套，并在其袖口处套了一个长长的圆筒。为了限制各种触觉刺激，又在其头部垫上了一个气泡胶枕。除了进餐和排泄的时间以外，实验者要求学生24小时都躺在床上。可以说，这样就营造出了一个所有感觉都被剥夺了的状态。结果，尽管报酬很高，却几乎没有人能在这项孤独实验中忍耐3天以上。最初的8个小时好歹还能撑住，之后，学生就吹起了口哨或者自言自语，有点烦躁不安了。在这种状态下，即使实验结束后让他做一些简单的事情他也会频频出错，精神也集中不起来了。据说，实验后得需要3天以上的时间才能回到原来的正常状态。实验持续数日后，人会产生一些幻觉。到第4天时，学生会出现双手发抖，不能笔直走路，应答速度迟缓，以及对疼痛敏感等症状。

【案例2】 2014年，一些美国学者在弗吉尼亚州大学教授蒂莫斯·威尔逊的带领下开展了一项实验，其目的在于试图搞清，人类实际上到底能承受多大程度的沉默和孤独。在他们的实验中有超过800人参加，其中有男有女，有老有幼，有高级知识分子也有普通民众、大学生、职员、工人。参加实验的人需要在单独的房间里安静地坐上15分钟，可以随便想点什么，但不允许使用手机和其他电子设备，也不能听收音机、看电视、读书或者睡觉。绝大多数志愿者，无论性别和年龄，都向教授承认，他们很难经受得住考验。在第二个阶段，学者们向志愿者提供了两种选择，要么得到5美金然后继续孤独地坐着，要么得到5美金但要感受足够强烈的电击。令人惊奇的是，大部分人为了不在沉默中难过地待着都选择了电击。2/3的男人更愿意承受电击，而只有1/4的女人愿意这样做。威尔逊教授说："很多人很难能够只靠自己的大脑来愉悦自我，特别是当他们被专门要求这样做时。"

◎问题：

1. 你经历过最长时间的孤独状态（单独并且没有手机、互联网和其他电子设备）是多久？

2. 你觉得人为什么难以承受长时间处于孤独状态？

探求新知

请加入“脉客”一族。脉客一词源于英文“Man keep”，是指善于运用和经营人际关系的一族，音译为“脉客”。哈佛大学曾经做过一个调查，结果表明，被大家所认同的杰出人才都是典型的脉客。这些人才的专业能力毋庸置疑，但是他们的另外一个大本事，就是花更多的时间与那些在关键时刻能给自己帮助的人培养良好的关系，这样就能在面临问题或者危机的时候更快地寻求到解决的办法，这绝对是一个能够化险为夷的技能。那么，如何成为杰出的“脉客”呢？首先让自己更加出色，更加自信，有自信的人总是能够获得更多关注的目光。其次主动沟通，培养良好的沟通能力。人际交往就是沟通的过程，在这个过程中要加强了解对方需求的能力，并给予适当的反应。再次就是学会适当地赞美他人，赞美别人说明你在关注他，这能让对方对你的好感直线上升。

第一节 青年交往的含义

一、什么是青年交往

青年交往是指青年在生产、工作、学习和生活等活动中，通过语言、文字、行为及其他手段而进行的个人与个人、个人与群体、群体与群体间的相互沟通、相互作用和相互了解，从而在社会、职业、家庭等生活领域，在政治、经济、文化及心理等方面而产生相互影响的过程。

二、青年交往的方式

青年在交往过程中，实际的交往行为和由此产生的相互关系是多种多样的，交往类型也是千差万别的。按照划分标准的不同，我们可以把青年交往行为划分为不同类型。

（一）社会交往和亲族交往

按照社会关系的亲近程度不同，青年交往可以分为社会交往和亲族交往。社会交往包括业缘交往，即青年以职业角色为纽带构成的交往，如同事之间的交往；学缘交往，即青年以学业角色为纽带构成的交往，如同学之间、师生之间的交往；地缘交往，即青年根据居住社区的角色而进行的邻里交往，或青年与社区的交往，如同乡、邻居之间的交往；机缘交往，即青年以通过他人介绍或某种巧遇为纽带形成的交往。亲族交往包括直系亲属交往，比如父母、兄弟姐妹之间；旁系亲属交往，如姑姨、叔舅、表兄妹之间；婚亲交往，如岳父母、内兄弟之间。

以上两大类交往对象不是截然分开的，往往相互交叉，例如，彼此之间可能既是同学、亲戚，又是同事。

（二）横向交往和纵向交往

按照交往方向的不同，青年交往可分为横向交往和纵向交往。横向交往是指青年同一层次之间的交往，如同辈人、同事、同学之间的交往。纵向交往是指青年与不同层次的人之间的交往，如与领导之间、与长辈之间、与老师之间的交往等。

（三）直接交往和间接交往

按照交往手段的不同，青年交往可分为直接交往和间接交往。直接交往是指青年无须借助中介手段而直接通过感官活动的交往。可以直接借助的感官活动有面部表情、对话、手势、触摸、身体其他部位的动作、暗语等。间接交往是指青年通过借助中介手段进行的交往。可以借助的中介手段有第三人、书信、电信、报刊、网络、符号等。

（四）深入交往和浅度交往

按照交往关系深浅的不同，青年交往又可以分为深入交往和浅度交往。深入交往是指双方因共同的利益或爱好而频繁深入的沟通交流的社会互动。深入交往的双方不仅互相认识和互相了解，而且能互相帮助，有继续交往的热情和动力。浅度交往是指双方只在认识的基础上进行礼仪性的或者简单的业缘需要的社会互动。比如在某次宴会认识的初次交往。深入交往和浅度交往是相对来说的，两者可以互相转换。

除此之外，根据交往性质的不同，青年交往可分为良性交往和不良交往；以时间的不同，可以分为长久交往和短期交往；以人数规模的不同，可分为两人交往和多人交往；以空间为划分，可分为国内交往和国际交往；等等。

三、青年交往的内容

从广义上来讲，青年交往的内容很多，包括商品交换、思想交流、劳动服务、互助合作、劳动与娱乐等。具体来说，可以是经验、学习、兴趣、情感、工作、政治、经济、新闻大事、娱乐八卦等。

从狭义上讲，青年交往是指青年的人际交往，是指青年人与他人交往关系的总称，包括亲属关系、朋友关系、学友（同学）关系、师生关系、雇佣关系、战友关系、同事及领导与被领导关系等。

第二节
青年在交往中成长

一、交往是青年发展的重要成长课题

交往是人的社会化的必由之路。社会化，就是指一个自然人成长为社会人的过程。一个人从无知无识的生物个体，到成为一个社会成员，需要一个发育、成长的过程。他必须学习这个社会长期积累起来的知识、技能和规范，发展自己的社会性。社会化就是个人学习知识、技能和规范，取得社会生活的资格，发展自己社会性的过程。人际交往是个体社会化的必由之路。交往的特点是人与人之间相互影响。人在交往中总是拿他的所作所为和周围人的期待进行比较，从了解他们的意见、情感、要求中知道哪些该做，哪些不该做，把别人的行为方式、态度、价值观等吸收过来纳入自己的人格组织，形成自己的世界观和个性。前文中的“狼孩”故事告诉我们，“狼孩”之所以没有人的特性，是她们从小与狼生活在一起，没有经过社会化。

与人的社会化相联系，青年学会交往，也是未来社会的要求。未来社会是一个交往日益频繁的社会，社会化的生产、生活方式要求人们既要有高度的合作精神，善于交往，紧密合作，又要有在交往中明辨是非美丑并保护自我的能力。

人际交往促进人进一步认识自我。人对自己的认识总是以他人为镜，需要通过与他人进行交流、比较，把自己的形象反射出来加以认识。也正是通过交往，才能从他人对自己的反应、态度和评价中发现自己的长处和短处，找到自己恰当的位置，从而选择更为恰当的行为。

二、交往是获取信息的重要途径

在古代，只要“两耳不闻窗外事，一心只读圣贤书”，努力考取功名就能取得成功。而现在窗外的世界日新月异，如果继续一门心思只读圣贤书，则会远离社会或被社会疏远。人与人之间的交往，是获取信息的重要途径。通过社交建立良好的人际关系后，人就能以各种方式迅速地获得信息。人际交往相较于从书本获得信息有内容更广泛、渠道更直接、速度更迅速等特点。

曾有个外交官，每天要面对无数的媒体访问，但他每次都能游刃有余地处理好，因为他非常重视他的“人脑数据库”。当他面对媒体访问遇到疑难问题时，他会要求记者给自己一个小时的思考时间。这个小时，他会和自己的“智囊团”协商，汇集来自不同的高端人才的资讯和想法，最后给出完美的答案。你的人际交往有多广，你这个信息数据库的容量就有多大，就会有许许多多可以支持你的资源，就可以更容易比别人获得先机。

青年的成长，一方面需要大量的书本知识信息做积淀，另一方面需要大量新信息来充实自己。青年具有强烈的求知欲、好奇心，善于获得新知识新信息，每个青年本身就是一个小型的信息库、一个信息源。青年在交往、沟通的过程中，都在自觉或不自觉地传递、接受着来自不同载体的知识和信息。信息含量高、传输快已成为当代青年人际交往的一个新特点。因此，青年在交往中应善于利用和把握这一特点，不断拓宽自己的知识面，丰富自己的人文内涵，相互学习、相互补充，使自己成为一个全面发展的人才。

三、良好的人际交往是身心健康的保证

人际交往是维持身心健康的重要保证。人际交往的时间越久，空间越大，人的精神生活就越丰富，得到支持与帮助的机会就越多，就越能保持心理平衡。通过交往，能获得友谊、支持、理解，得到内心的慰藉，提高自信和自尊，增强信心；有助于降低挫折感，缓解内心的冲突与苦闷，宣泄愤怒、压抑与痛苦，减少孤独感和失落感，增强安全感、成就感和幸福感。

西方心理学家克林格做了一个广泛的调查，结果发现，良好的人际关系对于生活的幸福指数具有重要意义。当人们被问到“什么使你的生活富有意义”的时候，几乎所有的人都回答，亲密的人际关系是首要的；自己的生活是否幸福取决于自己同生活中其他人的关系是否良好；如果同父母亲、配偶、恋人、孩子、朋友及同事关系良好，有密切的情感联系，那就会感到生活幸福且富有意义。反之，则会感到生活缺乏目标、没有动力和不幸。在这些被调查者的回答中，人际关系的重要性远远超过成功、名誉和地位，甚至超过了西方人最为尊重的宗教信仰。

四、良好的人际交往是谋事成事的需要

人际关系对人生业绩的影响很大，是人们取得成功的重要条件之一。据悉，美国卡耐基工业大学曾对 10 000 多案例记录进行分析，结果发现“智慧”“专门技术”和“经验”只占成功因素的 15%，其余的 85% 决定于人际关系。戴尔·卡耐基在阅读了数百名古今中外人物的传记，走访了近百位名人之后写出的《成功之路》一书中，导出了一条公式：个人成功 = 15% 的专业技能 + 85% 的人际关系和处世技巧。吉米·道南和约翰·麦克斯韦尔合著的《成功的策略》，花了超过 20 年的时间观察成功人士，导出的也是同一个公式：个人成功 = 15% 的专业技能 + 85% 的人际关系和处世技巧。这绝非巧合，这个公式证明了人际关系的重要性，无论从事什么职业，良好的人际关系和正确的处世技巧，将有助于个人在事业上取得成功。良好的人际关系能为一个人事业的成功创造优良的环境，这主要是因为：

第一，良好的人际关系能够促进人们共同协作，为完成特定的任务而共同奋斗。现代科学技术的发展，既为交往创造了快捷方便的条件，也对交往方式提出了更高的要求。现在许多工作任务，越来越不能靠个人单枪匹马来完成，而要通过众人的共同协作来完成。每个科研项目的攻关，也离不开众多科学家的联手合作，加强联系，共同研究。

第二，良好的人际关系能够促进人们之间的信息交流和信息共享。现代社会知识量激增，呈现“信息爆炸”。不建立一个和谐的人际关系进行交往，就不能尽快获得信息。有人曾说，现代社会 80% 的信息是通过交往获得的，而在现代社会掌握了信息就等于增

加了成功的砝码。

第三，人们可以从友好协作的人际关系中吸取力量，增强信心，在人生业绩的创造中左右逢源，得心应手。反之，如果人与人之间互相拆台，互相牵制，积极性受到压抑，才能无法发挥，消磨意志，空耗时光，则根本谈不上人生业绩的创造。

第三节 青年如何提升交往能力

一、遵循青年交往的原则

社会交往不是简单的纯粹的人与人之间的接触、交往和结合，而是有赖于一定的社会关系，通过一定的交际艺术，将人们凝聚成一个有机的、充满活力的共同体。因此，青年在社会交往过程中，需要遵循一定的原则，使交往顺利进行。

（一）平等原则

平等是人与人之间建立感情的基础，也是社会交往的一项基本原则。与人交往只有以平等姿态出现，不盛气凌人，不自视清高，给人以充分的尊重和理解，才有可能形成人与人之间的心理相容，产生愉悦、满足的心境，建立和谐的人际交往关系。因此，青年只有遵循平等原则，以礼相待，不卑不亢，才能赢得他人的好感，形成良好的交往关系。那种以势取人、以权凌人的行为，是对他人的人格蔑视与侮辱，根本违背了人际交往的平等原则，因而不可能形成正常的人际交往关系。

李达在大学期间学的是计算机，专业突出，领导能力强，一年之后，因为表现突出担任了一个软件开发项目的组长，他觉得其他组员都没有自己优秀。但是后来一件事情改变了他的看法。那天，新项目的开发需要重新做一个方案，这个时候，李达犯愁了，他的计算机应用能力在组里是数一数二的，做方案却实在不是强项。正在为难的时候，一个平时很沉默的同事周元说自己可以试试看。其实说“试试看”，那是周元的谦虚话，他做方案向来是公司里面的顶尖好手。从这件事情上，李达开始意识到在人际相处中，大家都处于一个很平等的地位，各有优劣，只有相互配合才能攻克难题。

（二）真诚原则

社会需要诚信，青年交往需要真诚。人与人交往，以诚相见，以心换心，才能得到更多的朋友；反之，弄虚作假，欺上瞒下，虚张声势，换来的只会是众叛亲离的下场。

辽宁女大学生小敏在获悉自己被用人单位录用后，高兴之余马上又忐忑不安起来，因为在应聘过程中，没有过英语四级的她对用人单位说自己早就取得了英语四级证书。经过一番思想斗争后，小敏勇敢地向用人单位坦白了自己的作假行为，令她意想不到的是，用人单位不仅没有跟她解除协议，领导还表扬了她这种诚实的做法。

（三）宽容原则

人与人之间难免发生矛盾和冲突，如果没有一颗宽容的心，就会觉得每天都生活在夹角里。开车时遇到那些乱闯车道的人就牢骚不停，遇到开车上道的新手在你前面慢腾腾地行驶就不耐烦，在餐馆遇到服务员上菜慢了一些就责备两句，遇到单位新出规章制度让自己不悦也要牢骚一番。如果没有一颗宽容的心，就会觉得每天都不快乐。而假如有人伤害了你，你也去报复别人，"以眼还眼，以牙还牙"，那样只会两败俱伤。

然而，宽容是针对某些特定的事、特点的场合、特定的人，一味讲宽容而不注重其结果也是不正确的。我们需要有宽容的胸怀，但宽容是有底线的，有原则的，否则宽容就会变成纵容。我们所提倡的宽容，不是容忍一些人任意欺凌别人的人格尊严，随意掠夺他人利益，却反过来要求别人宽容。在社会生活中，人们在道德法规的原则基础上彼此尊重，是多元社会宽容的底线，越过这条线，将意味着进入一个无原则的社会。

（四）互利原则

互利是指双方在满足对方需要的同时，又能得到对方的报答。人际交往永远是双向选择，双向互动的。你来我往，交往才能长久。在交往的过程中，双方应互相关心、互相爱护，既要考虑双方的共同利益，又要深化感情。

二、善用交往的心理效应

（一）首因效应

首因效应，一般是指人们初次交往时各自对交往对象的直觉观察和归因判断，对他人所形成的印象就成为第一印象或最初印象。首因效应对人的印象的形成起着决定性的作用。也就是说，在人际交往活动中，我们会很重视开始接触到的信息，包括容貌、语言、神态等，至于后面的信息就显得不是那么重要了。第一印象一旦形成，要改变它可不那么容易，在现实生活中，首因效应所形成的第一印象常常影响着我们对他人以后的评价和看法。有时我们会听见朋友抱怨："坏就坏在没有给他留下好的第一印象，印象已无法改变。"

首因效应启迪我们一方面要给他人留下良好的第一印象，要从服装、身体、姿态、表情等多方面着手；另一方面又要在以后的交往中纠正对他人第一印象的不全面的认识。

（二）近因效应

近因效应，是指多种刺激一次出现的时候，印象的形成主要取决于后来出现的刺激，即交往过程中，我们对他人最近、最新的认识占了主体地位，掩盖了以往形成的对他的评价。多年不见的朋友，在自己的脑海中印象最深的，其实就是临别时的情景；一个朋友总是让你生气，可是谈起生气的原因，大概只能说上两三条，这也是一种近因效应的表现。我们在交往过程中，常常用近因效应整饰自身的形象。例如，双方感情不和，一旦要分手的时候，一方主动向对方表达好感甚至歉意，会出乎意料地博得对方的好感，甚至将以往的恩怨化解。在与朋友分别时，给予他良好的祝福，你的形象会在他的心中变得美好起来。

毕业生小董是个相貌平平的男生。一天，他到一个单位参加面试，进考场后，主考官只轻描淡写地问了诸如哪个学校毕业的，哪个地方的人等几个问题后，就说面试结束了。正当他要离开考场时，主考官又叫住他，说："你已回答了我们所提出的问题，评委觉得不怎么样，你对此怎么看？"小董立刻回答："你们并没有提出可以反映我的水平的问题，所以，你们也并没有真正地了解我！"主考官点点头说："好，面试结束了，你回去等通知吧。"结果是录用通知如期而至。其实，主考官第一次说面试结束，只是他做出的一种设置，是对毕业生的最后一考，想借此考查一下应聘者的心理素质和临场应变能力。如果这一道题回答得精彩，大可弥补"首因效应"的缺陷；如果回答得不好，可能会由于这最后的关键性试题而使应聘者前功尽弃。

（三）晕轮效应

晕轮效应又称光环效应，是指在交往的过程中，我们往往会从对方的某个优点而泛化到其他有关的方面，由不全面的信息而形成完整的印象。心理学家曾做过这样一项实验：让人看一张卡片，上面写着一个人的五种品质，有聪明、灵巧、勤奋、坚定、热情。看后让人想象一下这是一个什么样的人，结果普遍想象成一个友善的好人。然后把卡片上的"热情"一词换成"冷酷"，顺序变成：聪明、勤奋、坚定、冷酷、灵巧。再让大家想象一下这是一个什么样的人，结果是人们普遍推翻了原来的结论，变成了一个可怕的坏人。这说明"热情"和"冷酷"这两个品质产生了掩盖其他品质的晕轮效应。多数情况下，晕轮效应常使人出现"以偏概全""爱屋及乌"的错误。"一俊遮百丑""情人眼里出西施"也是这种晕轮效应的反映。

最能产生晕轮效应的是外表，外表的美丽往往容易留下美好的第一印象。另外，一个人的气质、性格、能力、才智以及家庭背景、个人修养等都会产生晕轮效应。但是，无论是什么样的人，一个粗俗的举止，就会破坏他的全部好印象，而一个美好的举动则可使他倍增光辉。所以我们要善于倾听和接受他人的意见，防备晕轮效应的副作用。同时也可以利用晕轮效应增加自身的吸引力。

（四）刻板效应

刻板效应指笼统地把人划分为固定概括的类型而加以认识的心理现象。由于人们所处的地理、政治、经济、文化及职业的不同，人们对一定类型的人有一种沿袭已久的固定看法。比如，提起法国人，往往会认为他们是热情奔放，有浪漫情调的；提起日本人，往往会认为他们勤劳肯干，崇尚武力；提到英国人，往往会认为他们传统、保守，有绅士风度；提起中国北方人，往往认为其身材魁梧、正直豪爽，南方人就小巧玲珑、精明能干等。

刻板印象的积极作用在于简化了我们的认识过程，但也容易带来负面效应，让人只认识共性，忽略个性，让人产生的人际认识和评价不全面、不准确，有时会造成偏见或成见，会对人们之间的正常交往带来负面影响。因此，要避免戴着"有色眼镜"去看待人和事，要正确处理共性和个性之间的关系。

（五）投射效应

投射效应是指在人际认知过程中，人们常常假设他人与自己具有相同的属性、爱好或倾向等，常常认为别人理所当然地知道自己心中的想法。如自己心地善良，就认为他人也都是心地善良；自己经常算计别人就觉得别人也必然会算计他人；自己喜欢的东西别人也一定喜欢，自己讨厌的别人也一定讨厌。这就是人们常说的“以己之心，度人之腹”。投射效应在人际交往中的表现形式是多种多样的，而且较为普遍。如有的人对别人有意见，就会认为别人也对自己也有意见，总觉得对方一言一行都带有挑衅色彩；有的人喜欢揣摩别人的心思，讲话喜欢兜圈子，对别人的话也总是持有怀疑态度；有的人用自己的主观愿望或想象去投射别人，如果内心深处喜欢某个女生，希望对方能看上自己，进而就会把对方的每一个眼神、每一句话甚至每一句玩笑都看作是对自己的示爱等。

曾经有一位母亲很喜欢带自己 5 岁的女儿逛商店，可是女儿老是不乐意去，母亲感到很奇怪，商店里目不暇接的商品那么多，小孩子为何不喜欢呢？直到有一次孩子的鞋带松开了，母亲蹲下身子为孩子系鞋带，突然发现一种从未有过的恐怖景象，面前晃动着的全是腿和胳膊。于是，她抱起孩子，快步走出商店。母亲学会了蹲下身来看看孩子的世界，站在孩子的角度想问题。这样所有的困惑都解开了。这便是投射效应在现实生活中的反映。因此我们做事情想问题都要顾己及人，尽量避免以自己的标准去判断他们，也就是所谓“换位思考”，这样才会在人际交往中赢得朋友。

（六）亲和效应

亲和效应是指人们在交际应酬中，往往会因为彼此之间存在着某种共同之处或者相似之处，从而感到相互之间更加容易接近。这种接近会使双方萌生亲密感，进而促使双方进一步相互接近、相互体谅。共同之处，可以是血缘、姻缘、地缘、学缘、业缘关系，可以是志向、兴趣、爱好、利益，也可以是彼此共处于同一团体或同一组织。

在现实生活里，我们往往更喜欢把那些与自己志向相同、利益一致，或者同属于某一团体、组织的人，视为“自己人”。在其他条件大体相同的情况下，所谓“自己人”，之间的交往效果往往会更为明显，其相互之间的影响通常也会更大。当认为对方是“自己人”时，大都会让人们形成肯定式的心理定式，从而对对方表现得更为亲近和友好，并且在特定的情境中，更加容易发现和确认对方值得自己肯定和引起自己好感的事实。所有这一切，反过来又会进一步巩固并深化自己对对方已有的积极性评价。在这一心理定式作用下，“自己人”之间的相互交往与认知必然在其深度、广度、动机、效果上，都会超过“非自己人”之间的交往与认知。比如，人们常说的“老乡见老乡，两眼泪汪汪”。老乡是人际关系中难得的好资源。共同的生活背景、风俗习惯和乡音让老乡之间有着一种天然的亲近感，出门在外，搞好老乡关系，就相当于获得了一种难得的资源。

三、学会交往的四个技巧

（一）调整交往心态

1．克服自卑心理

很多年轻人都有过这样的体会：我不敢跟老师说话，我脑子会一片空白；我本来有一个很好的建议，但别人一说话，我就说不出来了；我这样说不知行不行，大家会不会笑我。

为什么会有这样的感觉呢？是什么东西在阻碍他们沟通的顺利进行？其实，这是他们受到了无形的心理压力，比如，认为别人比自己能力强，认为别人比自己地位高等。心理研究发现，说话胆怯、紧张是一种非常正常而又普遍的情况，即使是那些你认为很老练、很自信的人在一些重要场合，也会流露出紧张的情绪。克服交往障碍可以尝试以下几种方法。

（1）牢牢记住，你不是唯一一个恐惧的人，对方也一样。

（2）在脑海里试想成功的情形。

（3）把紧张的情绪表达出来，用高昂的情绪冲淡紧张。比如：用幽默的方式自我调侃。

（4）保持微笑，不仅让自己有信心，更能调动对方的积极回应。

2．克服嫉妒心

（1）培养豁达的人生态度，心胸开阔，要懂得“人外有人，天外有天”，“强中自有强中手”，这是客观规律。

（2）转移注意力，给自己一个不嫉妒的理由。当我们有很多事情要做的时候，我们就无暇去嫉妒别人。因此，积极参与各种有益的活动，努力学习，勤奋工作，使自己真正充实起来。

（3）看到自己的长处，化嫉妒为动力。一个人在嫉妒别人时，总是注意到别人的优点，却不能发现自己比别人强的地方。当别人在某些方面超过我们时，我们可以有意识地想一想自己比对方强的地方，这样就会使自己失衡的心理天平重新恢复平衡。

总之，对别人产生了妒忌并不可怕，关键要看你能不能正视妒忌。不妨借妒忌心理的强烈超意识去奋发努力，升华这种妒忌之情，把妒忌转化为成功的东西，化消极为积极。

3．克服骄傲自私心理

（1）体味挫折。大家都知道顺境好过，逆境难熬。但人不可能一辈子都幸运地身处顺境。失败和挫折是经常都可能遇到的，这并不可怕。真正可怕的是没有应对失败和挫折的正确态度和方法。

（2）学会分享。分享是一种爱心、一种美德，与人分享是一件快乐的事情。

（3）感受与人相处的快乐。在与人相处的过程中，自私、自大、以自我为中心的人总是处处碰壁的。

（二）积极倾听

如果有人希望和你谈谈心，而你却不感兴趣，顾左右而言他，或看手机，或伸懒腰，一副漫不经心的样子。试想，和你交谈的人心理感受会是如何？倾听是一种艺术，认真的聆听态度最能够使人觉得受重视及肯定自己的价值。积极倾听应注意以下技巧。

1. 真诚关注

倾听并不是不说话，只要听就行了。必须满怀热情地专心地听，不要东张西望、心不在焉，或手里忙着其他事情，要注意不时地做出一些言语和表情上的回应，以示你对他的话有兴趣。

2. 话要听完全

切勿先入为主，急于评论，我们应该在了解了别人完整的意见后再做出反应，即使对方停下来，也并不表明他们已经说完了想说的话，要有耐心。

3. 切勿随便插话

经常插话会使我们漏掉对方说的许多重要的东西，也会让对方觉得你没有真正地在关注他的谈话。而且，你必须了解对方真正需要的是什么，太多的说教会使交谈难以继续。

（三）掌握沟通艺术

如何更好地沟通，就要在交谈中注意以下方法。

1. 寻找共同点

寻找共同点，也就是寻找和对方共同的话题、共同的爱好、共同的看法，从而使对方认同自己，产生一种最初的共鸣。这是最基本的沟通技巧，特别是在和陌生人之间第一次交往中非常有效。在最初的交流中，即使是一点点的相同点也会带来莫大的惊喜和共鸣，比如都是音乐爱好者，都喜欢足球，都喜欢吃辣的，都是广东人，等等。

2. 真诚赞美

人们都希望得到欣赏和赞美，这是人的一种心理需求。谁都不喜欢否定自己的人，他会使你感到前进时多了一个障碍而排斥他。但称赞你的人就不一样了，他会使你产生愉悦感和增强自信心，感到自己是一个有用之人，你会在心中想念与他在一起的自信感受，继而会进一步产生共鸣，并继续交往下去。

3. 学会拒绝

每个人的能力都是有限的，并且人人都有各自的喜好，如果盲目地顺从对方，就会使这种交往变成一种负担，给自己造成不必要的压力。因此，拒绝别人是一门艺术。人之所以拒绝对方，是因为一些不得已的原因或困难，而对方并不一定知道。因此，我们不妨直接清楚地说出我们的难处，求得对方的理解。但在没有时间解释或实在不便解释的情况下，不妨用一些委婉的、巧妙的语言来化解。比如说：对方邀请你参加郊游而你却不想去时，你可以这样说：真想和你一起痛痛快快地玩一玩，可惜我手头有一些重要的事要做，否则我是不会放弃这次好机会的，等等。

4. 幽默

幽默是一种人生态度，更是一种生存技巧，培养自己的幽默感，能使人放松心情，减轻压力，提高愉悦性，还可以使人的满意度增加。幽默感是可以通过培养训练出来的，比如平时要保持愉快的心情，注意积累幽默素材，多看一些有趣的故事、笑话等。

（四）善用非语言沟通技巧

同样一句话，不同的语调、语速，声音的高低，面部表情和体态动作，会反映出不同的思想和情感内容，这就是非言语行为。交往中还要注意非言语沟通方面的一些技巧。

1. **服饰装扮**

一个人的衣服往往能反映出他的个性和爱好。一个和你初次会面的人往往会不自觉地根据你的衣着判断你的为人，进而对你产生好恶之感。服饰展示了一个人的形象和风度。因此，在人际交往中必须注意自己的服饰问题，不同场合穿着合适的服饰，服饰要整洁、得体，要体现出自己的个性，展现自己的人格风度。

2. **面部表情**

良好的表情表达力是社交的重要手段，在社交中不要让你的表情过于死板。国学大师翟鸿森在讲座中说过“与人交往，切忌一脸死相”，说的也是这个道理。在人际交往过程中，要善于控制与调节自己的情绪、神态，使之适合交际的需要，避免神态错位，比如在欢庆的场合独自悲伤；别人在慷慨激昂地说话，你却露出一副无动于衷的神色等。不合时宜的表情都属于神态错位，不注意的话会影响你的人际交往。

3. **体态语言**

站立、坐蹲、行走，这是人们最基本的肢体动作，这些动作也直接表现出人的修养，影响着你在交往中留给他人的印象。因此要特别注意站姿、坐姿、行走的礼仪规范，更好地塑造交际形象，赢得交际人缘。

阅读与思考

现代社会信息网络的高速发展将人类带入了大数据时代，即靠先进科技支撑的以“数据”“信息”“计算”“符号”等为标志的互联网、计算机、微博、微信等成为人们生活、学习和工作的一部分，使人类的思维方式、交往形式和生活方式产生了巨大的变化。青年作为思想活跃、思维敏捷、易于接受新事物的社会先进群体，是使用互联网最广泛和直接的群体。大数据时代对青年交往产生了巨大的影响，主要体现在以下三方面。

一是拓展了青年的交往范围。传统的青年交往更多的是基于同学、朋友、工作伙伴、亲人等熟人之间的交往，并且囿于时空的限制，交往局限在自身所处的狭窄的圈子中。大数据时代的到来，青年通过各种网络社交软件可以关注名人、网络热点人物，可以通过网络互动增进朋友间的关系，拉近与陌生朋友的距离，从而深化感情，结交到更多志同道合的新朋友，拓展交际圈。

二是使青年的交往环境更加复杂化。青年的交往环境分化为现实环境和虚拟环境：一方面，大数据时代下信息传播速度更加即时化、信息内容海量化、传播渠道多样化和更为隐蔽，传播过程中的不可控因素也由此增加。这就使得原本单一的现实环境更加多样和复杂：主流与非主流、传统与现代、大众与精英、本土与外来等思想文化交织、交锋，共同构成了现代社会复杂多样的环境。这也要求现实环境必须进行改革调整，以开放包容的姿态迎接这些挑战。青年生活在这样的环境中，必然要进行鉴别选择，抵制各种诱惑，适应环境。另一方面，伴随着大数据时代的到来，虚拟环境成为青年交往环境的重要组成部分。相比现实环境，虚拟环境更加具有诱惑性、不可控性、隐蔽性、渗透性，是不良信息和谣言散布的自由国度，甚至某些发达国家利用其先进信息化技术对网络环境进行干预和污染。

三是使青年的交往方式更加多样化。一方面，网络作为青年传统交往的拓展和延伸平台，使传统的交往方式更加多元化。与以往打电话、发短信、面对面交流相比，现在视频聊天、语音聊天、微博关注互动、电子邮件往来等更便于青年及时沟通信息，交流思想，解决心理困惑，也迎合了青年内隐性、含蓄性的心理特点，避免了面对面的尴尬境地。另一方面，网络交往成为继传统交往之后的一种现代交往方式进入青年群体的交往圈，并逐渐成为占主导地位的青年交往方式。网络社区、虚拟社会、朋友圈等已成为青年讨论社会热点、相互交流的主阵地。基于青年喜欢求新求异的思想心理特征和网络的新奇诱人，网络交往成为深受青年群体追捧的交往方式。

◎思考：

在大数据时代青年如何更好地交往？

课堂内外

一、小测试：你是交往达人吗

请对下列问题做出“是”或“否”的选择：

1. 碰到熟人时我会主动打招呼。
2. 我常主动写信给友人表达思念。
3. 旅行时我常与不相识的人闲谈。
4. 有朋友来访我发自内心感到高兴。
5. 没有引见时我很少主动与陌生人谈话。
6. 我喜欢在群体中发表自己的见解。
7. 我同情弱者。
8. 我喜欢给别人出主意。
9. 我做事总喜欢有人陪。
10. 我很容易被朋友说服。
11. 我总是很注意自己的仪表。
12. 如果约会迟到我会长时间感到不安。
13. 我很少与异性交往。
14. 我到朋友家做客从不感到不自在。
15. 与朋友一起乘公共汽车时我不在乎谁买票。
16. 我给朋友写信时常诉说自己最近的烦恼。

17. 我常能交上新的知心朋友。
18. 我喜欢与有独特之处的人交往。
19. 我觉得随便暴露自己的内心世界是很危险的事。
20. 我对发表意见很慎重。

【结果分析】

第1、2、3、4、6、7、8、9、10、11、12、13、16、17、18题答“是”记1分，答“否”不记分，第5、14、15、19、20题答“否”记1分，答“是”不记分。

第1～5题分数说明交往的主动性水平（4～5分为得分高，3分为中等水平，0～2分为得分低。下同），得分高说明交往偏于主动型，得分低则偏于被动型。第6～10题得分表示交往的支配性水平，得分高表明交往偏向于领袖型，得分低则偏于依从型。第11～15题得分表示交往的规范性程度，高分意味着交往讲究严谨，得分低意味着交往较为随便。第16～20题得分说明交往的开放性，得分高偏于开放型，得分低意味着倾向于闭锁型，如果得分处于中等水平，则表明交往倾向不明显，属于中间综合型的交往者。

二、即兴辩论

正方论题：社交软件对于提升交往能力利大于弊；
反方论题：社交软件对于提升交往能力弊大于利。

◎参考文献

[1] 周之良．编制交际的纽带［M］．青岛：青岛出版社，2005.
[2] 张鑫．人际交往与沟通能力培养［M］．成都：西南交通大学出版社，2011.
[3] 王唤明．每天一堂人际交往课［M］．广州：广东经济出版社，2014.
[4] 孟庆国．青年学概论［M］．呼和浩特：内蒙古人民出版社，2005.
[5] 俞喧一，李荣斌．心理学与个人成长［M］．北京：科学出版社，2008.
[6] 赵波．实战篇：青年人际交往的4招17法［J］．中国青年研究，2004（4）.
[7] 温海霞．大数据时代的青年交往困境及其教育新探［J］．河北青年管理干部学院学报，2015（4）.

CHAPTER 05

专题五
青年的情感生活与爱情

导言

青年时期是青年身心迅速发展，走向成熟的过渡阶段，是人生成长的关键期。随着年龄的增长，除学习、工作外，青年还须面对恋爱、婚姻、家庭等问题。当今中国，无论是社会结构和社会制度，还是社会观念和伦理道德，都发生着深刻的变化。青年正处于人生观、世界观、价值观形成阶段，其恋爱观、婚姻观、家庭观也会受到时代变迁的影响。因此，青年对于恋爱、婚姻和家庭的认识需要认真审视、思考和定位。

精彩故事

西南交大一对情侣的"证" 能量

——3 年拿了 87 张证①

林荔敏和周平是西南交大的一对情侣。2014 年，西南交大校长在毕业典礼演讲中提到了林荔敏和周平，称他们是有担当的典范情侣。在西南交大就读期间，林荔敏拿了 34 张奖状证书，周平更厉害，共有 53 张。也就是说，在大学前 3 年里，除去每年寒暑假的 3 个月，林荔敏平均月入 1.2 张，周平则接近了 2 张。他们一个英语专业成绩很棒，一个在人才济济的土木工程专业中，成为拿奖最多的人之一。3 年里，两人一共拿了 87 张奖状证书，联手拿下的联合国环境规划署"绿色未来奖"则被他们视为"最具含金量"的奖状。在别的同学忙着复习考研找工作时，福建莆田的林荔敏和周平已经提前为本科学业画上了圆满的"句号"：这对西南交通大学著名的"获奖专业户"情侣，双双保研成功。

◎总结：

这个故事告诉我们：只要正确处理学习和爱情的关系，两者完全可以两不误。

◎思考：

1. 你了解爱情的本质吗？
2. 我们应该用怎样的心态看待爱情？
3. 我们应该怎样去爱？

① 江浪莎. 西南交大一对情侣的"证"能量：3 年拿了 87 张证［N/OL］. 成都商报，2014-10-24［2016-08-20］. http://scnews.newssc.org/system/20141024/000503132.html.

情景导入

一、班级调查

1. 进入大学之前是否有恋爱经历？
2. 现在是否正在恋爱中？
3. 你恋爱的目的是什么？
4. 学习与恋爱该如何选择？

二、案例分析

西南大学就《关于当代大学生恋爱观的调查问卷》对在校本科学生进行调查。接受调查的大一学生有20人，男生8人，女生12人。曾经谈过恋爱的仅有4人，正在恋爱的也仅有4人，恋爱的人占少数。调查显示，70%的大一学生表示支持大学生谈恋爱，仅有1人表示反对，对于恋爱动机大多数学生表示没想过，60%的人对失恋都无所谓，30%的人会再找一个，只有10%的人会悲痛欲绝。60%的人在大一谈恋爱的主要原因是寂寞空虚，想找人陪。这一部分人刚从高中紧张压抑的生活进入到轻松的大学生活中，没有了高考时的那股干劲，这时就想到了爱情雨露的滋润。这次调查中，大一学生在学习与恋爱哪个重要的这个问题上，大多数人表示学习更重要，而在恋爱成功率上，80%的学生选择“很小”。①

◎问题：

结合案例和自身情况，思考当前青年大学生对恋爱的认识。

探求新知

泰戈尔说：“爱情是理解和体贴的别名。”莎士比亚说：“爱是亘古长明的灯塔，它定睛望着风暴却兀不为动。”可见爱就是充实了的生命，正如盛满了酒的酒杯。爱情若被束缚，世人的旅程即刻中止。爱情若葬入坟墓，旅人就是倒在坟上的墓碑。就像船被驾驭着航行一样，爱情不允许被幽禁，只允许被推向前。爱情纽带的力量，足以粉碎一切羁绊。由此可见，爱情对人生是很重要的。

---

① 2015关于大学生恋爱调查报告［EB/OL］．（2015-05-29）［2016-01-05］．http://bg.yjbys.com/diaochabaogao/11807.html.

第一节

青年爱情及其对青年发展的意义

一、青年爱情的定义及特点

（一）青年爱情的概念

青年爱情是指一对青年男女基于一定的社会关系和共同的生活目标和愿景，形成相互爱慕并渴望对方成为自己终身伴侣的强烈感情。

（二）青年爱情的特点

对于爱情的看法和认识是多元的。正如一千个读者就有一千个哈姆雷特。从不同的视角理解爱情，爱情就有不同的侧面，这些侧面都反映了爱情是人们情感体验的这一共性。爱情是男女身心发展到相对成熟的阶段而产生的一种情感体验。青年爱情是青年处于特定年龄阶段的爱情，要了解青年爱情的特点，可以从了解爱情的特点入手，青年爱情具有爱情的一般特点。

1. **社会性**

爱情是人们在社会生活中产生和发展起来的一种感情。爱情不能脱离现实社会条件而存在。爱情的内涵以及人们表达爱情的方式都具有社会性。即爱情的内容与形式不仅反映社会的道德观、价值观，而且反映特定的社会关系。

2. **选择性**

情人眼里出西施。每个人都有自己的择偶标准，这种选择标准可以是直觉的或理性的，生物的或社会的，这是个人感情、意志、审美情趣和价值体系的体现。当一方的思想、行为习性或作风可补充、中和或者改正另一方时，双方即使志趣不同、相异甚至截然相反，也可能产生爱情，这些都是爱情选择的一些形式。

3. **对等性**

正如恩格斯所指出的：真正的爱情“是以所爱者的互爱为前提的”。所谓互爱，是指男女双方既是爱者又是被爱者，既是爱情的主体，又是爱情的客体，二者在地位上是完全平等的，不存在依附和占有关系。爱情不是私欲，也不等同于同情或怜悯。任何牵强和欺瞒的感情都难以产生真正的爱情。男女双方只有平等地对待对方，爱情才能健康发展。

4. **排他性和专一性**

不同于亲情与友情，爱情具有排他性和专一性。爱情的排他性表现在男女两人相爱后，他人便难以分享两人之间的情感世界。爱情要求双方在感情上和性关系上都忠于对方。爱情所特有的感情和义务只能存在于恋人之间。

5. **持久性**

恋爱双方相互爱慕的情感及由此应承担的义务和责任都应该是持久的，并存续于婚后夫妻生活和家庭关系之中。正所谓“在天愿作比翼鸟，在地愿为连理枝”。

二、青年爱情的本质

（一）爱情的本质

自人类历史上有爱情以来，人们对爱情的探讨从未中断过。一般来说，有关爱情本质的论述主要有两种观点：一是“唯精神论”。古希腊学者“柏拉图式”的爱情说认为，爱情是纯粹的精神世界，爱情与性欲毫不相干，只是男女在精神上的依恋，完全包含在对所爱的人的关怀之中。这种观点认为爱情的目的是没有肉体接触的灵魂的融合，坚决否认精神同肉体、意识同物质的联系，把爱情推向一种神圣但无法在现实社会中加以实现的境地。另一种是文艺复兴时期资产阶级学者提出的“唯性欲论”。这种观点把爱情看作是性欲的本能。他们认为人类爱情产生的唯一根源是性欲，爱情的目的是为了性欲的满足。这种爱情观尽管更接近于现实，但是，它却把美好的人类爱情完全与动物的生理本能等同起来。就这两种观念而言，无论是强调精神的“唯精神论”，还是强调性欲的“唯性欲论”都仅仅反映了爱情的一个侧面。

对爱情本质的理解，须肯定爱情的发展，这可从如下两方面看：首先，爱情的产生有其自然基础。爱情源于人的自然需求，爱情的发展依赖于人自身的发展。其次，爱情的产生具有社会现实条件。爱情是人类文明的产物。人类文明的发展，一方面通过社会化的途径，将文明融入人格体系，积淀为社会心理，转化为人的自觉意识，从而推动着爱情的发展。另一方面，人类文明的发展推动着社会的发展，而人类社会发展的每一步，都对爱情的发展产生一定的推动力。

因此，爱情具有两种属性，即社会属性和自然属性。自然属性主要满足人的生理需要，即性爱；社会属性指满足人的精神需要和责任（家庭责任），即情爱。爱情是性爱与情爱两者相互作用而产生的，它是人类的一种高级精神生活。爱情不仅要求男女双方在思想、情感、性格等方面共鸣和谐，而且要求双方共同承担应负的社会责任和义务。性爱、理想和责任构成了爱情的有机统一体。真正的爱情是生活的有机组成部分，体现着人的自然和社会的双重需要，并通过生活而变得更加有意义。只有懂得爱情的本质，才可能获得真正的爱情，相爱才能成为永恒。①

（二）青年爱情的本质

青年爱情的本质与爱情的本质基本一致，都具有自然属性和社会属性。但与中老年爱情相比，青年爱情又有其特殊性，即青年爱情比中老年爱情则更具自然属性，而中老年爱情比青年爱情则更具社会属性。

青年爱情本质的这种特殊性取决于青年本质的特殊性。青年是一个从童年向成年过

① 赖芳，季辉．大学生恋爱与婚姻［M］．天津：天津大学出版社，2012：11－13.

渡的特定年龄群体。在这一重要过渡阶段，社会文化价值观念正向青年大量输出，并逐渐积淀成青年个体的社会文化—心理结构。但这种内在文化—心理结构正在形成，并不稳固，其深度、广度及稳定程度皆不及中老年。青年期是青年的“生理大革命”时期，青年生理变化急剧，冲动性强。因此，以它为载体的爱情——青年爱情比中老年爱情冲动性大，理智性小；自然性大，社会性小。①

三、爱情对青年发展的意义

（一）爱情与青年发展

爱情的本质在于它的社会属性，在这一关系上处理得好与坏会影响一个人的人生，所以历来被人们称之为“终身大事”。

1. 爱情正能量促进青年发展

青年爱情的正能量，是指青年爱情促进了青年的身心健康发展，促进了青年事业和前途的发展。青年人进入爱情角色后，心情愉快，精力倍增。这种良好的自我心境和良好的心理气氛有利于青年把智慧和经历全部投入到事业中。如马克思与燕妮的爱情，极大地促进了马克思在事业上的成功。马克思能够取得那样巨大的丰功伟绩，与他得到燕妮的巨大支持和帮助是分不开的。再如爱迪生与玛丽和米娜的先后结合，也极大地促进了他事业的成功。爱迪生一生中发明达1 000多种，为人类幸福做出了伟大贡献，这与他的妻子对他的理解和支持是分不开的。正如有人所说：“从某种意义上说没有玛丽和米娜，就没有发明家爱迪生。”②

从以上两个例子可以看出，深陷爱情的青年男女，如果能够在共同的生活中互相理解、相互勉励、相互支持和相互帮助，那么一旦遇到人生的困难，就能够同甘苦共患难，形成一股合力，增强战胜前进路上所遇到困难的决心和信心，从而推动事业的发展。

2. 爱情负能量妨碍青年发展

青年爱情的负能量，是指青年爱情不利于青年身心成长，妨碍甚至葬送了青年的前途和事业。如“俄罗斯文学之父”普希金与娜塔丽亚的结合，不但妨碍了普希金的事业，而且还葬送了大诗人的性命。深陷爱情的男女，如果彼此同床异梦，互不理解、互不支持，甚至还互相挖苦、讽刺、嘲笑，那么一旦遇到人生的困难时，就会影响青年的自信心，从而对事业前途产生负向作用。③

（二）青年与爱情导向

青年个体的爱情究竟是产生正能量还是负能量，在于爱情中的主体对爱情激发而来的“能量”进行如何导向。青年对“爱情”进行正确导向，将它导向于事业，就产生正能量。如果对“爱情”不能进行正确导向，游离于事业之外，沉醉于爱情甜蜜之中，就产生负能量。

---

① 金国华. 青年学［M］. 北京：中国青年出版社，1999：342.

②③ 黄志坚. 青年学［M］. 北京：中国青年出版社，1988：474－476.

1. **因势利导爱情**

爱情具有显功能和潜功能。青年爱情的“显功能”是指被青年男女明确认识到的爱情积极能量。这种功能显现于外，为人所知。例如，青年男女谈上恋爱，心情舒畅，工作干劲倍增，取得了较大成绩，如此爱情产生了正功能，即所谓的“显功能”。在此基础上，青年男女利用这种积极能量促进自身学业与事业的发展。

青年爱情的“潜功能”是指未被青年男女所认识到的爱情功能。例如，大学生恋爱后，自己总是认为恋爱对学习不会产生负能量。有的确实如此，但有的却不然。不少恋爱中的大学生常常以学习成绩未下降来证明自己的观点。但实际上，考试成绩只是起码的、最明显的学习进步状况的一种显示，课本之外的进步是没有包括的。所以不少恋爱中的大学生，平时考试成绩不错，总是认为自己恋爱没有产生负能量。但一到毕业或高年级时，与其他同学一比较，方才发现自己无论是在知识的广度上还是深度上，都不及其他同学。有的甚至还发出后悔的感叹：“要是不谈恋爱的话，我可能考上研究生了。”直到此时，方才认识到爱情一直在发生作用，爱情在潜功能的层次上发生作用。因此，深陷爱情中的青年男女应认识到爱情“潜功能”，并为此而努力克服从而避免“潜功能”所带来的后果。①

2. **爱情与事业合一**

青年男女要学会平衡爱情与事业。培根曾说过：“一切真正伟大的人物，没有一个是因为爱情而发狂的人，因为伟大的事业抑制住了这种软弱的感情。”真正的爱情可以成为促进学习、事业的动力，而学习的成功又会使爱情得到巩固。青年男女应当明白事业与爱情的相互影响作用，用事业有成去获得和保持爱情的魅力。因为只有爱情与事业结合，才能有永恒的力量。

第二节 当代青年的婚恋观

青年的婚恋与家庭观念变化是社会变迁的晴雨表。婚恋观反映了青年人在恋爱、婚姻、家庭等方面的态度和看法。婚恋观对青年的择偶行为、婚姻生活等有着重要的导向作用。

一、青年的恋爱观

青年在选择对象时，对恋爱对象的德、性、才、貌、势（社会、经济、地位）以及性格、气质等诸多因素都有考虑。但这些因素在青年心目中并不具有同等重要的意义，而是有主次、轻重之分。青年总是把对方的某些条件放在首位，而将另一些条件放在次

① 金国华. 青年学［M］. 北京：中国青年出版社，1999：347－349.

要地位，在择偶过程中具有明确的取向性。① 青年的恋爱价值定向是一个变动的历史过程。在经济、文化、科技、信息飞速发展的今天，青年恋爱观的变化呈现出务实、开放的态势。

（一）择偶标准内外兼顾

择偶标准是择偶的条件和依据，直接关系到恋爱婚姻的成败。从择偶标准来看，中国青年人的选择标准始终与时代变化紧密相连，有一句顺口溜非常鲜明地反映了择偶标准的时代特征："50 年代重政治，60 年代重成分，70 年代找解放军，80 年代找大学生，90 年代跟着'感觉走'。"② 青年择偶标准从 20 世纪五六十年代注重政治身份，逐渐转化到 70 年代注重时代树立的青年军人偶像，再到 80 年代看重配偶的知识文化背景，到 90 年代所谓的"跟着感觉走"，说明择偶标准呈现多元化的特点。

然而，随着青年工作压力的增加，青年择偶标准更趋理性务实。换句话说，青年虽看重人品、感情和能力，但现实考量较多，对学历、职业、住房、收入等现实因素的考虑有所加强。

（二）恋爱消费注重平等

青年往往喜欢追求浪漫，两个人在一起要花钱是在所难免的，然而由谁支付开销费用呢？以前大家尊崇的是豪爽与义气，他们普遍认为真正相爱的人不算账，而如今，生活方式的变化，尤其思维观念的变革，面对金钱，如何与另一半泰然处之呢？随着社会的不断进步，男女之间的平等不仅体现在社会地位上，还体现在男女经济的独立上。你不亏欠我，我不亏欠你，花费大家平摊，这是时下在消费上的又一流行方式。青年男女开销已不再完全刻意追求谁付出多少，这与以前在交往过程中，即使女士争着、抢着花钱，但男士往往由于面子等原因，也不会同意的现象大不相同。③

二、青年的婚姻观

一对相互爱慕和眷恋的男女，交往到一定的时期，内心世界就有一种相互依赖、不可分离的感情。他们在兴趣、需求、价值观和理想方面有诸多共同之处，希望永远结合在一起，一道去品味人生，一辈子同舟共济，而要建立这种持久的伴侣关系的最佳途径便是结婚。婚姻关系具有不同于其他任何一种社会关系的本质——以夫妻生活为目的的相对稳定的共同生活关系，是自然意义上的婚姻关系。

从婚姻的本质上看，婚姻是社会行为，婚姻是男女双方通过结婚而结成的夫妻关系，是一种制度性安排。两性结合形成婚姻，但绝非所有的两性关系都是婚姻，只有规范化、制度化了的两性关系才是婚姻。婚姻是一种社会行为，社会要用法律、道德、风俗来规范它，限制它。婚姻关系是两性关系的一定社会组织。它必须以结婚双方负有一定的为社会所承认的权利和义务为前提。婚姻观，是指人们对婚姻和家庭的看法和态度。改革

---

① 黄志坚．青年学［M］．北京：中国青年出版社，1988：484.

② 陈晨．当代青年恋爱与婚姻状况分析［J］．中国青年研究，2007（7）：64－68.

③ 苏国英．中国青年恋爱观探析［J］．学理论，2012（16）：106－107.

开放30年以来，在政治、经济、社会发生深刻变化的背景下，青年婚姻观也随之产生了深刻的变迁。

1. **青年女性平等意识增强**

男女平等是女权运动以来一直追求的信念和理想。新中国成立以来，“妇女能顶半边天”的思想逐渐深入人心，男女平等观念获得了较大程度的增强。一直以来，“男主外、女主内”“贤内助”的传统说法得到很多人的认可，人们认为女性应该相夫教子，但随着社会的解放和劳动分工的细化，职业女性越来越多，家庭与工作难以平衡，因此要求男性共同承担家务的呼声越来越高。[①]《中国性别平等与妇女发展》白皮书指出夫妻共同决策家庭事务成为趋势，70%以上的妇女参与家庭重大事务决策。越来越多的妇女能够平等分享家庭资源，男女共同分担家务的观念得到更多认同，两性家务劳动时间差距由10年前的150分钟缩短到74分钟。[②]

安徽长丰县发起试点“姓氏改革”，子随母姓奖千元。该县下塘镇、左店乡、朱巷镇等乡镇，已经有30户新生儿家庭主动申请了新生子女随母姓。安徽长丰县的改革源于在第六次全国人口普查时，长丰县男女性别比例将近130∶100（正常比例为103∶100～107∶100），针对男女性别比例失衡的问题，长丰县政府在2011年开始“想点子”，其中一条就是开展了“姓氏改革”——即倡导新生儿或随父姓，或随母姓，或把父母的姓氏都加到名字中。其中，对随母姓的给予一定的物质奖励，对新生儿跟母亲姓的，直接给予现金奖励1 000元，对此前已随母姓的家庭，也给予同等奖励。[③] 安徽长丰县“姓氏改革”的目的是淡化姓氏观念，借以慢慢淡化传统观念中对男孩的偏爱。

2. **婚姻的责任意识需增强**

婚姻责任是指缔结婚姻的双方相互之间以及对家庭、对社会所应承担的法律和道德义务。爱情和责任的统一构成当前社会主义婚姻的道德基础，因为婚姻不仅是感情的结合，而且是生活和利益的结合。婚姻关系一经缔结，男女双方的关系也随之发生变化，而且还可能会产生新的生命，婚姻双方就有了对对方、对父母、对子女和对社会的责任。婚姻责任的主要内容包括：

一是夫妻之间的责任，夫妻之间最主要的责任有四种，即相亲相爱的责任、同居的责任、忠实的责任、相互抚养照顾的责任。

二是夫妻对父母的责任，夫妻对父母的责任有两种，即对父母的物质赡养以及精神赡养。

三是夫妻对子女的责任，夫妻对子女的责任有两种，即夫妻对子女的抚养责任、夫妻对子女教育的责任、夫妻对子女有尊重和理解的责任。

四是夫妻对社会的责任，夫妻对社会的责任有两种，即减少社会问题的责任、维持

---

① 魏国华，张强. 广州青年发展报告（2012—2013）［M］. 北京：社会科学文献出版社，2013：162.

② 白皮书：中国婚姻家庭中的性别平等状况明显改善［EB/OL］.（2015－09－22）［2016－06－20］. http://www.rmzxb.com.cn/c/2015－09－22/585253.shtml.

③ 安徽长丰县试点“姓氏改革” 子随母姓奖千元［EB/OL］.（2014－08－01）［2016－06－20］. http://news.qq.com/a/20140801/022347.htm.

人类繁衍生息的责任。①

以青年对待婚检道德态度来观察青年的责任感。婚前检查，是指结婚前对男女双方进行常规体格检查和生殖器检查，以便发现疾病，保证婚后的婚姻幸福。婚前检查对于男女双方都有着重大意义。从2003年10月开始实施的《婚姻登记条例》不再把婚检作为强制规定，年轻人普遍缺乏婚检意识，致使各地目前婚前医学检查率大幅度下降。年轻人普遍缺乏婚检意识是可怕的。

自2003年实施自愿婚检以来，北京婚检率从100%下降至2013年的不足10%。然而，婚检人群疾病检出率则由1996年的5%升至2013年的12%左右。其中，遗传及先天性疾病，如先天性心脏病、智力低下；精神性疾病，如癫痫；男性生殖系统疾病，如小睾丸、精索静脉曲张；女性生殖系统疾病，如盆腔炎、生殖器官肿物等均呈现上升趋势。② 同样，婚检“自愿”后，广西壮族自治区新生儿出生缺陷出现连续5年反弹，从2003年的16.6%上升到2008年的21.6%，远高于全国平均水平，地贫高居广西壮族自治区出生缺陷病种之首。③ 山东省第一家收容弃婴的庇护所，济南市婴儿安全岛于2014年“六一”儿童节正式启用后，运营仅11天已接收了106名弃婴，超过2013年济南市儿童福利院接收弃婴的总量。弃婴绝大多数都为重度病残患儿。其中55例为脑瘫，19例为先天愚，15例为先天性心脏病，重度病残患儿占到了八成。④ 可见青年缺乏婚检意识。

年轻人承担起培育健康后代的社会责任，要自觉接受婚检。青年进行婚检既是对自身健康负责，也是对准家庭及下一代健康负责，更是对社会负责。

（三）青年的性观念

性在中国一直处于半遮半掩的状态，曾几何时甚至谈性色变，但性的话题从未淡出过视野。“食色，性也”，古人早有概括，性是人类最基本的生理活动，它也是衡量人类心理、生理、健康等各个方面的标准。性观念则是对性的总的认识、看法和态度，包括性生理、性心理、性行为、性道德和性文明等。金·凯特罗尔在《性商》中指出，性观念会随着人们环境、年龄、与伴侣的感情状况等现实生活的变化而有所转变。从少年步入青年时期，他们的性技能日趋成熟、性意识也得到发展，他们的性认知、性情感观和性行为观则综合反映了他们的性观念状况。以下选择两个方面为例进行说明。

1. 青年对婚前性行为态度宽容

随着社会的发展以及西方性观念的影响，人们不再谈性色变，人们开始慢慢了解到性观念在生活中的重要地位。

由北京大学人口研究所进行的《普及生殖健康服务》调查显示，中国有超过3亿青

---

① 薛烨. 当代中国婚姻责任研究［D］. 石家庄：河北经贸大学，2014.

② 北京婚检率不足10%　婚检是为了新婚夫妇共同身体健康［EB/OL］.（2014-11-21）［2016-08-20］. http://health.youth.cn/jiankangzx/201411/t20141121_6097944.htm.

③ 广西：“免费婚检”显成效　筛查出22万余名“隐患”青年［EB/OL］.（2011-08-23）［2016-08-20］. http://www.ccms.gov.cn/tszsindex/50202.htm.

④ 青年夫妻要增强婚检意识优生优育［EB/OL］.（2014-06-16）［2016-08-20］. http://news.cjn.cn/cjsp/dp/201406/t2489267.htm.

少年。中国未婚青少年中，约有60%青年对婚前性行为持比较宽容的态度，22%的青少年曾有性行为。[①]《大学生蓝皮书：中国大学生生活形态研究报告（2013）》指出，在性知识方面，大学生对性知识有一定了解，性观念较为开放。大学生群体对婚前性行为持积极态度的比例接近54%，并且男生对婚前性行为的接受度高于女生，比例约为65%。[②] 2016年4月《河北青年报》记者对石家庄市区内的四所大学的57名大学生进行了问卷调查。调查发现，近七成的受访大学生有过婚前性行为。省会某高校大二学生小王表示，现在学生的思想观念都开放了，只要两人都同意的话，就可以的，大家都是成年人了，可以自己做决定。"我们男生宿舍，但凡有女朋友的，基本上都去宾馆开过房，这种现象司空见惯。"广东省一项调查显示，48%的大学生赞成"恋人之间发生婚前性行为"。[③] 可见当下，青年对待性的态度是较为宽容的，性已不再是羞于启齿的话题。

2. 青年性安全意识不足

网络的普及，使当代人们的接触、联系方式及接受和传递信息的方式发生了重大变化。青少年性价值观念日趋多元化，传统的价值观念在当代青年的头脑里慢慢被淡化。婚前同居和婚前性行为的发展蔓延，导致了未婚先孕、少女妈妈、单身母亲等一系列社会问题。

根据国家人口计生委科学技术研究所发布的数据显示，我国每年人工流产多达1 300万人次，这还不包括药物流产和在未注册私人诊所做的人工流产数字。我国每年人工流产总数中，25岁以下的女性占一半以上。而女大学生，成为人工流产的"主力军"。由国务院妇女儿童工作委员会办公室和联合国人口基金共同支持，题为《中国青少年生殖健康可及性政策发展研究》调查数据显示，超过半数的青少年在首次性行为时未使用任何避孕方法，在有性行为的女性青少年中，21%经历了意外妊娠，高达86%的意外妊娠最终以人工流产结束。仅有4.4%的青少年具有正确的生殖健康知识，14%的青少年具有正确的艾滋病预防知识。这些数据表明，中国青少年在性与生殖健康方面面临着严峻的挑战，为青少年提供的性与生殖健康教育和服务明显不足。[④]

人工流产人群出现低龄化趋势。石家庄市第六医院计生科主任董欣表示，近年来，在她接待的病人中，20~23岁的年轻姑娘占到了做人流手术总人数的大部分，而人工流产趋向年轻化，也是全国的整体情况。董医生表示，她接待过的做人工流产手术的孕妇中，年龄最小的仅13岁。"那个孩子对性行为认知不深，也不懂得要采取避孕措施，在怀孕之初也不敢告诉父母，直到怀孕6个月时才在家长的陪同下到医院做了引产手术。"董欣说，这么小的年纪就受这份罪，真是不应当。白求恩国际和平医院妇产科主任医师李丽君表示，他们手术室平均每天有五六例工人流产手术，目前做人流的最小的孕妇只有十六七岁。"在人工流产问题上，重复流产的情况也尤为严重。"李丽君主任表示曾有

---

① 国际在线．调查显示中国六成青年对婚前性行为态度宽容［EB/OL］.（2012-07-11）［2016-08-20］. http://www.chinanews.com/jk/2012/07-11/4026136.shtml.

②④ 近六成大学生拒绝"裸婚" 对婚前性行为态度积极［EB/OL］.（2014-01-07）［2016-08-20］. http://news.youth.cn/jsxw/201401/t20140107_4499397.htm.

③ 朱丽娟，张婷．近七成受访大学生有过婚前性行为［EB/OL］.（2016-04-25）［2016-08-20］. http://hebei.ifeng.com/a/20160425/4490200_3.shtml.

个20多岁的女学生，1月份刚做完人流手术，4月份又来做，完全不顾自己的身体，对人流手术所造成的危害一点也不重视。①

（四）青年的家庭观

家庭作为一个群体，是社会的细胞，是社会生活的基本单位。家庭是指在婚姻、血缘或收养关系基础上产生的，由一定范围内的亲属所构成的社会生活单位。其特点有以下几种。

第一，家庭以婚姻、血缘关系为纽带。以婚姻关系为纽带的人与人之间的关系是姻亲；以血缘关系为纽带的人与人之间的关系是血亲（收养关系的是准血亲）。传统社会因为注重传宗接代，血亲重于姻亲；现代社会注重婚姻质量，姻亲显得日益重要。

第二，家庭是一个生活单位，与其他社会关系相比，家庭关系最为密切、深刻。家庭成员共同生活是家庭的基本特征。家庭成员在一起共同生活，其内容广泛而丰富，包括性、生育、赡养、生活、事业、经济、政治、教育、伦理道德等多个方面的关系，而且随着社会的发展变化，其内容也不断地发生变化。

第三，家庭是一种初级社会群体，其成员间有较多面对面的交往，有直接的互动和合作。

家庭观是青年的恋爱观和婚姻观的归属。家庭观是指青年男女对于家庭的总体认识、看法和观点，包括与家人关系、生育小孩数量等。青年家庭观并非一成不变，它随着社会的发展而发展。以下选择两个方面为例进行说明。

1. **愿意生育两个小孩，生育意愿受各方压力制约**

中共十八届五中全会提出的全面实施一对夫妇可生育两个孩子的政策，在社会上引发了激烈讨论。政策全面放开，有多少人愿意生二孩？针对这一问题，中国青年报社会调查中心和问卷网联合发起的一项调查（2 966人参与）显示，虽然46.2%的受访者表示会考虑生二孩，但是，51.6%的受访者不愿因此降低生活品质，40.4%的受访者不希望当前的生活节奏受到影响。86.6%的受访者认为，完善社会福利才能让年轻人安心生二孩。② 作为与“二孩”政策息息相关的“80后”“90后”年轻的爸妈们，大家的态度是怎样的呢？针对此问题，中国青年网记者根据一份基于100个人的通讯群进行了样本调查。以100个人代表100个家庭来看，这个群里的成员平均年龄35岁，涉及事业单位工作人员、青年企业家、高校教师等。其中38人给予回复“生二孩”的回答，有20人表示“不生二孩”，其余人没有做出回复。在回复“生二孩”的38人数据里，有13位决定今年就要“二孩”，有10位打算一年后要“二孩”，有15位打算3年后再要“二

① 朱丽娟，张婷．近七成受访大学生有过婚前性行为［EB/OL］．（2016-04-25）［2016-08-20］．http://hebei.ifeng.com/a/20160425/4490200_3.shtml.

② 孙震，等．46.2%受访者明确愿意生二孩：86.6%受访者认为完善社会福利才能让年轻人安心生二孩［N/OL］．中国青年报，2015-11-16［2016-08-20］．http://zqb.cyol.com/html/2015-11/16/nw.D110000zgqnb_20151116_1-07.htm.

孩”。[1] 可见，青年有意愿“生二孩”，但迫于各种社会压力，仍然处于观望状态。

2. 对“啃老”认可度增加

随着经济的发展和社会竞争压力的增强，现代社会中的“啃老”现象逐渐增多。“啃老族”是指虽具有谋生能力，但却主动放弃了就业的机会，赋闲在家，靠父母供养的年轻人。

新形势下，“啃老”现象出现形式多样的变化，买房、买车、养育子女以及就业薪水过低无法生活引起的刚需性“啃老”，出现在新一代年轻人身上。2014 年，北京大学市场与媒介研究中心与赶集网联合发布了《”90 后“毕业生饭碗报告》。而这份来自 35 万余份有效问卷的报告显示，2014 年应届毕业生平均起薪每月 2 443 元，其中北京地区平均起薪也仅为 3 019 元，同时，三成以上应届毕业生仍“啃老”，近四成过着“月光”生活。“毕业即工作”的就业观念逐渐发生改变。国家统计局发布的一项调查结果显示：越来越多的大学生毕业后不再选择马上就业，而是打算外出旅游、全职炒股，更有甚者，闲在家里无所事事，沦为“毕剩客”。他们被称为“慢就业”一族。[2] 当前“慢就业族”越来越得到较多年轻人认同，如：

25 岁的合肥女孩小蔓 2014 年大学毕业。一年间，她几乎都在旅行。“毕业那年我可以去一家公司做文秘，但我放弃了。”小蔓说，“我对一成不变的工作不感兴趣。说白了，其实我还没想好到底该干什么。从小学到大学一直在校园学习，毕业了，我认为不如停下来，彻底放下一切，用一段时间到处去走走，也想想未来的道路，何必匆忙给人生定位。”[3]

第三节 影响青年婚恋观发展变化的因素

一、个体因素

择偶是男女青年选择伴侣的一种行为，它涉及的是婚姻双方的当事人。在择偶的过程中，男女双方的个人因素会直接影响择偶的行为。人们选择什么标准的结婚对象，并没有标准的答案，这是由个人的多方面因素决定的。具体来说，对青年男女择偶产生影响的个人因素主要包括两个方面。

---

① 梅雯倩. 青年说：由“全面二孩”说起的那些事儿［EB/OL］.（2016－01－02）［2016－08－20］. http://news.youth.cn/w2tt/201601/t20160121_ 7551496.htm.

② 90 后毕业生爱上“慢就业”［EB/OL］.（2015－11－10）［2016－08－20］. http://news.163.com/15/1110/08/B8203PPA00014AED.html.

③ “90 后”多现“慢就业族”［EB/OL］.（2015－07－16）［2016－08－20］. http://news.sina.com.cn/o/2015－07－16/084432113772.shtml.

1．青年自身的条件

第一，自身的生理条件。生理条件所包括的基本方面有外貌、年龄、身高、身材、健康情况等。外貌和身高一直以来都是男女在择偶过程中所关注的条件，这些可以决定青年男女彼此的第一印象。

第二，自身的社会条件。社会条件所包括的基本方面有性格、知识水平、个人素质、工作、收入情况、兴趣等。相比于外在的生理条件，个人的社会条件往往是后天形成，并通过个人的发展情况而改变的。但是个人的性格、素质则是由个体的主观因素决定的。男女双方的性格、素质直接影响着婚姻的和谐。因此，在择偶的过程中，人们对个人的性格、素质方面也较为注重。除了个人的主观性因素之外，人们在择偶过程中一直将对方的经济条件作为重要的因素考虑。

2．女性青年自身地位的提高

进入21世纪，女性的角色有了很大的变化。经济的发展和工业的崛起使大量女性拥有自己的工作，而且在工作的能力上并不比男性差，有的女性在职场上甚至比男性更加优秀。有外貌有能力的年轻女性随处可见，她们不但收入和社会地位高，而且工作稳定有后续的保障。她们在择偶的过程中会更看重个人的自由和尊严，对男性也有更多的要求。比如既要求有能力，又要求性格好；既要有务实的心理，又要有浪漫的情怀；既要求兴趣爱好相合，又要求价值观相近。与其他女性相比，这部分人更希望获得完美的爱情，而她们也更有条件去获得完美的爱情。

二、家庭因素

个人因素对择偶的过程有着直接而重要的影响，但择偶行为并不只是个人的选择，男女双方不可能完全自由地选择自己的婚姻。在现实生活中，选择谁作为自己的配偶，更多地受到家庭因素、社会环境的制约。

1．家庭背景

家庭是个体出生后接受初始社会化的第一个环境，父母的经济收入、生活方式和文化教养都对个体的行为规范、心理特征、价值观念、生活习惯等产生重大影响。①

当今社会经济的发展和社会环境的变化使当代青年的择偶条件日益呈现多元化发展，但传统的“门当户对”的观念仍然起着重要的作用，只不过它被时代赋予了新的特征。除了基本的家庭经济条件要相当，在文化上的“门当户对”也越来越被人们所关注。如爱好兴趣、知识水平、人生追求、价值观念等也要有共通的地方。父母的文化水平、气质修养直接影响着子女的综合素质，家庭成长环境的不同也导致了青年男女各方面的不尽相同。所以在当今社会，家庭背景仍然是青年男女在择偶过程中所关注的重要条件。

2．父母的影响

现代婚恋，子女是“主人翁”，父母是“主力军”。特别是那些大龄青年的父母们，都在婚恋第一线，充分发挥“相亲主力军”的作用。对于当代青年人的婚姻大事，父母的关心是出于本能的。在父母的眼中，当代青年还是长不大的孩子，他们的婚姻需要父

---

① 郑杭生．社会学概论新修［M］．3版．北京：中国人民大学出版社，2003：88．

母参与，为其把关。在这个参与的过程中，不同父母的思想、行为方式对其取得的结果也是千差万别的。青年自身的家庭对当代青年的择偶行为产生着重要的影响，在择偶的过程中，当代青年男女依然要受到家庭的经济背景、文化背景，父母的行为思想的制约。①

二、社会因素

婚姻中的社会属性是其最基本的属性。人们的婚恋观是随着社会的发展而变化的，当代中国处于快速变革的社会转型时期，人口结构变化、高等教育普及、婚姻法规变革对青年人的恋爱、婚姻和家庭影响尤为深刻。

1. 青年独生子女数量和比例增加改变了婚姻市场的结构

自20世纪70年代以来，随着计划生育政策的持续执行，独生子女数量不断增加。根据国家统计局公布的数据，独生子女数量已经超过1亿。在青年人口中，独生子女的比例也不断增加，已成为青年中不可忽视的人群。

独生子女大规模的出现从微观上改变了原有的婚姻市场结构。其一，青年在择偶过程中面对的是以独生子女为主的群体，从择偶对象的角度来看，必须考虑独生子女配偶或者非独生子女配偶在未来可能带来的潜在影响，比如双方都是独生子女家庭的养老负担。其二，独生子女多出生于城市家庭，非独生子女多出生于农村家庭，两者在社会地位和经济实力上存有显著的差别，从而改变了青年人在择偶方面的策略，比如一部分经济条件较好的城镇独生子女更倾向于选择家庭条件相似，经济实力相当的独生子女。

2. 高等教育的普及化成为生命历程变革的重要影响因素

1999年高校扩招以来，中国每年新录取大学生数量快速增加，从1998年的108万人，增加到2012年的685万人，高等院校招生规模扩大了5.3倍；从高考的录取率来看，从1998年的34%快速增加到2012年的75%，高考录取率也提高了1.2倍。一般来说，高等教育毛入学率在15%以下时属于精英阶段，15%～50%为高等教育大众化阶段，50%以上为高等教育普及化阶段，在部分地区，如北京、上海等地，高等教育的录取率超过了90%，甚至有人认为未来中国高考录取率可能达到100%，这意味着高等教育已进入普及化阶段。一般而言，一个国家和地区高等教育从精英化转至普及化需要25～30年的时间，但中国实际上仅用了18年的时间，就基本实现了高等教育普及化。越来越多的青年更有机会接受高等教育，其中“80后”青年群体是获益最大的群体。从参加高考的年龄推算，“80后”青年是第一拨受到高等教育扩招影响的青年群体，其进入大学的概率也远远高于之前的“70后”青年。

当代青年从高等教育普及化中受益的同时，也改变了生命历程的时间表。尽管中国法律已经允许高等学府的学生在就学期间结婚，但并没有便利的客观条件，绝大部分大学生青年在就学期间结婚的可能性不大。随之带来的后果是青年人口结婚年龄的不断延迟。

3. 相关婚姻法规带动了青年恋爱、婚姻观念的改变

在20世纪，中国法律仍然规定男女青年同居不具有合法性，高等学府在校大学生结

① 李猛. 当代青年婚恋观存在的问题及对策［D］. 长春：吉林建筑大学，2013：25－29.

婚需要得到学校的批准。这些法律条文的背后实际上将青春期男女之间的恋爱和婚姻视为“社会问题”，这些行为也违反了主流的社会规范。随着社会文化开放程度的不断提高，人们恋爱婚姻自由权利得到社会主流价值观的尊重。进入21世纪以来，中国政府顺势而为，先后修订了相关的法律条文。2001年修订了《中国人民共和国婚姻法》，规定同居不再非法，但禁止有配偶者与他人同居。2003年通过《婚姻登记条例》，实现了婚姻登记管理向婚姻登记服务的转变。2007年通过《关于高等学校在校学生计划生育问题的意见》，规定学生结婚无须学校批准，进一步放松了对青年人口的婚姻限制。这些法规的修订意味着中国社会规范的巨大变革，反映了中国社会发展过程中青年恋爱婚姻观念和行为的变化趋势。

独生子女群体的大规模出现、高等教育普及、婚姻法规变革这三个方面虽然从表现上与当代青年恋爱、婚姻和家庭没有直接联系，但却是我们在分析当代青年的恋爱、婚姻、家庭和性等内容时必须考虑的影响因素。①

阅读与思考

林某，女，22岁，林业专业三年级学生。来自祖辈都是林业工人的东北地区，对于能到省城上大学，林某感到万分高兴。到校后，学习刻苦、成绩优异，大一时曾被评为“三好学生”。随着年龄的增长，对异性的倾慕与日俱增，盼望早日有位白马王子出现。当她把自己的感情向本专业另一男生诉说时，遭到婉言拒绝。寒假时她忍不住又写了一封信给那位男生，但他顺路邀请同学一同返校已离开家了，他的哥哥便把这封信原封不动地“加快”转寄到学校来了。信到校后，同寝室的同学以为他家里出了什么事，便拆开了信。消息一传出，原本内向、忧郁的她，心情更加沉重了，心里的矛盾也更大了，为此，她整天精神恍惚、萎靡不振、夜不能寐，觉得丢了面子，做了件丢人的事。看见同学们在一起说笑，她就以为同学们在取笑她，她便上前去和同学们解释，可自己又说不明白，搞得满城风雨。因此经常头痛难忍，胸中憋闷，度日如年，无法集中精力学习，最终产生自杀念头。她给系领导、父母、同学写完信，便吃了大量的安眠药。由于老师、同学发现及时，送到校医院被抢救过来。

◎思考：

1. 我们为什么要学习青年的情感生活与爱情？
2. 我们该如何看待青年的情感生活与爱情？

① 李春玲，科兹诺娃（P. M. Kozyreva），等. 青年与社会变迁：中国和俄罗斯的比较研究［M］. 北京：社会科学文献出版社，2014：183－185.

课堂内外

一、小测试

题目：爱情关系合适度测试①

目标：进一步加强双方对个人感受、价值观、理性基础等三个方面的理解，根据自身的人生观、世界观、价值观选择自己的伴侣，从而奠定两人的关系基础。

操作方法：利用互联网，参加“爱情关系合适度测试”。

效果预期：帮助青年人了解自己与自己的恋人或伴侣是否具备幸福婚姻的条件。帮助处在恋爱或者婚姻阶段的成人了解自己与伴侣的适合程度，作为婚姻决策的参考依据。

二、小测试

题目：幸福婚姻心态心理测试②

游戏说明：不管你是否已经结婚或离婚，也不管你处于何种婚姻状态，如果你想了解自己对婚姻的认识，不妨做做下面的一套测试题（只需回答“同意”或“不同意”）。

1. 有美好的爱情，就能有美好的婚姻。
2. 幸福的婚姻一定要有百分百的信任。
3. 婚姻是完全对等的伙伴关系。
4. 结婚可以实现所有的梦。
5. 借着婚姻，可以改造另一半。
6. 夫妻应该是最知心的朋友。
7. “男主外，女主内”是对的。
8. 丈夫的事业比妻子的事业重要。
9. 婚姻就是找一个好助手。
10. 夫妻间多竞争，能使婚姻更有活力。
11. 好配偶就应该让对方随时快乐。
12. 既然是好配偶，就可在对方面前尽情地发泄情绪。
13. 夫妻彼此应了如指掌。
14. 如果一方不快乐，另一方一定有错。
15. 生孩子往往能改善婚姻关系。
16. 再不快乐的婚姻，也胜过破碎的家庭。
17. 配偶若要求离婚，一定要设法强留。

---

① 爱情关系合适度测试［EB/OL］．（2012－03－27）［2016－08－20］．http://www.weiceyan.com/s/9.htm.

② 幸福婚姻心态心理测试［EB/OL］．（2014－11－10）［2016－08－20］．http://hunyin.xlzx.com/10247_2.html.

18. 清官难断家务事，婚姻若出现问题，要多问问朋友。

19. 夫妻若有问题，不该向专业辅导人员说。

20. 婚姻只要能维持现状就好，能拖就拖，无所谓。

21. 如果婚姻失败，我这个人等于是完了。

22. 如果对方有外遇，我之前所做的等于白费了。

23. 我为配偶做任何牺牲都无所谓，只要他（她）爱我。

24. 婚姻若不好，我在别人面前会抬不起头。

25. 夫妻应经常同进同出。

【结果分析】

第1~5题，表示对婚姻的期待，“同意”的越多，表明你对婚姻的期待值比较高，这样，在现实婚姻中就可能出现落差。

第6~10题，表示对配偶的期待，婚姻的维系要靠两人共同经营，要朝着共同的目标互相改变，如果这5道题中你“同意”的较多，就说明你对另一方的要求有点多了。

第11~15题，表示对婚姻内容的期待，“同意”的越多，表明你越希望有高品质的婚姻，而双方的付出也会更多。

第16~20题，表示对婚姻危机的处理方式，“同意”的越多，表明你越难理性地去面对婚姻。

第20~25题，表示对婚姻失败责任的归属，如果出现婚姻危机，这5道题中你“同意”的越多，表明你越容易责怪自己，让自己陷入内疚中。

每一部分的5道题中，3道题是个警示线，如果回答“同意”的超过3道，你就该反省一下自己对婚姻的看法了。还要说明的是，这25道婚姻测试题，只能起一个提醒作用，提醒你在某个方面需要注意，并不是绝对量化的一个指标。

◎参考文献

[1] 黄志坚. 青年学 [M]. 北京：中国青年出版社，1988.

[2] 金国华. 青年学 [M]. 北京：中国青年出版社，1999.

[3] 陈宁，方慧，陆烨. 适应与成长 [M]. 上海：上海交通大学出版社，2011.

[4] 赖芳，季辉. 大学生恋爱与婚姻 [M]. 天津：天津大学出版社，2012.

[5] 魏国华，张强. 广州青年发展报告（2012—2013）[M]. 北京：社会科学文献出版社，2013.

[6] 李春玲，科兹诺娃（P. M. Kozyreva），等. 青年与社会变迁：中国和俄罗斯的比较研究 [M]. 北京：社会科学文献出版社，2014.

[7] 魏国华，张强. 广州青年发展报告（2014—2015）[M]. 北京：社会科学文献出版社，2015.

[8] 汪清. “80后”青年婚姻家庭观的伦理思考 [D]. 南京：南京林业大学，2008.

[9] 刘超. 青年婚恋观历史演变与发展趋势研究 [D]. 天津：天津商业大学，2011.

[10] 何景文. 当代大学生家庭观研究 [D]. 宁波：宁波大学，2012.

[11] 苏国英. 中国青年恋爱观探析 [J]. 学理论，2012（16）.

[12] 李猛. 当代青年婚恋观存在的问题及对策 [D]. 长春：吉林建筑大学，2013.

[13] 薛烨. 当代中国婚姻责任研究 [D]. 石家庄：河北经贸大学，2014.

CHAPTER 06

专题六
青年社会参与

导言

青年是社会生活中最为活跃的人群，每个时代的青年都有不可推卸的历史使命。当代青年具有更强烈的独立意识和自主意识，对社会生活，尤其是与其自身有直接关系的社会生活有着极其强烈的参与意识与积极的参与行动。他们通过社会参与，体现出了对现实生活越来越显著的推动力及越来越有力的话语权，这极大改变了青年长期居于社会弱势群体、边缘地位，难以成为社会参与主体的历史状况。青年社会参与有力地推进了青年社会化的进程，促进了广大青年的成长、成熟。青年社会参与已经成为一个不可忽视的现象及值得认真探讨的领域。

精彩故事

我感受更多的是充实和快乐

——一名世园会大学生志愿者的故事

2016 年 5 月 1 日，清晨 5 点 40 分，华北理工大学建筑工程学院大一学生谷恩霖的闹钟准时响起。她赶紧关闭了闹钟，轻手轻脚地起床、穿衣、洗漱，在 6 点 20 分之前赶到校内集合地点，顺利地登上了大巴车，作为世园会志愿者的一天由此开启。

自 2015 年 12 月世园会执委办在华北理工大学设立志愿者工作站以来，该校组建了园区运行志愿服务队、大型活动志愿服务队和翻译志愿服务队三支志愿者队伍，在世园会期间走上志愿服务岗位，为来自国内外的游客提供优质的志愿服务。因为学校对志愿者的要求很高，谷恩霖有些信心不足，觉得自己不够优秀，但最终还是勇敢地报名了，“既然在这个城市上学，我就想参与这个城市的发展和重大事件，为城市做些贡献”。

谷恩霖对自己能够入选感到很幸运，也对志愿者工作投入了极大的热情。开园之前，她认真参加了校内组织的专项视频培训、岗前培训、近岗强化培训等各类志愿者培训 13 场，学习掌握大型活动志愿者应知应会、新媒体环境下世园会志愿者媒体沟通技巧、红十字现场急救、世园会概况与世园会志愿服务简介等各种知识，积极为自己充电。在顺利完成了两次世园会试运营（压力测试）任务后，她对志愿服务工作越来越得心应手。

谷恩霖的主要任务是在5号门引导游客入园，维持现场秩序。为保持体力，她所在的团队分成了3个小组，轮流上岗，每岗时间为1小时。“五一”这天，她的上岗时间是9点半至10点半。此时正值入园高峰期，游客很多，但因为各项准备工作都比较到位，志愿者和工作人员之间的配合也很默契，所以现场秩序一直很好。

大约10点钟的时候，一位游客向她咨询园内能不能租用观光车，谷恩霖热情地解答道：“园内有电瓶车，各个主要景点都有车站，可以购票乘车，很方便。”过了一会儿，一位老人过来咨询出园后到市中心区某地该乘坐多少路公交车。谷恩霖先给一个比较熟悉公交线路的同学打电话求助，又上网搜索了一下，然后把经过核实的结果告诉了老人。

忙忙碌碌中，1个小时很快就过去了。这时，轮休的同学们都陆续回到了驻地，于是大家围坐在一起，分享工作经验，交流常见问题。

12点半到1点半，谷恩霖再次上岗服务，负责在大门外引导游客分类通过检票口、无障碍通道和60岁以上老人入口。这天的天气出奇地热，在正午的大太阳下，干着这种“话多”的活儿，辛苦程度可想而知。谷恩霖却不以为苦，“决定做志愿者的时候，就已经做好了迎接困难的心理准备，这点儿辛苦不算什么”。

下午的休息时间比较充裕，谷恩霖趁这段时间拿起了书本。华北理工大学志愿服务队将于4月29日至5月31日在园区开展为期33天的志愿服务，为确保志愿者的学业，学校就志愿者服务期间的课程调整、考试调整等实际问题进行了专题论证与商讨，将在志愿服务结束后集中为志愿者进行补课、辅导。

结束一天的工作回到学校，已是将近傍晚6点。就寝前的这段时间，谷恩霖也没闲着，通过网络和志愿者同学们互动交流，“目前我对园区比较熟悉了，但还有很多知识需要补充，比如园内场馆是否单独售票、闭馆时间、有无限制入园人数等细节问题，还有市区公交线路等，都需要进一步了解”。

从清晨到夜晚，虽然志愿者的工作忙碌而辛苦，但谷恩霖却说：“我感受更多的是充实和快乐！”

◎**总结：**

这个故事告诉我们：青年参与社会活动，有利于促进个人发展。

◎**思考：**

1. 你参与过志愿服务等类型的社会活动吗？
2. 你了解社会参与的具体内涵吗？
3. 你知道社会参与的途径有哪些吗？

情景导入

一、班级调查

1. 进入大学之前你曾否参加过社会活动?
2. 目前你参与的社会活动主要集中在哪些方面?
3. 你参与社会活动的目的是什么?
4. 我们该如何选择社会参与的活动?

二、案例分析

宁夏高校就大学生志愿服务状况对宁夏高校大学生群体进行了调查。以在校大学生为调查对象，该调查涵盖了各个专业门类，针对志愿服务的基本情况、志愿服务的类型、动机和存在问题等方面进行了集中调研，旨在了解现阶段大学生对志愿服务活动的认知、参与状况及存在问题，进一步推进大学生志愿服务的建设。

调查问卷统计发现，大学生对志愿服务活动的认知水平一般：对志愿服务活动十分了解的人数只占总样本的4%；约42%的大学生对志愿服务活动只是“一般了解”，而约6%的大学生对志愿服务活动的了解停留在低层次。

对于参加志愿服务有何初衷，大学生普遍认为“帮助别人，觉得很开心”“能够增加人生阅历，自我完善”“可以提高自身的综合能力”“做有益于社会的事情，很快乐”“我觉得社会需要，我就做”“令生活更加充实”“很多人帮助过我，我也要用我的方式帮助他人”是参与志愿服务的原因；而“共青团组织的，自己不得不参加”“因为宗教信仰”“消磨空闲时间”“啥都没想，就是跟风或者被人拉去的”“能够见到一些想见而平常见不到的名人”等原因并不是大学生参与志愿服务的动因。

对大学生愿意参与的志愿服务活动类型调查显示，意愿为“体育赛事等大型活动志愿服务”的比例最大，占29%；其次是“科技下乡服务”占15%，“扶贫济困活动”为14%。这三类在所有的调查对象中已超过半数。

◎问题:

结合案例和自身情况，思考当前青年大学生对参与社会活动的认识。

探求新知

近期，国际上发生了突尼斯骚乱、挪威恐怖袭击案、伦敦骚乱等一些事件，上述事件都一个共同点，即青年问题没有得到政府部门的足够重视。瑞典政治学教授埃里克·阿姆纳认为，创造条件帮助年轻一代有效参与社会、政治、经济生活，是避免由“青年不满”引发社会骚乱事件的良方。目前，联合国系统内各部门都制定了争取青年参与的战略和框架，联合国总部更是通过为相当数量的青年提供工作机会、规定一定比例的青年代表参与联合国大会、制定联合国总部实习方案、设置模拟联合国计划、招募青年志愿者等手段，帮助青年更多地参与联合国活动。“青年社会参与”或将成为未来社会的“稳定器”。

第一节 青年社会参与概念的界定和内涵

一、青年社会参与概念的界定

对于“参与”这一概念，有较多不同角度的阐述和理解。“参与”概念引入中国虽然只有短短20余年的历史，但却产生了较大的影响，并得到了推广和运用，尤其是非营利组织的进入，使人们在实践过程中对“参与”这一概念的内涵和外延有了更深的认识。“参与”既是手段，又是目的，因为参与可以使实践更有效率、更有效果，使弱势群体自身能力得到培育和强化，使其从根本上自强自立。青年既是社会发展的动力，又是社会的弱势群体，为了使青年这一特殊群体得到健康的发展，就应该充分赋予青年以参与权，这是青年参与的理论动因之一。理论动因之二是，中国历史发展过程中很早就有了参与式的雏形模仿式、师徒式、谈话式等。随着教育热潮的兴起，“参与式”教学模式也随之发展。“谈话法”“练习法”及“演示法”等教学方法的应用，可视作发展阶段的标志，而“实验法”的应用，则标志着教学模式由发展阶段向成熟阶段的迈进。所以说，广义的“参与”在中国并不陌生，也有大量的成功案例，如中国革命的成功，就是广大民众广泛参与社会变革的实践结果。

我们可以将“参与”这一概念划分成如下三个层面，即雏形、发展与成熟。雏形层是指机械地被动参与，参与者严格按决策者的意图操作，不能或无法融入自己的思想和方法；发展层是指参与者在决策者的引导下发挥主观能动性，但这种能动性不能超越决策者设定的框架；成熟层指参与者有了平等的决策权、监督权和执行权。

“青年社会参与”的内涵包括以下四个部分：政治参与，包括决策进程与权力分配；经济参与，包括工作与发展；文化参与，包括艺术、音乐、文化价值及其表现；社会活动参与，包括社区参与和同代群体。

二、青年社会参与的作用

（一）青年社会参与和青年成长

“社会参与”这个词对不同的人群具有不同的含义和意义，对青年而言，这个词表示他们具有独立自主的能力，能稳健成熟地解决自己的问题。此外，“社会参与”对参与者而言还具有重要的认知意义和心理发展作用。根据建构主义的观点，学习是一个建构知识的过程，包括学习者的个人建构和社会建构；不同的学习者有不同的建构知识的方式。参与式活动让参与者在现实的问题场景中相互学习、交流与合作，在观念、情感、经验和行为上发生碰撞，形成意识冲突，进而得出对自己有价值的结论。参与式活动在促进了个体认知发展的同时，也进一步促进了个体的心理成熟以及群体合作意识的增强。根据人本主义心理学的观点，人的存在和发展离不开他人的关照与互动。在参与过程中，个体的自我理解、自尊、自信能够得到提高，个体心理上对自身与他人间的相互依赖（如合作）以及对群体的心理需要都能得到满足。

（二）青年社会参与和社会发展

青年社会参与是社会可持续发展的必然要求。随着全球化时代的来临，知识经济发展所依赖的先进理论和科学技术的创新与转接，往往是先在青年群体中进行并得到及时广泛的传播。青年的群体特征以及充满机遇的时代和参与的低成本性，决定了青年群体总是会成为社会政治、经济、文化发展变革最积极的参与者和拥护者。青年群体是经济和社会可持续发展的最为重要的人力资源，他们不仅仅代表将来，也代表着现实，呈现社会的主题和主题性。

青年社会参与是当代中国社会发展的必然要求。在现实生活中，青年社会参与已经成为一种不以人的意志为转移的现实，在当今社会的许多新兴产业和朝阳产业中，青年已经成为骨干力量，占据了主体性地位；改革开放 30 多年来，中国社会生活风尚的变化、社会文化现象的更迭，往往都以当代青年为主要发动者；当代青年已经成为当今社会中主流性、主导性的消费群体；当代青年在当今社会高收入阶层中所占的比例也越来越大，在现实社会中具有了更多的话语权。因此，有学者指出："伴随着改革开放和现代化建设的不断深化，当前，整个社会呈现出年轻化的姿态，一方面青年的地位、价值和作用得到了越来越充分的发掘和重视，成为推动社会发展的生力军。"

但学者们同时指出："另一方面社会问题青年化、青年问题社会化趋势日益明显。在我国现阶段比较突出的社会问题中，教育问题、就业问题、预防犯罪问题、流动人口问题都以青年为主体，青年发展也成为社会发展的焦点话题。"所有这些青年化的社会问题的解决，都有赖于中国社会的改革。而中国社会改革的进行、深化和升华，没有广大青年的积极参与是无法进行的。首先，因为青年自身是青年化社会问题的主角和当事者，主角和当事者缺席的改革无法进行。广大青年积极社会参与，无疑将赋予社会改革以绵绵不绝的推动力。其次，青年自身成长和发展的过程，与青年化社会问题解决的过程总体上是同步的，同时前者也是后者的主要目标。只有通过社会参与青年才能踏准社会改革发展的节奏和步伐，在破解种种青年化社会问题的过程中，把自己造就成为积极的时代主体及民族精神和社会财富的继承者。

第二节 青年社会参与的领域与途径

一、青年政治参与

政治参与简称参政，主要是指公民通过一定的方式或程序，直接或间接地对国家政策的制定和执行表示集体或个人的政治意愿的行为。政治参与是人们对社会政治的高层次参与活动。青年群体的政治参与，一般可分为参与意识认知和参与行为两大方面。在参与的意识认知上，又主要存在对现实参与的评价和理想政治参与的期望两大块。首先我们承认，随着改革开放的不断深入，广大社会成员的主体意识和民主意识不断增强。经济体制改革使经济利益呈现多元化格局，阶级阶层分化也出现新的特点，这就从维护物质利益的动机上激发了人们政治参与的热情。当代中国政治参与的广泛性是毋庸置疑的，如：建立了许多诸如中华工商联合总会、妇女联合会、企业家协会、农民协会、青年联合会等社会团体；几乎所有企事业单位的职工都参加了工会；大多数适龄青年都参加了共青团；绝大多数科研工作者都参加了一个或几个学术团体；在农村，村民自治委员会选举更是轰轰烈烈。这就足以说明，我国公民的政治参与具有相当的广泛性。

政治参与途径主要有：选举、集会、参加社团、组织游行等。随着改革开放的深入，我国逐渐步入社会转型期，社会结构、政治经济运行机制、思想文化观念都在发生深刻的变化，青年以何种方式、何种渠道来实现自己的政治参与，呈现出传统稳定与新兴多元并存的态势。

1. 参加社会政治团体

根据共青团中央组织部公布的全国团内统计最新数据显示，截至2014年底，全国共有共青团员8 821.9万名，基层团组织387.6万个。其中，基层团委29.3万个，基层团工委2.2万个，团总支21.7万个，团支部334.4万个。加入党团组织仍然是青年政治参与的主要渠道。

2. 参与人大、政协选举

首先，作为拥有选举权的青年公民，参与人民代表大会代表的选举，行使自己的选举权是青年参与政治的主要途径。其次，被选为人大和政协代表，出席代表大会，调查民意，汇集民智，反映民生，向政府提出合理议案，参政议政，也是青年参与政治的重要途径。

3. 法律渠道

当今的青年已经意识到一个国家的法治意识和法治水平是政治民主化的重要标志。因此当他们的合法权益受到不法侵犯时，会自觉地通过法律来维护自身的利益。

4. 参与青年自组织

青年自组织是青年自发成立、自主发展、自行运作的具有一定规模的、以民间组织形式存在的社会组织。它有别于共青团、青年联合会等具有政府背景的正式青年组织，是青年组织中的NGO。青年自组织为青年提供了以群体方式参与社会事务的平台，促进了青年与政府、市场之间的互动。青年自组织的活动涉及社会生活的方方面面，他们有的通过包括互联网在内的各种渠道建言献策或抨击时弊，有的还参与社区、园区、街道等青年事务管理，以及其他方面的管理，为政府在决策方面提供了一些建设性意见、建议，促进了政府、市场与青年群体之间的互动。

5. **网络参与**

互联网给人类提供了一个没有特权、平等的自由空间，帮助人们突破传统社会中制约参与的种种樊篱，激发参与的热情，提高民众社会参与的能力，拓宽民众参与的途径和渠道，继而提升社会参与的数量和质量，促进社会主义民主政治的不断发展。人们可根据自己的意愿，登录政府网站了解各种信息，同时还能通过线上服务大厅寻求政府服务，与政府沟通、参与行政决策等。此外，网络的普及也便于公民参与社会监督，拓宽监督渠道，增加透明度，尤其是当有重大政治事件或重大政策出台时，公民的网络参与热情空前高涨，形成一种强劲的民意，向决策层发出明确的信号。网络参与已成为青年政治参与的一个主要的非正式参与途径。

当代青年政治参与虽趋于理性，但同时仍难免有非理性的一面，理智与情感并存成为青年政治参与的主要特性，理性参与的具体表现为：（1）当代青年政治参与意识更多地基于独立判断；（2）当代青年政治参与的务实意识不断加强；（3）当代青年参与政治的专业化程度有所提高；（4）当代青年政治参与的组织化程度不断提高。感性参与的具体表现为：（1）青年的政治参与意识与行为投入存在较大差异；（2）部分青年中有不参与和过度参与的倾向；（3）指向不明的非理性参与在一定程度和规模上存在；（4）网络参与是一把“双刃剑”，正如美国著名学者克利福特·斯托尔所言：“网络是历史上存在的最接近真正的无政府主义状态的东西。”网络的良莠无序也会影响青年实际参与的广度、深度和效度。

■拓展阅读

“政治接触是公民解决个别政治问题，谋求个人或小部分人的利益而接触有关政府官员并影响之的行为。”在中国，政治接触的渠道有很多，如在公民接待日与政府官员面谈、在座谈会上与政府官员沟通、信访、接触人大代表、接触政协委员等。课题组对新生代农民工的调查显示，当“遭遇不公正待遇”时该群体倾向于采用接触式的参与方式解决问题，选择“自己找本单位领导”的受访者最多（41.3%），12.2%的受访者选择“通过司法途径”，10.1%的受访者选择“找本地政府”，2.7%的受访者选择“上访”。虽然说政治诉求只是该群体在遭遇不公正待遇后的一种诉求，但从该群体对解决方式的选择来看，接触式的解决方式占主导地位。在针对福州地区的新生代农民工所做的调查（多选）显示，在回答“进城务工人员参与城市政治活动，如参加社区居委会选举，加入工会、共青团、妇联等政治团体，参加各种城市管理活动，能发挥什么作用”时，65.13%的受访者认为能“维护农民工利益”，61.12%的受访者认为能“实现人格平等”，44.19%的受访者认为能“畅通农民工利益表达渠道”，26.15%的受访者认为能

“推动民主政治发展”，只有10.12%的受访者认为“没有实在意义”。该群体对于亲身参与城市政治活动这种典型的接触式的政治参与的高认同度也反映出接触式参与对这个群体的影响很大。

思考▶（1）这些社会现象反映了政治参与主体的什么特点？（2）如果即将有一次本区的人民代表选举，你会如何投出你手头的选票？（3）现实政治生活中让你印象深刻的政治制度有哪些？

二、青年的经济参与

随着改革开放的深入，经济持续发展，社会稳定，民主法制建设的加强，青年社会参与的热点和内容更多集中到经济参与方面。社会政治文化的变革，也将随着经济发展，受到它的影响和制约。历史上青年在社会变革中的某种先锋作用随着社会经济的发展，正逐步转向实际的学业、择业等现实问题，特别是经济参与。

青年经济参与指青年通过一定的方式或程序，对社会经济现象和经济形势进行认知，做出评价，并在此基础上做出直接或间接的参与经济活动的行为。包括经济参与态度（认知、情感、评价）和经济参与行为两大方面。青年经济参与是青年获得独立经济地位的表现，也是青年地位上升的体现。它使青年获得了平等的经济权利，能够共享经济资源和社会发展成果。青年经济参与主要体现在宏观的经济参与和微观的经济参与两方面。宏观的经济参与包括：认知国家经济形势、评价经济现象等。微观的经济参与包括：如就业创业、消费理财等。我们在此主要介绍微观经济参与。

青年经济参与的主要途径有以下几种。

1. **就业**

青年就业不仅关系着其基本生活状况，关系着其长远职业发展，还关系着其正常的社会化进程，具有综合性的效应。青年失业，不仅会损害其现实生存条件，也会在一定程度上对其未来职业生涯造成长期损害，还会对其代际关系和融入社会生活带来不利影响。因此，对青年来讲，最为迫切最为现实最为具体的需求和经济参与形式莫过于就业。从某种意义上讲，青年最重要的问题就是就业问题，或者说就业问题的本质就是青年问题。就业是民生之本，安国之策，稳定之基。从经济参与的角度讲，就业、创业是青年经济参与的基本形式，同时也是其正式经济参与途径。

2. **消费**

青年作为一个特殊的消费群体，在当前的经济生活，尤其是在引领消费时尚、改善消费构成方面起着不可替代的作用。从中国近20年的发展来看，青年最先步入的不是人才或劳动力市场，而是消费品市场。青年消费方式的改变首先促进了青年生活方式的变化，然后才是青年其他各方面的改变。青年多样化消费的特点根源于青年多元化价值目标的存在，这种多元化的价值目标，一方面使青年的思想活跃，有助于青年充分发挥个人的聪明才智和创造能力，多重比较，理性消费。另一方面，也可能导致青年受不良倾向的影响，出现些消极的消费类型。

3. **投资理财**

随着经济水平的逐步提升，青年拥有的经济基础越来越厚实，投资理财成为他们重要的非正式经济参与途径。根据调查，青年投资理财的途径依次为储蓄、股票、基金、保险……显然，更多的青年都相信“你不理财，财不理你”的观念。即使是在没有更多可支配资金的在校生群体，也有大部分人参与了储蓄、保险、勤工助学等经济参与行为。

4．**互联网经济**

互联网经济是基于互联网所产生的经济活动的总和，在当今发展阶段主要包括电子商务、互联网金融、即时通信、搜索引擎和网络游戏五大类型。互联网经济是信息网络化时代产生的一种崭新的经济现象。根据国家商务部公布，2014 年我国电子商务快速发展，上半年电子商务交易额和网络零售市场交易规模同比分别大幅增长了 30.1% 和 33.4%。上半年电子商务交易额约为 5.66 万亿元，同比增长 30.1%。网络零售市场交易规模约 1.1 万亿元，同比增长 33.4%，半年度环比增长 7.9%，相当于上半年社会消费品零售总额的 8.4%。

青年经济参与的主要目标是积极融入社会，追求社会发展与个人成功，为社会的健康和谐发展不断注入新的活力。青年经济参与的特点为：（1）对经济建设关注度高，态度务实；（2）就业问题突出，经济参与面临挑战；（3）青年的职业流动和跨地域流动进程加快；（4）创业成为引领社会进步、青年实现理想的重要途径。

■拓展阅读

根据 25 所高校的《2014 年毕业生就业质量报告》，他们普遍将创业典型人才作为创业教育工作的成效之一。比如，浙江大学、华中科技大学等高校均列举了富有代表性的创业人物，这批创业精英对带动高校创业氛围起到了积极作用。但从整体看来我国高校创业普遍处于“点上突破”的阶段，自主创业的人数占毕业生总人数的比率普遍较低，最高的广东工业大学也仅为 1.17%，而吉林大学则排名第二，为 1.13%；创业教育开展情况较好的浙江大学与中山大学则排名靠后，其学生自主创业率仅为 0.24% 与 0.228%。究其原因，主要在于影响学生自主创业的因素较为复杂，学校创业教育的开展只是其中之一，而高校地理位置、社会创业环境、政府创业扶持以及个人价值观等都是很重要的因素。

各高校自主创业占毕业生人数的比率

（单位：%）

<table>
<tr><th>高校</th><th>本科生</th><th>硕士研究生</th><th>博士研究生</th><th>总数</th></tr>
<tr><td>广东工业大学</td><td>—</td><td>—</td><td>—</td><td>1.17</td></tr>
<tr><td>吉林大学</td><td>0.57</td><td colspan="2">2.02</td><td>1.13</td></tr>
<tr><td>华东理工大学</td><td>0.39</td><td colspan="2">2.08</td><td>0.98</td></tr>
<tr><td>清华大学</td><td>0.58</td><td>1.45</td><td>0.18</td><td>0.82</td></tr>
<tr><td>中国人民大学</td><td>3.05</td><td>0.24</td><td>—</td><td>0.75</td></tr>
<tr><td>同济大学</td><td>0.61</td><td>0.45</td><td>0.329</td><td>0.52</td></tr>
<tr><td>武汉理工大学</td><td>0.27</td><td>0.46</td><td>0.0</td><td>0.32</td></tr>
</table>

续上表

高校	本科生	硕士研究生	博士研究生	总数
浙江大学	0.41	0.07	0.08	0.24
中山大学	—	—	—	0.23

注：仅有10所高校公布了部分数据，中山大学只有28名学生反馈了自主创业信息，故创业人数按28人计算。

思考▶ (1) 你有创业计划吗？(2) 你希望在学校获得什么样的创新创业教育？

三、青年文化参与

青年文化参与是指作为参与主体的广大青年对社会文化现状的基本了解、认识、文化价值观以及在此基础上通过各种途径有序的、实际的行为投入和表现，它包括文化参与意识和文化参与行为两个相互联系的方面。青年文化参与涉及的领域相当宽泛，如接受文化教育，参与科学、音乐、文学艺术等各种文化活动等。青年除享有与成人一样平等的政治、经济参与权利外，还享有平等的文化参与权利。国家和地方政府在制定和实施青年政策法规时，应当保障青年在科学、技术、文学、艺术和其他文化活动领域中，也享有平等的文化参与权利。

青年文化参与的主要途径有以下几种。

1. **文艺欣赏**

阅读是青年搜集处理信息、认知世界、发展思维、获得审美体验的重要途径；观看影视节目、文艺演出等都是一种能够获得知识、陶冶身心、丰富生活的文化参与形式。

2. **参加文化活动**

根据调查，青年最喜欢参加的活动排名前五位的为：培养实践能力类、娱乐类、学术类、公益类、竞技类文化活动。

3. **网络**

中国青年研究中心发布的《中国青年权益状况报告》称“互联网已成为当代中国青年参与文化生活的重要方式”。中国文化事业的快速发展，使青年文化娱乐权实现的社会条件得到极大改善，青年参与文化生活日益广泛，18～30岁的青年是中国国民的主体，其文化消费所占消费支出的比例不断提高，文化消费结构不断优化，文化消费领域不断拓展，艺术性、娱乐健身性、文化鉴赏性消费逐渐成为青年文化消费的重要内容。

4. **参加社团或自组织**

青年社团或自组织在一定程度上能够满足青年物质文化的多样化需求，增强青年的主体意识和归属感。青年自组织以满足青年在交友、休闲、娱乐上的需求为基点，也挖掘青年自身的力量解决青年生活、工作、帮困等现实问题，同时，积极引导青年参与社会公益事业。青年自组织能够敏锐地捕捉青年热点，成为传播和倡导青年时尚文化的重要载体。

当代青年文化参与的特点：从青年文化的层面看青年文化参与，其具有代际性、创新性、独立性、叛逆性、分群化、开放性的特征。青年敢想敢做、勇于创新的特性决定着他们将成为新时代科学创新、文化先导的主力军。

■拓展阅读

例 1：你↓到我了！

——使用“↓”取代“吓”字。

例 2：偶分电脑坏掉勿害偶一整天都粉 sad ~ > </范药电脑坏扌卓叻，嗐硪(1)整忝嘟彳艮伤吣 ~

——译文：我的电脑坏掉了，害我一整天都很伤心 ~

例 3：1 切斗 4 幻 j，↓b 倒挖 d!

——译文：一切都是幻觉，吓不倒我的！

例 4：我又被河蟹了！

——“河蟹”也作“和谐”，意指我的帖子又被删除了（或网站被关了）

以上是流行的“火星文”。年轻网民为求彰显个性，大量使用同音字、音近字、特殊符号来表音的文字，这些文字被称为“火星文”。在调查青年对火星文的态度中，40%左右的青年在填写调研问卷时，认为火星文“标新立异，但不是主流”；15.4%的青年认为其“时髦新颖”；31.7%的青年认为“有哗众取宠之嫌”。

思考▶（1）这些深奥难懂的流行语为何能广为传播并博莞尔一笑？（2）流行语和现实世界有什么联系？（3）当代青年的表达特点是什么？

四、青年的社会活动参与

社会参与是一个内涵丰富、外延广泛的概念。从广义角度看，政治参与、经济参与和文化参与都可以看作社会参与。以下社会参与主要是指社会公共事务和社区事务的参与，主要涉及青年的社团参与、社区事务参与、志愿服务参与等。

通常意义上，青年参与社会活动是青年个体或群体借以显示利益需求的一种社会表达方式。过去常用“迷惘的一代”“反思的一代”“抱大的一代”等政治称谓来描绘青年，现在更多是从经济角度来划分青年，如“蚁族”“穷忙族”“追星族”等。它不仅仅是称谓的改变，同时也表明，青年的社会活动参与行为有了明显的独立、自立、个体选择的色彩。

青年参与社会活动的途径主要有以下几种。

1．志愿服务活动

志愿精神是个体或团体所表现出自愿和无偿地为他人提供服务的理念。近年来，得益于志愿服务事业实践经验的逐渐积累和志愿服务理论探讨的日趋深入，青年志愿服务正朝着日常化、规范化、专业化的方向发展。我国青年志愿服务组织已经建立起志愿者招募、培训、管理、激励、评估等机制。随着志愿服务社会影响的日益扩大，青年志愿服务社会化的倾向也日趋明显。

2．校园社团活动

当代大学生比较喜欢学校开展的活动集中在培养实践能力类、娱乐类、学术类、公益类和竞技类。青年认为文化娱乐活动是自己最喜欢参与、最乐于接受的活动类型，其次是体育和社会实践活动。

3. **社区活动**

随着中国社会转型的加快和城市社区的不断发展，社区与社区居民的关系日益密切。但目前社区内的青年群体对社区事务的参与意识淡薄、参与热情不足，在大城市的中心城区表现得尤为突出，这给和谐社区的构建以及青年群体自身的发展带来了诸多问题。随着我国经济体制改革的深入，作为计划经济时代管理城市微观社会的单位制逐渐让位于社区制，城市社区建设愈来愈成为城市管理和城区工作的基础和核心。

4. **青年自组织**

作为一种新兴的青年集聚方式，青年自组织成为当代青年参与社会活动的非正式的新途径、新渠道。QQ群、微信群、MSN群、BBS社区、贴吧、校友录等门户网站上的各类非正式群体均属于自组织范畴。在这个人以“群”分的网络时代里，这些群组日益成为现代青年工作、学习、生活和娱乐的重要平台，在不知不觉中改变了青年的工作、生活方式，网络社交已经成为青年最喜欢的社会参与方式之一。

青年社会活动参与的特点：(1) 受公民社会理论的影响，当代中国青年较以往任何时候都更积极地参与社会，社会活动参与具有公益性与互益性并重的特点；(2) 青年自组织发展迅速，“群组”形式灵活多样，覆盖面广，号召力强；(3) 社团活动冷热不均，组织松散，流动性大；(4) 青年社区意识淡薄，参与渠道不畅。

■拓展阅读

以下根据对“青年普遍具有参与公共生活的愿望和热情，只是参与渠道不是很畅通”这一观点的态度反馈所得出的一组调查数据。

选项	年龄分段			合计
	90后	80后	70后	
完全不同意	—	1.6%	—	1.3%
不大同意	23.1%	7.1%	4.0%	7.2%
说不清楚	42.3%	27.8%	24.8%	27.9%
基本同意	34.6%	49.3%	51.4%	49.1%
非常同意	—	14.2%	19.8%	14.5%
合计	100%	100%	100%	100%

思考▶ (1) 我与社会的距离是近还是远？为什么？(2) 我喜欢什么样的社会活动参与方式？(3) 社会活动的参与能够对个人成长提供帮助吗？(4) 不参与社会活动的人会导致无法生存吗？

第三节 青年社会参与实践

青年担当时代的使命，必然要经过一个渐进的过程。他们首先要作为“从者”逐渐介入和参与各方面的社会实践之中，在“战场”中增长见识和才干，掌握必备的本领，养成基本的素质。在此基础上，青年将越来越广泛、越来越深入、越来越独立、越来越具有主体性地承担起建设和发展的任务，直至成为社会发展的核心力量。毫无疑问，社会参与是青年担当历史使命过程中一个不可回避的重要阶段。

志愿服务是青年参与社会的一项重要实践，它对促进青年社会化有着重要意义。为增进对志愿服务项目设计整体流程的了解，以下选取两个具体案例进行详细说明。

■案例分析 1

“关爱视觉、燃点光明”流动团支部志愿服务

一、创意来源

志愿服务是广大团员青年服务社会、服务人民的重要平台。怎样让服务活动能够更好地持续下去，从而进一步体现和传承团组织的先进性？中山大学中山眼科中心团委利用专业优势组建流动团支部，通过团组织将有志于以实际行动奉献关爱，让眼疾病人重现光明的中心团员青年与医学生团员团结在一起，深入少数民族地区，革命老区、偏远山区、地震灾区等地方，开展义诊、送医送药、开展复明手术、举办学术讲座等让广大群众受益、让团员受教育的活动。

二、组织实施

1. 活动准备

组建流动团支部。为了打造“关爱视觉、燃点光明”志愿服务活动的品牌，更好地体现组织活力，特组建由相关医学专业技术人员担任支部书记和委员、专家担任导师的流动团支部，吸引有志于投身医疗志愿服务的眼科中心团员青年和医学生团员加入其中。

2. 活动开展

（1）注重针对性。推动志愿者服务队团支部组织全覆盖，结合医疗志愿服务团队的特点，从加强团队成员的组织性、纪律性入手，规范团支部组织和制度建设，增强团支部的凝聚力。

（2）注重感染性。推动志愿者服务队团支部的各项工作和活动，由支部委员主动联络少数民族、革命老区、边远山区等确定活动区域的负责人，在支部内开展讨论活动，由团员青年共同参与活动方案的策划与制订。

（3）注重实践性。团支部按照活动方案开展“关爱视觉、燃点光明”志愿者服务活

动，以及送医、送药、医疗和卫生知识宣传等活动。

团支部组织开展社情民意情况调研，将相关调研结果转交给当地政府和学校内其他团队，呼吁社会组织开展更多的活动以帮助这些地区的发展。

3. **活动总结**

活动结束后，参与的队员们就医疗活动、国情民情和社会发展等方面撰写相应的实践报告，结合开展志愿服务活动时的图片、视频等将活动适时在校园内开展宣传，激励更多的志愿者们参与到医疗志愿服务中来。

三、案例点评

借助开展“关爱视觉、燃点光明”品牌性志愿服务项目建立流动团支部，实现了团组织的新覆盖，也是组织建设创新的形式之一。该支部以志愿服务为依托，充分发挥团组织的凝聚力和动员力，带动并影响一批团员青年投身社会、贡献力量、服务群众。这种做法在开展流动建团工作、志愿服务类活动时值得借鉴和推广。

■案例分析2

“坚持就是美丽”学习意志力提升小组

志愿者在对××小学师生进行需求评估时，一些班主任向志愿者表达了希望我们帮助转化学困生（学习困难生）的想法。针对教师提出的需求，结合学生实际情况和志愿者自身能力状况，我们决定不针对整个学困生群体开展服务，而是缩小服务范围，先对因意志力不坚定、无法坚持学习而导致的学习低成就学生群体开展服务。在这样的背景下，我们设计了“坚持就是美丽”学习意志力提升小组。

对于那些具有意志障碍（学生在学习的刻苦、努力、坚持上有困难）的三至五年级学生，小组以提升组员对意志力的认识为目的，帮助组员树立坚强的意志力，进而使其能够坚持学习，获得学业上的进步和自信心的提升。小组没有公开招募组员，而是对三到五年级每个班的班主任进行了访谈，由他们提供学生名单，然后遵守知情同意的原则，向这些同学发出了邀请信，介绍小组基本情况和小组目的，征求其同意，然后再向同意参加小组的同学发放家校联系彩虹卡。征求家长们同意后最终参加小组的学生有15名。

小组自4月26日第一次活动始，至6月14日第六次活动终，从评估问卷、教师反馈等情况来看，活动取得了一定的效果。

一、需求背景

1. **需求为本**

用小组工作的手法帮助服务对象，是基于对问题和需求的评估而决定的。志愿者对受助小学进行了五次需求评估，评估采用了教师访谈和学生问卷两种形式。访谈中，相当部分的老师向志愿者表达了希望帮助转化学困生的想法；而在学生问卷的统计结果中，有37%左右的学生认为自己存在“学习问题”。

2. **量力而行**

“学困生”和“学习问题”两个概念比较模糊、笼统，涵盖的范围也比较大。我们通过分析，认为在学习方法、技巧等方面，志愿者与学校教师相比并不存在专业优势。志愿者开展服务应该“量力而行”而不是“大包大揽”。志愿者服务的着眼点应该放在帮助学生建立正确的自我认识和正向的自我评价上，放在改变学生“我学习不好是因为我笨”等非理性信念进而建立起正面的理性信念上，放在由内而外的转化上。因此，我们决定不针对整个学困生群体开展服务，而是缩小服务范围，先对因意志力不坚定、无法坚持学习而导致的学习低成就学生群体开展服务。

二、理论支持

(1) 库利的镜中自我理论。

(2) 马斯洛的需求层次理论。

(3) 班杜拉的社会学习理论。

三、小组目标

(1) 提升组员对意志力、毅力的认识，帮助组员树立坚强的意志力。

(2) 协助团体成员自我觉察，认识到自身存在的优点和缺点，并促使其改变。

(3) 通过团体活动，帮助团体成员增强沟通交流的能力，建立团体成员的合作关系，以增强其自信心，并能够更正面地评价自己。

(4) 通过小组活动，使组员认识并激发自己的潜能，再通过协助他们制定学习目标与计划等，促进其积极改变。

四、小组过程

1. 第一次活动：团队与规范

通过热身、破冰游戏使志愿者与组员、组员与组员相互熟识，形成良好的小组氛围；通过团队建设增强小组凝聚力，建立小组规范，为以后的小组活动打下良好的基础。

2. 第二次活动：精神力量

通过小活动“精神的力量”使组员意识到心理暗示可以影响人的行为，证明心理的力量；通过放映幻灯片和视频《尼克的故事》，树立尼克叔叔这个榜样，使组员加强对意志力的认识，从尼克的故事中汲取进取的力量。

3. 第三次活动：坚持就是胜利

用“头脑风暴”邀请组员分享自己平时在学习、生活中因为缺乏毅力或者意志力而没有完成的事情，促使组员对自己日常的学习、生活中意志力、毅力的实践情况进行反思。通过“成功之旅”——记忆十六格，使组员认识到自己有能力达到目标，增强组员的自信心。

4. 第四次活动：认识自己、欣赏自己

运用小组宣言的形式强化组员对意志力的认识，并形成契约约束组员行为。通过主题活动“雪花片片”使组员更好地认识到每个人的不同，认识自己，悦纳自己，同时在此基础上确立适合自己的目标。

5. **第五次活动：预见未来**

通过畅想未来的自己，增强组员当下学习和奋斗的动力，用未来的美好对现在的自己进行激励，同时运用小组组员之间的相互支持与鼓励，帮助组员建立信心。

6. **第六次活动：相约守约**

通过“你我相约”——组员一起在一张大白纸上按手印并签名，约定在以后的学习、生活中完成自己在小组中确定的目标，通过“收获树”总结小组收获。通过“祝福与告别”结束专业关系。

五、小组点滴——总结反思

（1）准备工作——再怎么用心也不为过。

（2）功夫在平时，多了解服务对象。

（3）应对意外——冷静面对，果断决策。

（4）服务方式多元化，尊重多异性。

课堂内外

实践作业

1. 以小组为单位设计实施一项志愿服务活动。

2. 每位同学都需要在服务项目中担任一份力所能及的工作。

3. 项目运转所需的条件（包括必备物质、环境情况等）需要在方案中标注清楚。

4. 志愿服务项目方案内容应包括：项目的名称、项目简述、目前的情况、团队分工与管理、推进日程表、执行的方式方法、所需资金或支持的来源、风险评估与防范。

5. 活动结束后，每个小组制作10分钟的项目PPT或者视频在课堂上展示。内容包括：团队在项目设计、实施、反馈的过程，记录过程的成功与失败，收获与思考，等等。

◎参考文献

[1] 董小平．全球化与青年参与［M］．上海：上海社会科学院出版社，2004.

[2] 廉思．中国青年发展报告（2013）［M］．北京：社会科学文献出版社，2013.

[3] 杨刚勇，李汉宗．社会参与的提升机制［J］．特区实践与理论，2011（1）．

[4] 刘俊奇．关于我国公民政治参与［J］．社会主义研究，2010（6）．

[5] 周志诚．志愿者工作与通讯网络的构建——以上海世博会志愿者工作无线通讯网络的运行为例［J］．上海青年管理干部学院学报，2011（1）．

CHAPTER 07

专题七 青年社交礼仪

导言

礼仪是人类为维系社会正常生活而要求人们共同遵守的最起码的道德规范，它是人们在长期共同生活和相互交往中逐渐形成，并且以风俗、习惯和传统等方式固定下来的行为规范。对个人来说，礼仪是一个人的思想道德水平、文化修养、交际能力的外在表现；对社会而言，礼仪是一个国家社会文明程序、道德风尚和生活习惯的反映。重视、开展礼仪教育已成为道德实践的一个重要内容。

精彩故事

某酒店曾入住一个少数民族团体，团体中美丽的少女们都戴着一顶超漂亮的鸡冠帽。恰巧，某高校酒店管理专业的一名毕业生李某在该酒店见习。出于好奇，李某用手摸了一下其中一位少女的帽子，结果被带到族长那里去了。原来在历史上这个少数民族曾在一夜里受到外族的入侵，恰巧一只公鸡鸣叫，唤醒了人们，才免去了一次灭族之灾。在那之后，为了纪念这只公鸡，村里美丽的少女都戴上鸡冠帽，男子一触摸就表示求婚。族长以为李某爱上了那位少女，向她求婚，才把他叫来。后经酒店领导出面调解，二人以兄妹相称。

◎**总结：**

礼仪文化博大精深，在与少数民族交往过程中，只有不断学习，充分了解礼仪的差异，才不至于失礼；了解并尊重少数民族的风俗习惯，不做他们忌讳的事，这样才有利于各民族之间平等友好的交往。

◎**思考：**

1. 在你的印象里，何为礼仪？
2. 请谈谈生活中出现的礼仪小故事。
3. 从这个故事里你学到了什么？

情景导入

一、班级调查

1. 进入大学之前是否有接受过礼仪教育？
2. 进入大学之后你学习过礼仪的相关知识吗？
3. 你学习礼仪的目的是什么？
4. 我们该如何学习礼仪？

二、案例分析

进入9月，不少企业陆续来到湖南各大高校宣讲招聘，新一年的就业求职大幕就此开启。据统计，2016年全国高校毕业生达765万人，湖南省高校毕业生34.4万人，比去年增加2.8万人。留学生与往届毕业生的加入，使今年的求职应聘角逐更加激烈。

大学生们为了得到心仪的工作，大都使出了浑身解数。但因忽视礼仪细节，不少学生还是吃了“苦头”。2017届的应届毕业生小张表示，为了应对招聘，他特意在商场买了一套正装，就想在评委面前留个好印象，殊不知却因为一个小的礼仪细节而错失工作机会。“我就准备了一份通用简历，招聘单位说这没有诚意。”一脸沮丧的小张说，自己考虑不周，仅仅制作了一份简历。

除了小张，不少大学生对求职礼仪的了解仅限于穿正装、学化妆，求职过程中的礼仪细节却被忽视了。“何时到场”“如何敲门”“如何落座”……这些看似简单的求职细节，或可成为求职成败的关键。

（来源：《就业季注意“求职礼仪”湖南对200位贫困大学生实施帮扶》，http://news.sina.com.cn/o/2016-10-11/doc-ifxwrapv1348946.shtml）

◎问题：

结合案例和自身情况，思考当前青年大学生对礼仪的认识？

探求新知

如今许多青年学子仍然坚定地认为，优秀的学习成绩、各种资格证书等“硬件”是自己以后事业成功的主要条件。确实，这些条件对于求职、工作必不可少，但仅仅是拥有这些“硬实力”还远远不够。良好的个人形象、人际交往中的礼仪就像个人品牌和名片。因此，如何引导青年学礼知礼、明礼践礼，传播礼仪之风，弘扬优秀传统文化，是每位教育工作者义不容辞的责任。

第一节
礼仪概述

大思想家荀子曰："人无礼则不生，事无礼则不成，国无礼则不宁。"礼仪作为人类道德的外在表现，是调节人际关系的重要手段，也是当代青年学生的必修课。英国哲学家约翰·洛克曾说："礼仪是在他的一切别种美德之上加上一层藻饰，使它们对他具有效用，去为他获得一切与他接近的人的尊重和好感。没有良好的礼仪，其余的一切成就都会被人看成骄傲、自负、无用和愚蠢。"

进入21世纪，随着经济体制的变革，与国际接轨步伐的加快，改变了以往的交往方式和工作环境。青年人的交往方式从封闭式向开放式转变，从被动型向主动型发展。在这种交往形态下，礼仪显示了前所未有的重要性。讲礼貌、懂礼仪，已成为当代青年必备的素质。青年人学习一定的礼仪知识也就显得十分重要。

一、礼仪的含义

礼仪有广义和狭义之分。从广义上讲，礼仪是一个时代的典章制度；从狭义上讲，礼仪是人们在社会交往活动过程中形成的应共同遵守的行为规范和准则。要真正了解礼仪，首先要明确几个与礼仪有关的概念。

1. 礼貌

礼貌指人们在交往过程中表示敬重、友好的行为规范，是人的道德品质修养最简单、最直接的体现，主要通过口头语言、书面语言、态度和行为举止体现出来。如尊老爱幼、热情待客等。

2. 礼节

礼节即礼仪节度。指人们在交际活动中相互表示尊重，友好的惯用形式，是礼貌在语言、行为、仪表等方面的具体表现。如拜会、回访、握手、鞠躬、点头致敬、挥手致意等。

3. 礼仪

在我国古代，"礼"有三层意思：第一，我国奴隶社会和封建社会的等级制度，以及与之相适应的一整套礼节仪式；第二，表示尊敬和礼貌；第三，礼物，即赠送的物品。

"仪"有两种意思：第一，指容貌和外表，包括容貌、服饰、表情、姿态、举止等，即所谓仪表；第二，指礼节和仪式。仪式指在一定场合举行的具有专门程序的活动，如开学典礼、迎送仪式等。

礼貌是礼仪的基础，礼节则是礼仪的基本组成部分。礼仪在层次上要高于礼貌礼节，其内涵更深更广，它实际上是由一系列具体的表现礼貌的礼节所构成的完整的过程。

二、礼仪的原则

礼仪是维系社会生活的纽带，礼仪的原则是指人们行礼致敬时应遵循的一些基本要求。探讨这些原则，有助于社交基本礼仪的规范化，增强青年对礼仪的认识，进而加强礼仪在青年群体生活中的指导作用。

1. **遵守原则**

礼仪作为社会生活的准则，反映了人们的共同利益。在交际应酬中，每一位青年都必须自觉、自愿地遵守礼仪，以礼仪去规范自己在交际活动中的一言一行，一举一动。对于礼仪，不仅要学习、了解，更重要的是学以致用，要将其付诸个人社交实践。任何人，无论身份高低、职位大小、财富多寡，都有自觉遵守、应用礼仪的义务。

青年在各种类型的社交中，都应当自觉做到两点：一是遵守公德，二是遵时守约。

■案例分析

林婷是某高校毕业的高才生。在校期间不仅专业学得好，还担任了系学生会主席。由于综合素质突出，在参加一外资企业第一轮的招聘中，她以第一名的成绩名列榜首。第二轮的招聘，该外资企业要求入围者于3天后上午8点准时到场。第三天早上，林婷睁开眼睛看了看手表，时间还早，才6：30，除去路上的半个小时，还有一个小时可以做出门前的准备。于是她认真仔细地洗漱并打扮了一番。室友看她打扮如此得体，便好奇地问她要去干什么，林婷自豪地答道，自己8点整要参加外资企业的面试。谁知室友告诉她已经快8点了。林婷简直不敢相信，和其他人一对时间，自己的表竟然慢了一个小时。等她大汗淋漓地赶到时，已经8：30了，任凭她如何解释，该外资企业都没有再给她机会。

提示▶不论是在日常的人际交往还是涉外交往中，遵时守约都是取得对方信任、博得对方好感进而获得成功的重要方法。不要为自己的失约或迟到寻找任何借口，因为那都于事无补。

2. **自律原则**

从总体上来看，礼仪规范由对待个人的要求与对待他人的做法两部分构成。自律是对待个人的要求，是礼仪的基础和出发点。学习、应用礼仪，最重要的就是要自我要求、自我约束、自我对照、自我反省、自我检点，这就是所谓的自律原则。

自律原则要求人们处处讲文明，讲礼仪，注意各种“小节”。例如，在社交场合或公共场所，应举止大方，仪态优雅，注意公共卫生，不随地吐痰和乱扔废物；在影剧院应禁食有瓜果皮核类食物，否则既破坏环境卫生，又影响他人观赏节目；买票、上车、购物都应自觉排队，那些不顾一切的拥挤、插队行为都是缺乏教养的表现。自觉遵守各种礼仪规范，是社会主义精神文明建设的保证。礼仪教育的目的就在于唤起广大公众，特别是青年一代遵守礼仪的“自觉”。有了这种“自觉”“自律”，我们的社会将更加文明，生活将更加美好。

3. **尊重原则**

孔子曾经对礼仪的核心思想有过一次高度的概括，他说：“礼者，敬人也。”《礼记》云：“夫礼者，自卑而尊人。”《礼记·典礼》开宗明义第一句就是“毋不敬”。尊重原则包括以下两个层面的意思。

一是自尊。即要保持自己的人格和尊严，要自强不息，注重自身修养，才能赢得他人的尊重。尤其在国际交往中，要始终注意维护国家利益和民族尊严，维护自己的国格和人格，在外国人面前不卑不亢。一个具有足够自尊的人总是更加有信心、更有能力，也更懂得尊重他人。“人敬我一尺，我敬人一丈”，才能满足每个人的自尊心理。

二是尊重他人。即在交际活动中，与交往对象既要互谦互让，互尊互敬，友好相待，和睦共处，更要将对交往对象的重视、恭敬、友好放在第一位；要对人不说谎、不虚伪、不侮辱人，所谓“骗人一次，终身无友”；同时还要对他人有正确的认识，相信他人、尊重他人，人与人之间的和谐关系，也只有在这种互相尊重的过程中才逐步建立起来。

■案例分析

古代有一个读书人，看不起不识字的农夫，于是就戏弄他说：“对‘儿子’的文雅称呼是‘令尊’。”说完就等着看这个“愚蠢”农夫的笑话。农夫不知就里，关心地问：“你家里有几位令尊?”读书人尴尬不已，只好说：“我家里没有。”农夫很同情地说：“我有四个儿子，要不送一个给你做令尊吧。”

提示▶在任何时候，尊重他人就是尊重自己。在礼仪的两大构成部分里，有关对待他人的做法这一部分，比对他个人的要求更为重要，这一部分实际上是礼仪的重点与核心。

尊重体现在细节之中，如多用商量的语气，多用赞美和鼓励，用心聆听他人谈话，讲究批评、拒绝的方式，不炫耀自己的优势，不随意打断他人谈话，等等。

尊重还常常表现为真诚的赞美。美国心理学家威廉·詹姆斯曾指出：人类本性中最得意的渴望就是赞美。所以，如果你想获得好的人缘，就一定不要吝啬你的赞美。尊重，还常常表现为既照顾他人的面子又不丧失原则。

4．宽容原则

法国有一句谚语：“了解一切，就会宽容一切。”宽容原则要求人们在交际活动中运用礼仪时，既要严于律己，更要宽以待人。要多容忍他人，多体谅他人，多理解他人，而千万不要求全责备，斤斤计较，过分苛求，咄咄逼人。宽容是一种较高的境界，宽容是人类一种伟大的思想，站在对方的立场去考虑一切，是你争取朋友的最好方法。

在现代社会，宽容已被作为现代人，尤其是青年人的一种礼仪素质。国外有家企业在招收员工时，就有一个比较新奇的规定，即在录用期内允许职工犯一个“合理的错误”。他们认为，一个谨小慎微的人一定是一个不犯小错误的人，但同时也是一个工作不会有大成就的人。

5．平等原则

平等交往是现代礼仪的首要原则。在社会交往中能不能平等，是现代礼仪和中国古代礼仪的区别所在。在社会主义制度下，人与人之间的关系是平等的，在人格上是完全平等的。这种平等的人际关系决定了现代礼仪的平等交往原则，这里讲的“平等”，主要是指交往双方态度上的平等。尽管人们的年龄、性别、职业、社会地位各不相同，但在与人交往时必须以平等的姿态出现，应给别人以充分的尊重，而不能盛气凌人，高人一等。这就是平等交往原则的基本要求。

■案例分析

一天，一对衣着朴素的老夫妇来到哈佛大学校长办公室，等了几个小时后，才被允许见校长几分钟。老妇人说："我们的儿子曾经在哈佛上学，现在他不在人世了，我们想在校园里为他留点纪念物……"校长见到老夫妇一副乡下平民模样，便打断他们说："对不起，我无法满足你们的要求，否则，校园不就成了墓地了吗？"老夫妇忙解释道："不，我们的意思是想捐赠一座大楼。"校长不屑地冷笑道："一座大楼至少要750万美元。"老夫妇沉默了。过了一会儿，老夫妇说："我们何不自己建造一所大学呢？"校长还以为他们在痴人说梦。不久，在加利福尼亚州，一座以老夫妇自己的姓氏命名的大学拔地而起，这就是著名的斯坦福大学。

提示▶在人际交往中，不可我行我素，不要自以为是，不能傲视一切，目中无人，更不能以貌取人，而应该处处时时保持谦虚的态度，平等待人，唯有如此，才能结交更多的朋友，而不至于留下遗憾。

6. 从俗原则

由于国情、民族、文化背景的不同，在人际交往中，实际上存在"百里不同风，千里不同俗"的局面。对这一客观现实要有正确的认识，不要自高自大，唯我独尊，以我画线，简单否定其他人不同于己的做法。必要之时，必须坚持入国问禁、入乡随俗、入门问讳，与绝大多数人的习惯做法保持一致，切勿目中无人，自以为是，指手画脚，随意批评，否定其他人的惯性做法。遵守从俗原则的规定，会使礼仪的应用更加得心应手，更加有助于人际交往。

7. 适度原则

礼仪是人类智慧的结晶，作为人际交往的规范，它有着一定的标准和分寸。

适度首先指感情适度。在人际交往中，既要热情大方，又不虚伪讨好；既要彬彬有礼，又不低三下四。

适度还指行为适度。既要轻松随便，又不轻浮粗俗；既要幽默风趣，又不油腔滑调；既要诚挚友好，又不过分客套；既要单纯真诚，又不口无遮拦。

适度还表现在距离的适度。人际交往要保持适当的心理距离和空间距离。不适当的"亲密无间"往往会适得其反。

适度还包括交往时间的适度。有些人交往，关系好时形影不离。一朝不和，即互相攻击，老死不相往来，这对双方的心理健康和人际关系发展都不利。人际交往，应该疏密有度。

三、礼仪的作用

学习礼仪，能帮助青年人自我约束，处理好人际关系，从而创造一个和谐的社会生活和学习环境。简而言之，通常具有以下三种作用。

1. 内强素质

礼仪是人类社会为了维持正常的生活秩序所需要共同遵循的一种行为规范。它既表现为外在的行为方式——礼貌、礼节，又表现为更深层次的精神内涵——道德素养。一个人内在的道德修养是不能摆脱外在的形式而存在的，它总要通过一定的形式表现出来。这种形式就是礼仪。作为现代人，在人际交往中恰到好处地展示自己的素质是非常重要的，因为教养体现于细节，细节展示素质，言谈话语举止行为，其实都是素养问题。荀子曾说“礼者，养也”，就是此意。

2. 外塑形象

礼仪体现素质，形象决定成败。个人形象，是一个人仪容、表情、举止、服饰、谈吐、教养的集合，而礼仪在上述诸方面都有各自详尽的规范。通过学习礼仪，青年们能够更好更规范地设计个人形象、维护个人形象，更好更充分地展示个人的良好修养与优雅的风度。得体的穿着、整洁的仪表、文雅的举止、风趣的谈吐、高贵的气质所构成的良好个人形象有助于增强个人的自信心，是交际成功的重要条件。

■案例分析

元代一个叫胡石塘的人应聘入京，在元世祖忽必烈召见时，没有发现自己所戴的帽子歪斜着。元世祖问他都学些什么，胡石塘答道：“治国平天下之学。”元世祖笑着说：“自己的一顶帽子都戴不端正，还能平天下吗？”于是，胡石塘就没有被起用。

提示▶塑造好自身形象才能取信于人。形象问题，在国内外交往中，都显得非常重要。

3. 增进交往

现代人都有这样的欲望，要多交朋友，广结善缘，一个人不管你愿不愿意，都必然要跟别人打交道，古希腊人亚里士多德说：“一个人不和别人打交道，不是一个神就是一个兽。”革命导师马克思说：“人是各种社会关系的总和。”一个人无论从事哪一行，工人、企业家、官员或是学者都要和别人交往。只要同他人打交道，就不能不讲究礼仪。礼仪是人际交往的“润滑剂”。青年人在交往接触中，不可避免地会产生各种矛盾，而要解决人际关系出现的障碍，就要在协调中运用礼仪，利用人际关系的互动性去获得对方的理解，缓解矛盾，消除误会，进而增进彼此的了解与信任，缩短人际关系的距离，从而使人与人之间的关系更趋融洽，使生活环境更为宽松，使交往氛围更加愉快。

■案例分析

汽车推销商乔·吉拉德有一次向顾客推销汽车，眼看就要成交了，这时候顾客突然谈到自己的儿子，说他儿子棒球打得如何好，昨天还得了冠军，他要买辆车送给儿子。年轻的吉拉德当时缺乏经验，一心想着收钱交钥匙，对顾客谈论自己儿子的事情根本心不在焉。结果顾客把快掏出来的钱又收了回去，一扭头走了。晚上，吉拉德给那位顾客打了电话，他说：“我不再向您推销汽车，只是想向您请教一个问题，我今天什么地方得罪了您？”顾客说：“就因为当时我谈起自己儿子时，你没有好好听，所以我就不买了。”原来是顾客觉得令自己激动的事情得不到关心和尊重，所以使生意落空。

提示▶这个是年轻的吉拉德终生难忘的教训，生动地说明在人际交往中注重礼仪的重要性。

第二节 校园礼仪

学校是学生的活动中心，对同学们来说，绝大部分时间都是在学校里度过的。与教师、同学相处的时间，甚至比和父母在一起的时间还要多。校园礼仪就成了青年学生应掌握的礼仪核心部分。学校是靠文化育人的，校园礼仪文化在培养优秀青年的过程中日渐显出其重要性和不可或缺性。

一、上学——开心而去、快乐而归

1. 仪容仪表，整洁简朴

（1）女生仪容仪表：女生在日常学习及生活中，以不化妆为宜；在社交娱乐活动中，可以化淡妆。化妆的时候应以自然、清爽为主，中小学生则没必要化妆。

女生的发式以梳辫子、理短发、童发为宜。这样可以给人一种清新、活泼、纯真的感觉，不要烫发、染发，以免显得过于老气和成人化。

（2）男生仪容仪表：不要留长头发，不蓄须，以显得整洁、干净，富有朝气。不可以穿背心光膀子、穿短裤拖鞋外出活动。

（3）男女生都应遵守的仪容仪表规范：衣服平整洁净，扣子齐全，没有开线和裂口；身上无异味，经常洗头、洗澡，勤剪指甲；保持眼睛、耳朵、鼻子干净，牙齿整齐洁白，上课不嚼口香糖等食物；不戴夸张的项链或其他饰物。

总之，衣冠端正、举止文明、遵守纪律、生活俭朴，是对青年学生的起码要求，而良好的仪表无疑是其中重要的内容。

2. 校园礼仪，互相尊敬

（1）学生进入学校，要严格遵守校规校纪。

（2）衣冠整洁、端正，不能歪戴帽子或敞开衣服进校。

（3）在校园遇到教师、同学要主动打招呼以示尊重。

（4）无论是在教室还是走廊、楼梯上，不打闹，不拥挤，不追赶。

（5）雨天进入室内，须自觉将雨伞、雨衣装入塑料袋中，以免雨水渗出弄湿地板。

■拓展阅读

南开镜箴

天津南开中学始创于1904年。百年南开，培养出2位共和国总理、9位全国人大副委员长和全国政协副主席、40余位省部级领导干部、56位中外著名科学家。

南开体系的各所学校在重要通道处都设有大镜子，提醒过往的师生随时注意仪容仪表，这些镜子上都镌刻有四十字镜箴：面必净，发必理，衣必整，纽必结。头容正，肩容平，胸容宽，背容直。气象：勿暴，勿傲，勿怠。颜色：宜和，宜静，宜庄。

镜箴要求南开学子拥有整洁合适、积极向上的仪容仪表以及平和、宽仁的处世态度，提醒学生注意修身养性，提高自身道德情操。每逢开学时节，新生们都会被要求背诵镜箴。

3. 校园用餐，有序节俭

（1）排队购买饭菜，不拥挤，不插队。

（2）吃饭前先洗手，注意用餐卫生。

（3）用餐时，保持桌面干净，地面干净。

（4）提倡勤俭节约，养成一日三餐不浪费粮食的良好习惯。

（5）用餐时，不讲话或少讲话；用餐完毕，将剩饭剩菜倒入回收桶内。

4. 教室保洁，人人有责

（1）尊重爱惜值日生的劳动成果，保持教室清洁卫生。

（2）不随地吐痰或擤鼻涕；不乱扔废物，果皮纸屑应丢入废物箱。

（3）不往门外、窗外扔东西；不在教室里打球或进行其他体育活动。

（4）不乱挪、乱摆、乱堆、乱扔桌椅板凳或扫帚拖把等清洁工具。

5. 美丽校园，尽心爱护

（1）爱护公共财物。保管和使用好学校的桌椅板凳、门窗玻璃、各类电器、实验仪器、运动器械、运动场地、图书资料等。损坏公物应照价赔偿。

（2）爱护花草树木。不乱踩草坪，不攀折树枝，不乱摘鲜花。

（3）节约用水。水是人类最宝贵的资源，做清洁、搞卫生时适度用水；用完水随手关闭水龙头，杜绝长流水。

（4）节约用电。人走灯灭，杜绝长明灯。

（5）不乱倒垃圾。要把垃圾倒入指定的垃圾箱内，不能把垃圾箱周围弄得一片狼藉；在倒垃圾途中，若垃圾掉落，要主动捡拾起来。

二、上课——专心听讲、积极思考

1. 提前准备，按时上课

（1）听到最后一次预备铃响，在教室外活动的同学应立即回到教室。

（2）进入教室后，应马上回到自己座位，准备好上课所需的课本、笔记本和其他文具用品。请勿大声喧哗。这既是对教师的一种尊重和礼貌，也能为本节课取得良好的教学效果奠定基础。

（3）学生应当准时上课，若因特殊情况迟到，要在教师门口立正喊“老师，报告”，得到教师允许后方可进入教室。

（4）迟到同学绝对不可以不报告、不认错就进入教室，更不可向其他同学扮鬼脸。

（5）教室里其他同学看到有同学迟到时，不能取笑、哄闹，也不能做任何滑稽可笑的动作捉弄同学。

2. 认真听讲，积极思考

（1）在课堂上，要注意力集中，认真听教师讲解，独立思考，认真做好笔记。

（2）不在课堂上做与本节课教学内容无关的事情。

（3）若向教师提问或回答提问，应举手向教师示意，待教师允许后方可起身发言。

（4）对教师在课堂上的提醒和批评不争辩，不顶撞。

（5）如有不同意见，可在课后与教师交流。

3．复习考试，诚信为本

（1）在考试之前，要认真复习，有难题或疑问处，要及时向教师或同学请教，直到弄懂弄通为止。

（2）考试前，把书包、教科书、笔记本与考试有关资料放到教师指定的位置。

（3）考试中，要集中注意力，积极动脑，独立完成。

（4）考试卷面要洁净、书写工整、条理清晰。

（5）考试中不能有任何作弊行为，不东张西望，不向他人传送小纸条，不偷翻书本等。

三、尊师——敬爱礼貌、虚心谦谨

1．见到教师，主动问候

（1）遇到教师应主动停下，微笑问好；分别时主动说再见。

（2）在校外遇到教师时，应主动和教师打招呼，不得故意回避。

（3）在走廊、进出门口、上下楼梯或乘用电梯时，应让教师先走。

（4）如果看到教师手里拿着很多东西，行走不便，应主动上前，帮教师把东西送到办公室或教室。

（5）雨天若遇到教师未带雨具，应主动上前，或与教师同用一把雨具，把教师送到目的地；或把雨具借给教师，自己与其他同学合用。

2．进办公室，谨言慎行

（1）进教师办公室，不论开门与否，都要先敲门，并喊“报告”，听到“请进”后方可进入。

（2）与教师说话时，声音不要太大，以免影响其他教师正常工作。

（3）向教师交作业本、试卷等要在办公桌上摆放整齐。

（4）如果想向教师请教，而教师正在接听电话或与别人交谈，不可随意打扰，应站立一侧，等教师办完事或谈完话再和教师交谈。

（5）如果教师正低头处理其他相关事情，切忌探头探脑。

（6）不随意翻动、乱看教师办公室的物品。

（7）告别教师时，应先倒退两步，然后再转身出去，将门轻轻带上。

3．教师有错，谨慎指出

教师是知识的传播者，教师在学生面前，要具有一定的权威性，这样才能够被学生所信服。但教师也是常人，也难免会发生一些失误。学生可用诚恳的态度对教师的错误提出意见。但要注意：

（1）选择适当的时间，如下课后。

（2）考虑适当的方法。

（3）态度要诚恳。

（4）语气要委婉。

■拓展阅读

程门立雪

“程门立雪”这个典故出自《宋史·杨时传》：“至是，杨时见程颐于洛，时盖年四十矣。一日见颐，颐偶瞑坐，时与游酢侍立不去。颐既觉，则门外雪深一尺矣。”后来这句成语就用来比喻求学心切和对有学问长者的尊敬。

四、同窗——有缘相识、情深义重

1．尊重他人，勿伤自尊

（1）不对同学的相貌、体态、衣着、家庭评头论足。

（2）不给同学起带侮辱性的绰号。

（3）不嘲笑同学的缺陷。

（4）不谈同学忌讳的话题。

2．同学之间，互助互爱

（1）主动帮助有困难的同学。

（2）对于同学遭遇的不幸、偶尔的失败、学习上暂时的落后等，不应嘲笑、冷笑、歧视，而应该给予热情的帮助。

（3）不斤斤计较，对同学的过失或冒犯要宽宏大量。

（4）借用同学的东西，要先征得对方的同意。用后应及时归还并致谢。

（5）讲信用，答应别人的事情要尽力办到。

3．同室舍友，情同手足

（1）遵守集体的规章制度，是宿舍的基本礼仪要求。

（2）尊重各自不同习惯，积极营造和谐的集体氛围。

（3）群体生活需要互相体谅和照顾，努力化解各种生活矛盾。

（4）干净、整洁、守规是进入集体生活的“通行证”。

（5）当别人休息时，一切都应“轻轻”地进行。

（6）个人物品不要轻易侵占他人或公共空间。

4．异性同学，得当交往

（1）异性交往的范围应相对广泛，避免个别接触，以免引起教师、同学和家长不必要的误会。

（2）与异性同学交往时，言行举止要有分寸，既不过分拘束，也不过分随便。

（3）与异性同学交往的地点应选择公开场合，不要隐蔽；交往时间尽量避开晚上。

（4）对异性同学的容貌、身材不要评头论足，以免伤害对方。

（5）拒绝异性同学追求要有礼貌、有分寸，不可讥笑对方，更不可公开异性的求爱信函，不以此张扬炫耀，伤害对方。

五、仪式——严肃活泼、喜庆热烈

1. 全校集会，安静有序

（1）集合时，提前到达，分班整队，准时进入会场。

（2）列队快、静、齐，并在指定位置坐好。

（3）听报告或看演出要遵守会场秩序，注意听讲，聚精会神，保持肃静，不乱讨论，不乱走动。不得交头接耳，窃窃私语，不得打瞌睡。不得起哄，喝倒彩或提前退出会场。

（4）不在会场吃零食，不乱扔果皮纸屑。

（5）不能打手机。手机一律关闭或者调至静音模式。

（6）精彩之处适度鼓掌。报告或演出结束，要鼓掌致谢。

（7）学生上台发言要向主席台领导和场内同学鞠躬行礼，发言结束后致谢。上台领奖时，应面带微笑向授奖者行礼，后双手接捧证书（奖品），并向授奖者致谢。

（8）会议、演出结束后，等领导、来宾退场或演员上台谢幕后再有秩序地退场。

（9）若确实有特殊情况需要离开会场，先征得教师的同意才能离开。

■案例分析

小李作为学生干部，应邀参加一个学术研讨会，该次会议的参与者主要是学校教师和社会名流，因为小李平时表现出色，所以班主任特意给他这样一个机会。

小李因早上睡过了头，等他赶到时，会议已经进行了20分钟。他急急忙忙推开了会议室的门，“吱”的一声脆响，他一下子成了会场上的焦点。刚坐下不到10分钟，肃静的会场又响起广场舞音乐，原来是小李的手机响了。这下子，他可成了全会场的“明星”……

没多久，小李的学生干部一职就被撤了。后来的各项大型活动，再也没有看见他的身影。

提示▶不管是参加自己单位还是其他单位的会议，都必须遵守会议礼仪。因为在这种高度聚焦的场合，稍有不慎，便会严重损害自己的形象，也会给领导和单位带来不良的影响。

2. 嘉宾来访，示以热情

（1）嘉宾发表讲话，应面带微笑，认真倾听。

（2）嘉宾问话，应诚恳回答。

（3）嘉宾离开房间，应起立欢送。

（4）引领嘉宾上楼梯时，请尊长、宾客靠近楼梯扶手，引领者走在其左后方；下楼时引领者走在左前方。（“以右为尊”原则）

（5）无论上下楼梯，都应与嘉宾保持适度的距离。

（6）引领客人行走时，时刻以嘉宾的速度为中心，亲切提醒：“请这边行”“请小心台阶”等。

六、活动——丰富多彩、井然有序

丰富多彩的活动是校园生活的重要内容。如今，校园生活越来越丰富，各种各样的活动开展得如火如荼。青年人应积极参与诸如运动会、演讲比赛、歌咏舞蹈比赛、体育竞赛等活动，并发扬集体主义精神，体现自己的特长，为集体争光。而参与这些活动，都应注意相应的礼仪要求。

1．主动参与，锻炼自己

（1）积极主动。参与这些活动，不是谁让我去做，而是我自己要去做。

（2）重视活动。把参与各类活动看成是生活的一个必不可少的组成部分。

（3）锻炼自我。能寻找到最适合自己参与的活动项目，在活动中提高自己，锻炼自己。

2．校园参赛，友谊第一

（1）报名后，积极做好各项赛前准备，不断热身，使自己的体能处于最佳状态。

（2）不在比赛中冒名顶替，弄虚作假；要服从和尊重裁判员的评判。

（3）比赛中，若其他队伍同学不慎跌倒或受伤，应积极给予帮助。

（4）比赛中，要注意文明礼貌，不能出现推、撞、拉、绊等违纪犯规行为。

3．校园观赛，热情助威

（1）观赛人员应准时到达指定位置，排列整齐有序。

（2）观赛人员就座后，保持安静，不随便走动，不追逐打闹。

（3）保持周围场地清洁，不随地扔水瓶、包装纸等垃圾。

（4）遵守场地规则，服从大赛指挥。

（5）服务好参赛同学，为他们准备温水、毛巾、纸巾等，协助他们做热身运动。

4．策划活动，考虑周全

（1）策划活动没有捷径，最重要的因素是——周全。

（2）举办活动成功或失败，机会只有一次。

（3）每次活动都是现场直播，一旦出现失误，无法弥补，因此绝不能掉以轻心。

■案例分析

由A大学中文系学生会牵头，A大学中文系与B大学中文系缔结兄弟院系，并在A大学学校报告厅举行小型典礼。会前，会议的组织者——A大学中文系学生会副主席电话邀请了B大学中文系一位老教授参加并致辞。老教授接到电话后欣然应允。

可是，这位老教授到达后，费了很长时间才找到自己的位置。而且当典礼结束后主持人并没有邀请他致辞。

典礼结束后，大家在宴会厅用餐。当老教授入座后发现同桌的是会务人员，这让老教授感到很别扭，没有同任何人打招呼就悄悄离开了餐厅。当时会议的组织者并没有觉察到这一点，宴会主持人在会餐即将开始之际，拟邀请老教授致辞时，才发现老教授并不在现场。幸好主持人头脑灵活，临时改换了其他节目，才算没有出现“冷场”。

提示▶一个大型活动的组织者，事先应精心策划，对被邀请的对象逐一分析，从门口接待到宴请的桌次和座位安排均应一一落实，分工到位。而这次会议的组织者，对老教授的到来一无所知，也没安排人员接待，而且座位安排不当，极大地伤害了这位老教授的自尊心，难怪老教授不告而别。

第三节 社交礼仪

社交，是社会上人与人之间的交际往来活动，社会交往是联结人类活动的纽带，涉及朋友之间、同事之间、业务往来、公共关系及家庭内部成员、主人与客人之间、与外国友人之间的交往规则等；涉及称呼、用语、接待、做客、交谈、通信等交往规则。遵从社会交往的基本礼仪规则，是当代青年在校期间健康成长、毕业后顺利步入社会、谋求职业与发展的基本素质和素养。显然，如何恰到好处、游刃有余、有礼有节地把握社会人际交往，对当代青年是十分必要的。

一、称呼——准确恰当、恭敬亲切

1. 亲属间的称呼

(1) 爸爸的爸爸叫爷爷（祖父），爸爸的妈妈叫奶奶（祖母）。

(2) 爸爸的哥哥及其配偶叫伯伯及伯母，爸爸的弟弟及其配偶叫叔叔及婶婶，爸爸的姐妹及其配偶叫姑姑及姑父。

(3) 妈妈的爸爸叫姥爷（外公或外祖父），妈妈的妈妈叫姥姥（外婆或外祖母）。

(4) 妈妈的兄弟及其配偶叫舅舅及舅妈，妈妈的姐妹及其配偶叫姨妈及姨夫。

(5) 我们与伯伯叔叔家的孩子是堂兄弟姐妹，我们与舅、姨家的孩子是表兄弟姐妹。

2. 职业性尊称

(1) 为了表示对教师、长者、客人等的尊重，应使用尊称。尊称是对别人表示恭敬的一种称呼，以表示敬重的情感。

(2) 对于从事社会大多数人认为较体面、较受尊重或有一技之长的职业的人，可直接称呼对方的职业，如教师、医生、教练、会计、律师、法官、警官等。

(3) 称呼时，可在职业前加上姓氏、姓名，如“李老师”“张医生”等。

(4) 对工、商、戏剧界行业中传授技艺的人，人们常称之为“师傅”。

3. 辈分性尊称

(1) 比自己年长的男性，一般称为“大爷”“大叔”“大哥”。

(2) 比自己年长的女性，一般称为“大妈”“大婶”“大姐”。

(3) 在北方，小朋友习惯称已参加工作的成年男女为“叔叔”或“阿姨”。

(4) 在广东，小朋友习惯称比自己年长的未婚男女为“哥哥”或“姐姐”。

■案例分析

一次，高中一年级的张毅上街，遇到班主任的一位年轻闺蜜，他礼貌地问好：“阿姨好！”这位刚从广东回北方过春节的“阿姨”脸一下子红了起来，她回应一声就马上走开了。

张毅望着“阿姨”的背影不知道自己做错了什么。

提示▶现代社会，人们希望自己越活越年轻，并不是所有人都喜欢把自己的辈分提高。因此，称呼比自己年长的人时应格外慎重。

4．平常称呼

（1）在大中城市里，若彼此素昧平生，不知道对方的身份、职业、年龄等，可以根据对方的性别加以称呼，即表示双方地位平等，又表示了对对方的尊敬。如“先生”“小姐”“女士”等，统属性别性平称。

（2）对成年男女，可按性别的不同分别称呼“先生”或“小姐”。

（3）用“小姐”称未婚女性，用“女士”称已婚女性。

（4）对成年女性，可以统称为“女生”。

（5）对已婚女性，可以称“太太”“夫人”。

（6）对外国女性，统称其“小姐”则很容易被接受。

■案例分析

有一天，小李去餐馆吃饭，来了很久就是没有服务员过来招待他。

看着不断从身旁来往的女服务员，他不耐烦地冲着他们喊：“小姐、小姐”。可就是没人理他。

这时，一个女服务员经过，小李一把抓住她的手说：“我叫你呢，怎么不理我啊？”女服务员问：“你叫我啥了？”“小姐啊。”小李大声回答她。女服务员不满意地回敬了一句：“你才是小姐呢！”

这时，一帮女服务员围了上来说：“小同学，你应该管我们叫‘姐姐’。”

提示▶前些年，人们习惯称女服务员为“小姐”，但现在“小姐”一词则含有贬义，我们可以用“服务员”来代替之前的称呼。

二、用语——五句金言、十字要诀

人际交流主要是依靠语言，使用语言是一种艺术。俗话说：“良言一句三冬暖，恶语伤人六月寒。”若要获得别人的尊敬，就必须先尊重别人，对别人使用礼貌语言。

1．“您好”伴微笑，见面先致意

见面主动打招呼，热情地问候他人，会给别人留下自信乐观、有朝气活力、人际关系良好等印象。

（1）标准式用语，如：你好、您好、大家好、各位好。

（2）时效式用语，如：早晨好、上午好、下午好、晚上好、新年好、教师节快乐、圣诞快乐。

（3）问候时，要注意区别“您好”和“你好”。一般来讲，对长辈、教师表示尊敬，可以说“您好”，若对同学、平辈、晚辈等可用“你好”显得更自然。

（4）两个成年人若已很久未见面，可以说：“好久不见，很是想念。”

（5）两个成年人若是第一次见面，可以说：“久仰大名”“幸会”。

2.“请”字挂嘴边，求人也不难

（1）祈使式请托语，如“林老师，您请！”“请讲！”“请掌声欢迎！”“请稍候！”

（2）求助式请托语，如“我这道题目解不开，请你帮个忙好吗？”“请借借光。”“请把作业本递给我。”

（3）组合式请托语，如“请帮我把这本书带到学校，好吗？最好能亲自交到婷婷手里。”

3. 受人滴水恩，“谢”字不离口

受人滴水之恩，尽管不一定能够涌泉相报，但也绝不能心安理得，漠然受之。对于别人给予的帮助、理解、支持、关注或倾听，我们一定要对其表示感谢。当我们对某人心存感激时，可以说：“幸亏有您的帮助！”“真不知道怎么感谢您才好！”“谢谢您的理解和支持！”“让您受累了！”等等。

4. 给人添麻烦，“抱歉”在嘴边

由于种种原因，我们可能做了某些妨碍他人的事情，浪费了对方的时间、精力，给对方造成了某种不愉快、损失甚至是伤害，需要向对方致歉时，可说：“请多原谅！”“实在对不起！”“真过意不去！”“我们感到很内疚！”“真是抱歉！”等等。

■拓展阅读

中国人的客套语

初次见面说“久仰”，好久不见说“久违”，请人批评说“指教”，求人原谅说“包涵”，求人帮忙说“劳驾”，麻烦别人说“打扰”，求给方便说“借光”，托人办事说“拜托”，看望别人说“拜访”，请人勿送说“留步”，未及远迎说“失迎”，等候客人说“恭候”，无暇陪客说“失陪”，陪伴朋友说“奉陪”，问人干吗说“贵干”，问人姓氏说“贵姓”，欢迎购买说“惠顾”，贵宾来到说“莅临”，对方来信叫“惠书”，老人年龄叫“高寿”，谢人爱护说“错爱”，称人爱护说“垂爱”，称人赠予说“惠赠”，请人保存题“惠存”，请人收礼说“笑纳”，归还原物说“璧还”，称人之家说“贵府”，称己之家说“寒舍”，赞人见解说“高见”，称己见解说“拙见”，称人父亲说“令尊”，称己父亲说“家父”，称人母亲说“令堂”，称己母亲说“家母”，称人儿子说“令郎”，称己儿子说“犬子”，称人女儿说“令爱”，称己女儿说“小女”，向人祝贺说“恭喜”，求人看稿说“斧正”，求人解答用“请问”，请人指点用“赐教”，宾客来到用“光临”，归还物件叫“奉还”。

三、接待——热诚亲切、宾至如归

“有朋自远方来，不亦乐乎？”在我们的家中，经常会有亲戚、同学或父母同事前来做客。偶尔，教师也有可能前来家访。青年人作为家庭中的一名小主人，我们有义务接待好每位客人。

1. 洒扫庭院，以迎宾客

（1）如果客人是初次前来，应提前告诉对方自己家的详细地址及显著标志。

（2）给客人最好的见面礼就是一个卫生、整洁、清爽的居家环境。客厅要井然有序，各类物品摆放好，桌椅沙发等上面无杂物。如果来的是关系比较近、较熟悉的客人，有可能参观其他房间，要把自己的房间整理好。

（3）茶水、饮料、糖果、水果、香烟等，应在客人到来之前摆放好。

（4）如果来访的是教师等重要客人，无论来过多少次，家长和孩子都应在门外迎候，或提前10分钟到达事先约定好的公交车站、地铁站或路口迎接。

（5）客人到来时，无论是大主人还是小主人，都要精神焕发，仪表整洁，衣饰大方得体，既表明自己“郑重其事”，也是对客人的尊重。

（6）客人进屋时，如客人需要换拖鞋、脱帽子和长外衣等，要给予必要的协助。如不需要客人更换拖鞋，应提前告知：“我家不用换鞋，直接进屋坐吧。”

（7）客人进屋后，要为客人指定座位或请客人随意就座。指定座位以面门背墙位尊，沙发优于椅子，单人沙发优于长沙发。如果主宾已经随意就座，不必强求主宾换到尊位就座。

2. 为客敬茶，水温适宜

（1）对于前来的教师、年长的亲戚、父母的朋友同事等，为示尊敬，要为客人泡茶、敬茶。

（2）“浅茶满酒”，斟茶时，要掌握好茶水的量，三分之二为佳。

（3）对有杯耳的杯子，通常是用一只手握住杯耳，另一只手托住杯底，把茶杯递给客人。

（4）茶杯放在客人座位的右手边，杯耳朝右下方，以客人右手方便取用为宜。

（5）敬茶后，若是熟悉的客人，又想与之交谈，可以留下来，坐在一旁。若是自己不熟悉的客人，可在与大人、客人打过招呼后，回到自己的房间。如“叔叔，您请坐，我去写作业了。”

3. 倒水敬烟，亦有讲究

（1）为客人倒水前，应事先征询客人的意见：“老师，您是喝咖啡、可乐还是茶?”

（2）为多位客人倒水时，应由最尊贵的客人开始，逆时针进行；若客人随便就座，则顺时针进行。

（3）为吸烟的客人点火，应一个个点烟，打一次火点烟最多不可超过两人次。

4. 待客细节，一丝不苟

（1）会见客人过程时，中途离开是不礼貌的。如若接听电话或有其他事情要暂时离开，宜对客人说：“对不起，我马上回来。”或者对其他人说：“请帮我照顾一下客人。”

（2）主人当着客人的面收拾房间、清理物品、频频看表、寻找贵重物品、相互争吵等，都是对客人不礼貌的行为。

（3）若客人没有告别之意，主人不宜流露出送客之意。

（4）若客人没有马上离开的意思，而自己在下一时间段又另有其他安排，主人可以对客人如实说明情况："您这次来，我太高兴了。可不凑巧，我还有其他事情。下次，再请您来做客，好吗？"

5. **送别客人，挥手致意**

（1）客人即将离去时，大小主人都应该表示出依依惜别之意。

（2）客人告辞，一般应婉言相留，如说："叔叔（阿姨），多坐一会儿吧。"

（3）客人要走了，主人应待客人起身后，再起身相送。

（4）绝不可客人一说要走，主人就站起身来送客。

（5）若客人是带礼物来的，送客时，应再次表示谢意。

（6）送客时，一般要送到大门口或电梯口，最好等客人离开视线范围才回身。

（7）如果送爷爷奶奶、姥爷姥姥或老师等重要客人，要把他们送到公交车站、地铁站，目送其乘上公交车或地铁。

（8）即使不是自己的客人，如果自己在房间里，也应该出来送别。

6. **送别客人，不宜有三**

（1）若来访的是成年客人，不宜客人未伸手，主人就抢先"出手"。

（2）不宜客人一出门，就将房门重重地用力关上。

（3）在客人进入的电梯尚未关闭，或其乘坐的交通工具未离去时，不宜转身就走。

四、做客——登门拜访、礼貌之宾

"无事不登三宝殿。"很多时候，我们也要去亲朋好友、同学、同事、领导家做客，懂得做客礼仪是非常必要的。

1. **有约在先，有礼之宾**

（1）在去别人家做客之前，应该用电话或短信等与对方做好沟通，告诉对方自己为什么拜访，准备何时前往拜访等，以利于主人安排时间和准备接待。

（2）电话预约宜先自报家门，再询问对方是否有时间或何时方便可以接受拜访。

（3）接着提出访问的内容。

（4）通话结束时，再次对对方表示感谢。

2. **约定时间，准时到达**

（1）约定到访的具体时间与停留的具体时间长度，最好提出多个选择方案。

（2）对主人提出的具体时间，给予优先考虑。

（3）要避开常规的用餐和午休时间，晚上不宜过晚拜访。

（4）要避开主人工作极为忙碌的时间。

（5）如果因急事或无法预约而直接拜访，应向主人致歉并说明原因。

3. **得体赴约，失约道歉**

（1）到别人家做客应仪容整洁，穿戴整齐，仪表大方，鞋体干净无异味。

（2）女生去拜访男教师，不宜穿薄、露、透、短的衣服。

（3）前往亲朋好友家，宜为对方带一点小礼物。

（4）约定拜访时间后，必须认真加以遵守，准时到达事先约定的拜访地点。若提前到达，会让主人措手不及。若延迟到达，会让主人望眼欲穿，也显得自己缺乏诚意和尊重。

（5）如果提前到达约会地点，宜先在附近等候一会儿，比约定时间提前两三分钟再进去。

（6）如果路途交通不顺畅，难以准时到达，宜尽早通知对方，使其心里有所准备。

（7）万一有特殊原因，需要取消拜访，应当尽快打电话通知对方，不要若无其事，让对方空等。

（8）若取消此次拜访，在下次与对方见面时，最好再次向对方表示歉意，并说明一下上次失约的具体原因，以避免对方产生误会。

提示▶到别人家做客，一定要穿无洞、无味的袜子。否则，一旦进门后需要换拖鞋，可能就当众出丑了。

4．敲门宜轻，响铃宜短

（1）至门前，应先轻声敲门或按门铃，自报家门。敲门或按门铃应注意礼貌，不要因声音太长或太响而惊吓到室内的老人、婴儿或正在工作、休息的人。

（2）敲门时，宜用食指轻轻叩击，力度适中；间隔有序，三下为宜。

（3）按门铃时，铃响两三声即可，切不可长按不放，铃响不止。

（4）敲门或按门铃后，宜耐心等待片刻。

（5）如果数五个数后，室内仍无应声，可重按或敲门一次。

（6）待室内传来“请进”声时，才可推门而进。

（7）如果进门时，门是关着的，应在进门后，随手将门重新关好。

5．宾主初见，施礼问候

（1）应邀进屋后，应向室内所有认识的人打招呼，并向陌生人点头致意。

（2）当对方有意握手时，宜主动趋前握住对方的手。当对方无意握手时，不宜主动伸手与对方相握。

（3）假如与对方是第一次见面，宜略做自我介绍。

（4）进屋后，应脱下帽子、大衣、围巾，摘下墨镜，连同提包、雨具等物在主人的帮助下放到适当的地方。

（5）所携带的小礼物在进门之初即向主人奉上。

6．应邀就座，客随主便

（1）主人请入座，要口称“谢谢”，按主人指引的座位采用规矩的礼仪坐姿坐下。

（2）若主人尚未入座，客人不宜随便坐下。

（3）如果主人是长辈或领导，主人不坐，自已也不能先坐。

（4）与他人同时进屋，宜互相谦让，最好与其他人尤其是主人一同落座。

（5）若携带较大的书包、手袋，宜在就座前将其放在右手下面的地板上。

（6）落座之后，趁主人端茶倒水之际，将手机关闭或调至振动静音状态，以避免突然打来的电话影响了双方交谈的兴趣，也避免主人误以为客人心不在焉。

7．主人款待，适当客气

（1）若主人款待客人，客人应表示感谢，如“谢谢！别忙了。”“别太客气了。”

（2）主人敬茶水时，客人要欠身双手相接并表示谢意。

(3) 做客过程中，主人招待的茶水应喝净；若瓶装水喝不完，临走时应随手带走。

(4) 主人招待的水果、点心等应稍加品尝。

(5) 若应邀在主人家吃饭，应首先请主人与长辈一同进餐；主人不动筷，客人不宜先动筷。

(6) 进餐时，注意礼貌；聆听别人讲话时，暂时放下餐具。

(7) 饭后宜向主人恰当地表示谢意。

8. **礼貌交谈，尊重为要**

(1) 若对方是长辈、教师或领导，在他讲话时不宜随便插话，更不可自以为是。

(2) 如果主人接听电话或临时走开，宜耐心等待，可欣赏室内摆设或墙上字画。

(3) 若主人有兴致带客人参观其“得意之作”，客人宜表现出浓厚兴趣并加以真心赞美。

(4) 未经主人允许，不在其室内任意“参观”，不乱动、乱拿、乱翻主人的个人物品。

(5) 若有紧急电话需要接听，宜先对主人说“抱歉，我先接个电话”。

(6) 简短接听完电话后，宜将手机放回包内，并对主人再次致歉。

提示▶在别人家里做客，未经主人邀请，不宜到处参观。

9. **主动告辞，见好就收**

(1) 拜访停留的时间不宜过长，特别是临近休息、下班或者晚上，以免影响主人及其家人休息。

(2) 如果与主人事先约好会见的时间长度，应谨记在心，认真遵守，到约定时间准时告辞。

(3) 初次拜访不宜超过半个小时。重访时间宜控制在一小时之内。

(4) 如果主人工作很忙，宜在自己主要事情办完或主要话题讲完时及时告辞。

(5) 如果主人频繁看表或主人及其他人频繁进出，表明主人可能还有其他安排，宜尽早告辞。

(6) 如果还有其他人到访，应适当缩减停留时间。

10. **告辞之辞，运用恰当**

(1) 起身告辞时，要向主人表达谢意或歉意：“谢谢!”“打扰了!”“添麻烦了!”

(2) 若想表示此次很有收获，可说“听君一席话，胜读十年书”。

(3) 若想表示意犹未尽，还想再来，则说“有时间一定再来请教”。

(4) 如果是在主人家用餐，则说“谢谢您的盛情款待”。

(5) 对其他家庭成员或客人，也应致告别语，如“再见”。

(6) 当主人热情相送出门时，客人应回身主动伸手与主人握别，并说“请留步”。

(7) 若诚意邀请主人及其家人到自己家里做客，则说“有空到我那儿坐一坐”。

五、交谈——坦诚沟通、兼听则明

交谈是人们表达思想、交流信息、沟通感情、建立联系、消除隔阂、协调关系、促进合作的一个基本方式。

1. 相互唱和，不做主播

（1）交谈不仅仅是对语言的组织和运用，其关键在于懂得交谈的礼仪，即把握谈话的基本要求、通则和礼貌举止，注意交谈对象和话题的选择。

（2）与人交谈时，倾听为上，注意心灵的沟通，给予对方亲切的眼神，使其感受到真诚的鼓励或赞许，从而自然而然地赢得对方好感。

（3）谈话中，少用“我”，多用“我们”。以拉近与对方的距离，使对方产生亲切感。

（4）在对方说话时，听者宜专心倾听，且边听边点头、微笑、注视着对方。

（5）若能多加附和，伴以“哦”“是”“对”“不错”“我也有同感”等会引起对方更大的谈话兴趣。

（6）交谈过程中，宜对对方的所为给予一定程度的赞美，如“这事你做得很对!”“你这个想法不错!”“哦，你真的很不简单!”

2. 交谈避讳，慎加小心

在交谈中，除避讳一些有可能涉及个人隐私的话题外，还要注意自身的形象避讳，否则也可能导致对方的误会和双方的不愉快。

（1）少用方言。过多使用方言，会使对于方言不太熟悉的人有被冷落漠视或屏蔽之感。

（2）少用外文。在谈话中，过多地用外文或外来语，会给人以卖弄之感。

（3）少与其他人窃窃私语。两三人的窃窃私语，会使其他人误以为在议论自己，从而造成双方的不愉快。

（4）少做不相关的肢体动作。交谈时，剪指甲、玩弄手指、不停地扭动身体，时而起来时而坐下，都给人以不耐烦的感觉。

（5）少盘问对方。连珠式发问，不停地向对方问问题，使对方难以应付。

3. 不受欢迎，十张大嘴

（1）“闭嘴”。又称冷场。交谈中，若一方沉默寡言，一言不发，必然导致说话一方兴趣索然。这种情况的发生，既可能是因为性格内向，也可能是自卑使然。

（2）“插嘴”。别人说话时乱插话，随便打断对方，不注意场合和礼貌。

（3）“杂嘴”。用语不标准，不规范。英语、方言、网络语言一起用，别人听不懂，猜不透。

（4）“脏嘴”。脏话不离嘴，嘴不离脏话。

（5）“荤嘴”。丑闻常挂嘴边。

（6）“油嘴”。要区分油滑与幽默。

（7）“贫嘴”。多废话，乱开玩笑。

（8）“犟嘴”。喜欢争辩，强词夺理，又叫“抬杠”和“较真”。是指在交谈中，喜欢跟别人进行争辩。

（9）“刀子嘴”。说话尖酸刻薄，恶语伤人。

（10）“飞信嘴”。爱传闲话，搬弄是非。如“某某男生跟某某女生谈恋爱了”，“他们两个闹矛盾了”。

■拓展阅读

交谈中八个莫问

在现代社会，每个人都有不希望别人知道的隐私。个人隐私，主要包括收入、财产、首饰的价格、年龄、家庭地址及电话、婚姻状况、家庭纠纷等。属于个人隐私的问题，当事人不希望别人了解过多。我们应该记住交谈当中的“八个莫问”。

欣赏物品，莫问价格；情同手足，莫问工资。
问候致意，莫问吃饭；初次见面，莫问学历。
敬老尊贤，莫问年龄；与人约会，莫问住处。
与人为友，莫问婚姻；关心他人，莫问健康。

六、礼物——来而有往、勿计轻重

“礼尚往来”是人际交往的一个基本原则。“来而无往，非礼也。”有来有往，是人之常情。亲朋好友之间送些小礼物是不可避免的。选择礼品时，要了解对方的职业、性格、爱好、习惯、民族和宗教禁忌，投其所好。

1. **一选礼物，情深义重**

(1)“千里送鹅毛，礼轻情义重。”情义是无价的，情义是无法用金钱来衡量的。

(2) 并非是价值越昂贵的礼品所表达的送礼者的情意就越深厚。

(3) 送礼要与受礼者的经济状况相适合，若受礼者的经济能力有限，当接到一份过于贵重的礼品时，其心理负担一定会大于受礼时的喜悦。

(4) 昂贵的厚礼会让人有以礼代贿的嫌疑，不但加重了对方接受这份礼品的心理压力，也失去了平等交流的意义。

2. **二选礼物，新颖独创**

(1) 选择礼品，应精心构思，匠心独运，富于创意，力求使之新、奇、特，别致的礼品会令对方耳目一新，爱不释手。

(2) 赠送具有独创性的礼品给对方，会使人既兴奋又感动。

3. **三选礼物，潮流时尚**

(1) 礼品既要符合对方的需要和喜爱，又要兼具潮流时尚的特色。

(2) 精神型礼品受青睐已成为当今人际交往中的一道亮丽的风景线。从经济适用的物资型礼品向高雅、新潮的精神型礼品转化。比如，智力型——杂志、图书、各类教学音像、电脑软件等；娱乐型——唱片、激光影碟、体育比赛门票、音乐会门票等；祝贺型——鲜花、节日贺卡、各种礼仪电报等。

4. **选好礼物，精心包装**

(1) 在相赠之前，一般都应当认真进行包装。礼品包装就像穿了一件外衣，这样才能显得正式、高档，受赠者也会感到自己备受重视。

(2) 可用专门的包装纸包裹礼品或把礼品放入特制的盒子、瓶子里等。

5. **赠送礼物，表现大方**

(1) 现场赠送礼品，要神态自然，举止大方，表现得体。千万不要像做了“亏心事”，小里小气，手足无措。

（2）赠送礼品宜在会面之初。应起身站立，走近受赠者，双手将礼品递给对方。

（3）礼品通常应当亲自递到对方手中，不宜放下后由对方自取。

（4）若礼品过大，可由他人帮助递交，但赠送者本人最好要参与其事，援之以手。

6. 递交礼物，认真说明

（1）说明因何送礼。如若是生日礼物，可说“祝你生日快乐”。

（2）说明自己的态度。如“这是我为你精心挑选的”，“我知道你平时很喜欢这种款式（或色彩）的衣服”等。

（3）说明礼品的寓意，多讲吉祥话。

（4）说明礼品的用途，必要时可以给受礼者示范一下。

7. 受礼坦然，真诚致谢

（1）凡是送礼者都希望礼物能送出去并得到对方的欣赏。因此，在收到对方礼物时，不要轻易拒绝，要表现出欣喜且落落大方地收下，然后找适当的时机回赠给对方。

（2）一般情况下，对于对方真心赠送的礼物不能拒收，不必过多地说“受之有愧”之类的话。

（3）接受礼物时，宜用双手接过来，并说上感谢的话语。

（4）即使对方所送礼物不称心，也不可面露不悦。

8. 当面拆封，深表欣赏

（1）如果条件许可，在接受他人相赠的礼品后，可咨询对方是否可以打开，得到对方许可后，将礼品包装当场拆封。

（2）启封时，动作要舒缓得当，小心谨慎，不要急不可耐，乱扯、乱撕。

（3）礼品拆封后，要用适当的动作和语言，显示自己对礼品的欣赏之意。

（4）若客人送来的是鲜花，可将鲜花捧在面前闻闻花香，然后插入花瓶，并置放在醒目之处。

9. 拒礼有方，不伤面子

（1）有时候，出于种种原因，不能接受他人相赠的礼品。在拒绝时，要讲究方式方法、处处依礼而行，切忌令人难堪。

（2）使用委婉的、不失礼貌的语言，向赠送者暗示自己难以接受对方的好意。

（3）直截了当地向赠送者说明自己难以接受礼品的原因。

10. 适时回赠，勿欠人情

（1）礼尚往来。接受别人礼物之后，要寻找适当的机会予以回赠。如选择重要节日或对方生日。

（2）回赠礼物的价值宜比对方礼物价值略重一些。

七、电话——无线通联、声情并茂

电话是现代社会生活中最常用、最经济、最方便的通信工具；是无须见面，即可进行沟通、交流信息、联络感情的最重要手段。为了使通话更准确地传递信息，更好地赢得对方的好感和信赖，做到人未见、心已通。

1. **接听电话，三声铃内**

（1）电话铃声一旦响起，应在三声之内接起。

（2）若到父母单位去玩，父母办公室电话响起，不要代接。

（3）若因特殊情况在铃响多声后才接，须在通话之初向发话人表示歉意。如“真抱歉，让您久等了。刚才我正在地铁里。”“刚才我还没有下课。”

2. **应答有礼，面带微笑**

（1）无论在哪里接电话，都要仪态文雅、保持微笑，庄重，轻拿、轻放；声调适中，语气柔和沉稳。

（2）拿起电话后，先自报家门，如“您好！我是……”

（3）在接电话的同时，不能看报纸，不能与旁边的人打招呼、说话或小声议论某些问题。

（4）接电话的时候，若房内有人正在聊天，可先请他们停下来，然后再接电话。

（5）认真倾听对方的谈话，并做好记录，重要的时间、地点、数字要再次确认。

（6）当对方所询问的事情一时难以回答，可请对方留下电话号码，并确认其姓名和身份，告知其会尽快回电话给他。

（7）通话过程中，为了使对方知道自己一直在倾听或表示理解与同意，应适时地轻声说些“嗯”“对”“是”“好”之类的短语。

（8）通话完毕后，可以友好地询问对方或提醒对方：“您还有其他事情吗？”

（9）由发话方结束通话是电话的基本礼仪，只有当打电话的一方放下电话后，受话这一方才可以轻轻放下电话。

3. **通话同时，莫忘记录**

“好记性不如烂笔头。”在办公室接打电话时，要在手边准备好纸和笔，随手记录下来，以备事后查对或向他人转述。记录内容要点可归纳为“5W1H”。

（1）何时（When）：电话来自某日某时。

（2）何人（Who）：什么人打电话或要什么人做某事。

（3）何地（Where）：来自什么地方或去什么地方。

（4）何事（What）：因为什么事情或要做什么事情。

（5）为什么（Why）：目的是什么或想达到什么效果。

（6）如何进行（How）：具体做法或步骤如何。

4. **代接电话，轻声转告**

（1）电话铃响时，如果被找的人不在电话机旁，距电话机最近的人要主动代接电话，以避免错过重要电话或致使对方对本单位管理产生误会。

（2）如果对方要找的人就在身边，应告诉打电话者“请稍候”，然后，立即将电话转交给对方要找的人并轻声告诉他：“你的电话。”不宜当着话筒大声喊人。

（3）如果对方要找的人就在附近，宜告诉打电话者“请稍候，他（她）马上回来”，然后迅速过去寻找。

（4）如果对方要找的人已经外出，应在接电话之初立即相告，并适当表示自己可以“代为转告”或处理。

（5）如果对方要找的人不在，可征求对方意见：“方便留下您的姓名和联系方式吗?”待对方留下姓名或联系方式时，可说：“等他（她）回来时，我一定向他（她）转告。”

（6）对方如有留言，宜记录下来，并复述一次，以免有误。

（7）如果对方不方便告诉姓名和电话，切忌继续盘问。

5. **特殊电话，冷静处理**

（1）如果接到打错的电话，宜礼貌地向对方说明情况后挂断电话。

（2）如果接起电话时，听不到对方说话，也要礼貌耐心对待。

（3）对于恶意骚扰的电话，应简短处理，不要恶言相向。

6. **拨打电话，慎选时间**

（1）除有重要电话必须立即通告外，不要在对方休息、用餐的时间打电话。

（2）给海外人士打电话，先要了解对方的时差。

（3）每次通话时间长度应遵循“三分钟原则”，即发话人将通话时间限定在 3 分钟之内。

7. **通话有礼，问候在先**

（1）电话接通后，先亲切自然地向对方问候一声“您好”。

（2）如果跟对方不很熟悉或拨打的是非私人电话，一定要先确认对方的身份。

（3）确认完对方身份后，即自报家门，并询问对方当时是否方便通话。

（4）倘若对方不方便接听电话，可另外约一个时间，届时再把电话打过去。

（5）在他人上班时间内，不宜为了私人事情而长时间通话以免妨碍对方处理公务。

8. **直入主题，内容简练**

（1）在与对方不很熟悉的情况下，切忌与对方绕弯子、套近乎，不但浪费对方的时间，更浪费自己的时间。

（2）重要通话前，应做好充分准备，最好将要讲的事情列出“清单”。

（3）问候完对方后，应立即直言主题。讲完要讲的话，应尽早礼貌地结束通话。

9. **使用手机，顾此失彼**

（1）在公共场所，尤其是开会、上课期间或与他人交谈时，宜将手机铃声调至振动状态。

（2）当有人打电话时，宜找相对安静的地方接听电话，并控制自己说话的音量。

（3）应避免在餐桌上、电梯间、图书馆、阅览室、医院等公共场所打电话。如有急事，应放低音量并使通话简短。

（4）手机铃声宜选择积极正面的铃声，切勿选择消极负面的铃声。

（5）在飞机飞行过程中，应按照相关要求，关闭手机。

八、电邮——瞬间通达、一键倾心

手机短信和电子邮件具有安全保密、容量大、收阅及时便捷等优势。发送手机短信和电子邮件要注意用语文明礼貌、内容简洁清晰。

1. **收发短信，及时准确**

（1）编写短信，首齐尾全；前有称呼，后有署名；关系不密，更不可省。如“尊敬的唐老师：您好！在教师节来临之际，祝您及师母工作顺利、健康幸福！您的学生：李欣。”

（2）各类祝福，温馨怡人；一来一往，心领神会；二来二往，则显烦琐。

（3）重要电话，不便直拨；短信预约，先问对方；对方无复，切勿轻举。

（4）收到短信，及时回复；若无回复，对方牵挂；回复过晚，说明情况。

（5）提醒对方，宜用短信；时间地点，一应俱全。

（6）在开会、听课或做客时，不宜频繁编写或翻看短信。

（7）发送短信，不宜时间太早或太晚，以免影响对方休息。

（8）不宜编写或转发内容不健康的短信。

2. 发送邮件，标题简明

发邮件时，应编写简明标题，使自己邮件的主要内容让对方一目了然，在不需要打开邮件时，已知道何人何事来信或发通知。邮件主题应有三要素：

（1）谁发给谁的邮件，跟什么人有关？

（2）什么时间？什么地点？

（3）做什么事情？

3. 邮件称谓，亲切规矩

（1）称谓应在第一行顶格写，后加冒号，以示尊敬。

（2）称谓应遵循长幼有序、礼貌待人的原则。

（3）在称谓的后面，加“您好”或“你好”。

4. 邮件正文，简明扼要

（1）问候语要单独成行，以示礼貌。如“您好！”“近好！”“节日好！”

（2）若与对方较熟悉，可先询问对方近况或谈与对方有关的情况，以表示对对方的重视和关切。

（3）谈自己的事情和打算或回答对方的问题。

（4）简短地提出自己的希望、愿望等。

5. 邮件敬语，不可缺少

（1）写信人在邮件结束时向对方表达祝愿、勉慰之情的短语。

（2）多用“此致”“即颂”“顺祝”等词语，紧接正文末尾。

（3）下一行顶格处，用“敬礼”“安康”等词语呼应。

6. 邮件落款，清晰明了

（1）在信文的最后，写上写信人的姓名和写信日期。

（2）署名应写在敬语后另起一行靠右位置。

（3）写给不太熟悉的人，要署上全名以示庄重、严肃。

（4）写给亲朋好友，可只写名而不写姓。

（5）署名后可酌情加启禀词，对长辈用“奉”“拜上”等。

7. 邮件附件，不宜过大

（1）内容较多的文件可以做附件发送。

（2）附件容量不宜过大，尽可能用压缩文件。

（3）每一个附件都要标有完整的中文名称，以便对方阅读和保管。

（4）附件最好用通用格式，以免对方难以打开。

8．收到邮件，当即回复

（1）收到他人的邮件后，应当尽快给予回复，以免对方挂念。

（2）回复可以使用电邮也可以用手机短信。

（3）如果不能详尽答复，也可以先做简明回复。

■案例分析

3月10日，大学生张岚在网上向某公司发送了一封求职信及自己的《推荐书》，第二天她便去外地实习了。三天后，该公司人力资源部工作人员看到了张岚同学的应聘邮件，经审核觉得她比较适合应聘岗位，便在第二天通过网络给她回复了邮件，明确答复张岚同学已被录用，并要求她在三天内到公司报到上班。两周后，张岚实习回来，本想查看上次应聘邮件是否有回音。当她看到这家公司的回信时，便赶紧给人事部去了电话，对方告诉她，因为没有得到她的答复，以为她不再需要这个职务，于是录用了另外一名大学生。张岚放下电话，后悔不已。

提示▶这个案例告诉我们：网上应聘是件很严肃的事情，既然你想通过网络争取到某个职位，那么你就应当“把它当回事”，随时关注对方通过网络所做出的回应，这是十分重要的环节，稍有拖拉，便会优势丧失，前功尽弃，功亏一篑。

课堂内外

思考题

1．何为礼仪？礼仪的内容有哪些？

2．请列举身边的例子谈谈学习礼仪的重要性。

3．在校期间交友对象主要是同学，你认为同学之间结为好朋友，应当注意哪些礼仪？

4．你认为在21世纪的家庭中，还需要讲究那么多礼数吗？请检查一下，你在家的时候，家庭礼仪你是怎么做的？做得如何？

◎参考文献

[1] 金正昆．社交礼仪教程［M］．北京：中国人民大学出版社，2007.

[2] 李荣建，宋和平．礼仪训练［M］．武汉：华中科技大学出版社，2002.

[3] 黄玉萍，王丽娟．现代礼仪实务教程［M］．北京：北京交通大学出版社，2008.

[4] 王春芝．青少年礼仪［M］．广州：广东教育出版社，2011.

CHAPTER 08

专题八
青年的职业生活与职业发展

导言

青年的职业生活与职业发展，不仅是青年工作状态的重要体现，更是青年未来职业发展的潜在因素。青年阶段，是一个人全面发展的必经阶段，有着相对稳定的成长环节，也存在个性差异化的发展区别。因此，追求当代青年主体的全面发展，就需要科学地认识与引导，让广大青年群体更加深入地剖析自我，找准定位，趋利避害，做好规划。只有这样，才能让广大青年在未来的职业生涯中获取更多的成长空间，带来更多发展机会，稳步前进。

纵观当前社会，社会上也存在不少青年对于未来职业的期望值过高，且自我能力认识严重不足的现象，这都制约了青年人的职业生活与职业发展。为此，我们有必要一起探讨一下与青年群体成长成才息息相关的话题：职业生活和职业发展。

精彩故事

在非洲西撒哈拉沙漠深处,有一片与世隔绝的绿洲，当地人称为比赛尔。这儿的人没有一个走出过茫茫大漠，不是他们不愿意，而是无论他们怎么努力都没法走出去。19 世纪初，一个叫肯·莱文的西方探险家来到了这里，比赛尔人告诉他：从这里无论朝哪个方向走，最后都毫无例外地回到出发点。莱文当然不会相信什么宿命，他从比赛尔向北走，不到 10 天就走出了沙漠！为了弄明白比赛尔人为何走不出去，莱文回到比赛尔特意雇了一个当地人让他在前头带路，自己跟在后头走，并且将随身携带的指南针收起来。10 天过去了，走了近 1 000 里路，他们还在沙漠里头转，第 11 天的早晨两人居然转回了比赛尔村！莱文终于明白了，比赛尔人世世代代走不出大漠，是因为他们根本不认识北斗星！

在一望无际的沙漠里，一个人如果跟着感觉往前走，他会走出许许多多大小不一的圆圈，最后的足迹十有八九是一把卷尺的形状。比赛尔村处于浩瀚的沙漠中间，方圆上千公里没有一点参照物，若不认识北斗星又没有指南针，想走出沙漠，确实是不可能的。

这位与莱文一起配合的青年人就是阿古特尔。阿古特尔因此成为比赛尔的开拓者，后来，他的铜像被竖立在小城的中央。铜像的底座上刻着一行字：新生活是从从选定方向开始的。

◎总结：

这个故事告诉我们："新生活是从选定方向开始的。"

◎思考：

1. 你的生活目标选定了吗？
2. 你生活中的北斗星在哪里？
3. 如果你还没确定，那你就及早做出选择吧。

情景导入

一、班级调查

1. 你有听说过职业规划吗？
2. 你认为青年人的职业生活与职业发展重要吗？
3. 你有做过职业生涯规划吗？
4. 你对当前青年职业生活与发展规划辅导满意吗？

二、案例分析

【案例1】 在某一次对北京人文经济类综合性重点大学的205位大学生的调查中显示，大部分学生没有做过职业规划。对自己将来如何一步步晋升、发展没有设计的占62.2%；有设计的占32.8%，而其中有明确设计的仅占4.9%。在求学期间，大学生对自己的发展规划并不明确，不能运用职业设计理论，规划未来的工作与人生发展方向，这种情况严重影响了学生的提前准备和准确定位，甚至影响对工作的适应性。这样导致的后果就是找工作比较随意，目的性不强，哪儿热闹就往哪儿挤。到了企业以后喜欢怨天尤人，对将要遭遇的种种困难没有心理准备，工作流动性大，这对个人和企业的长远发展都十分不利。

【案例2】 某年辽宁省的人才市场测评结果显示：89%的大学生表示自己两年之内要做主管，5年后成为部门总监；71%的同学说，35岁之前要成为年薪50万～100万元的职业经理人，当一名叱咤风云的"金领"。

◎问题：

结合案例和自身情况，思考当前青年大学生对职业生涯的规划存在哪些不足？

探求新知

古人云："凡事预则立，不预则废。"一个人在社会舞台上的职业角色如何扮演，要过怎么样的生活，其实是可以把握的，其根本在于要做好规划。职业生涯规划作为个人职业生活和职业发展的蓝图，对职业人的事业发展有着重要的指导意义。因此，职业生涯规划可以有效帮助青年明确职业发展，使青年人了解自我、了解职业，确立自己的职业理想，逐渐形成职业发展规划，确定人生不同阶段的职业目标及其对应的生活模式。

第一节 职业的意义与发展趋势

一、职业的定义

在"职业"一词中，"职"的原意是职务、职位的意思；"业"的原意是事业、事情的意思。前者是一种社会符号，因为事业和事情代表着社会组织中的分工和地位；后者是一种个人符号，因为事业和事情代表着个人所从事工作的内容和方式。"职业"这两个字合起来，其实就是指个人在社会上特定位置所从事特定工作的意思。它作为个人与社会互动的结合点，反映着个人与社会两个方面的内容，这是职业最原初、最基本的含义。

职业存在于社会分工之中，是人类社会发展到一定阶段，出现了社会分工后的产物。在不同的工作性质的岗位上，人们从事的工作目标、内容、方式与场所也有很大的差别，也就是说，人们的社会角色是不一样的。一定的社会分工或社会角色的持续实现，就形成职业。

但是，不同的主体、不同的时代都会对职业有不同的看法和认识。例如，低薪族认为职业是赚钱养家糊口的一种方式，高层白领成功人士则认为职业是人生价值体现的象征等。一般情况下，人们普遍认为职业是人们社会生活中所从事的以获得物质报酬作为主要生活来源的工作，并且是能够满足自己精神需求、在社会分工中具有专门技能的工作，通常也称为工作岗位。职业主要具备以下四个条件。

（1）强调社会分工，这与人类的需求和职业结构相关。

（2）强调利用专门的知识和技能，这与职业的内在属性相关。

（3）强调创造物质财富和精神财富，获得合理报酬，这与社会伦理相关。

（4）强调物质生活来源，并满足精神生活，这与个人生活相关。

因此，从事职业研究的理论工作者们认为，职业是指人们为谋生和发展而从事的相对稳定、有经济收入、有特定类别的社会劳动。这种社会劳动决定于社会分工，并要求劳动者具备一定的生活素养和职业技能，能创造物质财富、精神财富。这种社会劳动是人们的生活方式、经济状况、教育程度、行为模式和道德情操等的综合反映及权利、义务、职责的具体体现。

二、职业的意义

职业在实质上实现了劳动者与生产资料的结合，体现了人与人的社会关系。人们通过每一种职业不仅满足了自身的需要，而且通过各自劳动成果的交换，也满足了彼此的需要。因此，职业及职业活动无论是对个人还是社会都有着非常重要的意义。

（一）职业对个人的意义

一个人的职业选择是否合适，对其一生能否顺利发展具有重要的意义。主要表现在以下几方面。

第一，职业是个人谋生的手段，个人通过职业实现个人和家庭生存的需要。解决好就业问题，是个人安身立命之本，是个人根本的需要。

第二，职业使人获得对社会、行业、集体、单位的归属感，提供一个最普通的社交场所，满足人们对归属和爱的需要。个人的价值必须通过社会职业才能表现出来，择业的成功和职业上的成就，能够满足人们实现社会价值的需要，使其成为在社会中有所作为的人，满足其受到社会尊重的愿望。

第三，职业是促进个性发展的手段。世界上没有完全相同的人，这种个体差异有先天的生理和心理上的差异，更重要的是由后天环境、教育、机遇特别是职业所形成的，比如，军人、教师、艺术家等不同职业的人各有特质。人们可以通过对职业的选择，发挥自己的特长，满足自己的兴趣，实现自己的理想，满足展示个性的需要。同时人们根据社会发展和职业的需求，不断地完善自我，促进自身的全面发展。

（二）职业对社会的意义

职业一旦产生就成为社会中的独立存在，成为人们认识、选择、从事和发展的对象。即职业和职业活动构成了人类社会生活，它是社会存在和发展的基础。因此，职业具有重大的社会意义，其意义和作用在于以下两个方面。

1. 职业能够促进社会的发展

第一，职业的存在和职业活动构成了人类社会的存在和社会的基本框架，通过职业劳动，生产出社会物质财富和精神财富，构成了社会发展的基础。

第二，职业作为一种社会存在，职业分工及其结构是社会经济制度与社会经济结构的重要部分，是构成社会经济制度及其运行的重要组成部分，也是社会经济发展水平的反映。

第三，职业是随着社会经济的发展以及社会分工的细化而不断发展的，因此它的变化运动和新旧转换推动社会的发展。

第四，职业也是人的社会身份等级的体现。个人通过改善职业向上流动、与社会经济结构相联系的职业结构变动、不同职业阶层间的矛盾冲突也解决等，构成社会发展与社会进步的动力。此外，人们为了追求未来“好职业”而从事学习和人力投资更成为推动社会发展的巨大动力。

2. **职业能够维持社会稳定**

职业是人的重要的生活方式，安居乐业是人们的共同愿望。创造就业岗位、控制失业率，使无业者有业、有业者乐业，是政府的重要职能。那么，可以想见就业率低就会造成社会的不安定。从这个角度讲，职业就是维持社会稳定、实现社会控制、维持社会正常运转的重要手段。

三、职业规划与职业历程

职业规划，是指在对一个人职业生涯的主客观条件进行测定、分析、总结的基础上，对自己的兴趣、爱好、能力、特点等进行综合分析与权衡，结合时代特点，根据自己的职业倾向，确定其最佳的职业奋斗目标，并为实现这一目标做出行之有效的安排。目的是科学地解决遇到的个人职业难题，如择业困惑、求职受挫、改行忧虑、职业发展停滞等。

职业历程，是指一个人从初步就业到退休的整个职业发展过程。这一过程可能是连续不断的，也可能是间断的（中途下岗待业）。其发展主要有以下三个阶段。

（一）职业适应期

职业适应期包括：由非职业心理向职业心理的转换、组织内外环境的适应、业务知识和技能的熟悉。

（二）稳定发展时期

职业适应期结束后，相对稳定在一个职业单位，成为业务主管，逐步成为骨干或担任领导职务，这一时期即稳定发展时期。这个时期，个人的职业生活能力处于最强状态，是创造业绩、成就事业的黄金期。

（三）职业结束期

因年老体弱或其他原因丧失了职业能力或职业兴趣，从而结束职业。

职业规划是职业历程的基础，因为职业历程发展顺利与否，职业期间创造的社会财富多少、个人发展的方向和水平，都会因职业种类、从业地点和单位、担任职务的不同而显现出较大的个体差异性。为此，我们要非常重视对个体职业规划意识的培养，学会科学的分析方法。

四、职业的演变趋势

21 世纪将是高新技术产生发展的时代，新技术取代旧技术，新产品取代旧老产品，这是社会发展的趋势。当代职业发展就出现以下几种趋势。

（一）职业的种类大大增加

随着社会的发展以及技术发展的加快，职业种类增加也渐渐加快，当代新兴行业不断涌现，新的职业也大量出现。技术创新已成为经济发展的决定性因素，在发达国家生产技术每年淘汰率高达20%，技术平均寿命只有5年。因此，新旧职业更替的速度加快。1982年我国第三次人口普查使用的《职业分类标准》将职业划分为八大类、64个中类、301个小类；1993年劳动部发布的《中华人民共和国职业工种分类目录》将职业工种划分为46大类、4 700多个工种；1999年，劳动和社会保障部组织制定了《中华人民共和国职业分类大典》，将我国职业分为八大类、66个中类、413个小类、1 838个细类（职业）。当代社会分工的发展使得新职业种类不断涌现，许多国家发行的职业分类词典等出版物每隔一段时期就需要修改，有时甚至需要每年都修订。

（二）第三产业发展异军突起

目前，我国国民经济划分为三个产业，即第一产业、第二产业和第三产业。第三产业包括交通运输业、邮电通信业、商业、服务业、卫生、体育和文化艺术等。近20多年来，随着改革开放的不断深入，我国第一、第二产业的内外部环境发生了深刻的变化，使得第一、第二产业得到空前的发展，而第一、第二产业的发展必然会引起和促进第三产业的发展。由于第三产业与第一、第二产业有着相互作用、相互影响的关系，人们也越来越重视第三产业对第一、第二产业的促进作用，发展第三产业，以拉动和支持第一、第二产业的进一步发展，已成为我国产业结构调整的一个重要方面。随着科学技术水平的提高和产业结构的调整，第三产业在国民经济发展中所起的作用越来越大，如金融、商务、传播、物流、卫生、教育、旅游等。第三产业的发展可以为社会提供更多的空缺职位，为求职者提供更多的就业机会。第三产业就业人数不断增加，这是现代社会发展的大趋势。

（三）职业活动的内容不断以旧代新

同样的职业，时代不同，其技术方法、工作手段有着天壤之别。比如，工程设计绘图，过去用图板、丁字尺等，现代用CAD技术；机械加工，以前用普通车床，现在用数控车床；记者采访，以前用笔记录，现在用录音笔记录。又如，现在的会计职位，不但要求其任职者会打算盘，还要求他们会操作电脑；企业的产品推销员一般都需要做公关工作，其任职者必须具有一定的公关知识和技巧。这样的例子非常多，随着职业的演变，对从事职业人员的素质、技能要求也提高了。同时，由于社会劳动的不断机械化、自动化，劳动者的体力消耗越来越少，脑力劳动的消耗相对增加，出现了体力劳动脑力化的趋势。而体力劳动脑力化和专门职业化的发展，又会使得相应职业或职位的工作职责、工作行为、绩效标准、工作流程、工作条件和工作环境发生改变，进而也对任职者的自身条件（如知识、技能或其他个人特征）提出了更高的要求，而且，还要随外部环境的变化对这些要求不断做出调整。

（四）职业将向高科技化、智能化、专业化方向发展

21世纪，与高新技术有关的职业将得到发展。目前，得到世界各国公认并列入21世纪重点开发的技术领域有信息技术、航天技术、生物技术、新能源技术、新材料技术和海洋技术等领域。北美新创造的就业机会40%以上都是在软件、计算机、电信、医疗保

健和医学等行业内。而我国也在近年来兴建了一批高新技术产业开发区，出现了一批高新技术公司，建立了一批外资和中外合资高新技术企业。因而，在加快高新技术发展政策的实施过程中，与此有关的职业也将得到较快发展。

随着科学技术的发展，职业的专业化和复合化程度越来越高。美国劳工统计局经济学家克里斯蒂那·谢利预测：在未来10年中，在技术领域工作的大学毕业生人数将增加75%。我国的一些职业或职位对就业者的要求也不例外，特别是复合型的知识型人才将备受欢迎。

（五）职业的流动性增强

随着我国社会经济的发展，许多行业的从业人员的流动性越来越大，这已经成为我们时代的就业特点之一。由于经济水平的提高，人们对物质与精神文化的需求越来越大，进而促使越来越多的企业或新职业踊跃上市。而社会职业的不断增加，造成职业选择的机会增加，打破了职业的相对稳定性。同时，由于现代社会职业兴衰演化迅速，职业的更新速度不断加快，导致个人一生面临的职业变化也会越来越频繁。特别是工作不稳定或没有固定职业的人，如临时工人、兼职者以及不满足于现状的低薪工族或职员等，其工作岗位更容易变动。他们也许从一家企业转到另一家企业，从事相同工作性质的职业岗位或从事工作性质不同的职业岗位；也可能在同一公司里从事这一职位转到另一职位，改变其工作性质；也可能跨企业、跨行、跨职业岗位一起的。总之不管哪一种，其职业已经改变了。

第二节 影响青年职业生活与发展的因素

一、影响大学生职业生活与发展规划的因素

人一生的职业历程、成就有种种不同的可能，影响职业生涯的有个人素质、心理等主观方面的因素，也有社会环境、机遇等客观环境的因素和职业因素。因此，在进行职业生涯规划时，要考虑影响自己职业生涯的任何可能的因素。对还没有进入职业状态的大学生来说，进行职业生涯规划具有较大的不确定性，因此，更应该对以下因素加以认真考虑和分析。

（一）主观因素

主观方面的因素又称内因，是指大学生所持的观念和态度、自身的气质和所具有的条件等方面的因素。影响大学生职业生涯规划的个人因素很多，主要是价值观、性格、个人素质等因素。

1. 价值观因素

个人的职业价值观具有很强的导向作用，在人们选择的过程中起着评价标准的作用，

在人们的活动中起着支配和控制的作用。只有树立有益于社会、有益于人民的正确的人生价值观，才能够进一步做出正确的选择，否则，很有可能会误入歧途，在个人努力奋斗的过程中就得不到社会和他人的支持，注定会以失败而告终。

2. **性格因素**

“性格决定命运”这句话是有一定道理的。美国心理学家霍兰德经过十几年跨国研究，提出了职业人格理论。他认为人的性格大致可以划分为6种类型，这6种类型分别与六类职业一一对应，如果一个人具有一种性格类型，便易于对这一类职业产生兴趣，从而也适合于从事这种职业，这就是著名的六角型理论。

3. **个人素质因素**

大学生自身的素质对职业选择起着非常关键的作用。自身的素质主要是指大学生的政治思想道德、知识结构水平、能力素质和身心素质。一个人自身的素质水平，从根本上决定着个人的就业状况及职业岗位的层次水平。一般地说，自身素质高，可挑选的职业种类范围就广，机会就多，就业就顺利。

（二）客观因素

客观方面的因素，一般是指大学生自身所处的外界环境方面的因素，主要包括环境因素和职业因素。

1. **环境因素**

影响大学生职业生涯规划的客观环境因素主要包括社会环境因素、经济环境因素、组织环境因素和家庭环境因素。

（1）社会环境因素。

人脱离不了社会，因此，对社会环境因素进行了解和分析，也是职业生涯规划的重要内容之一。通过对社会环境的分析，使自己了解国家政治和经济发展趋势，了解所选职业在未来社会环境中的地位，以及是否符合未来社会发展的趋势。

（2）经济环境因素。

经济环境分析主要包括：经济模式变化、经营环境变迁、经济国际化、经济增长率、经济景气度、经济建设速度等。分析的重点是经济环境变化对人才需求以及素质与能力提出的要求和挑战。

经济环境对大学生的职业生涯发展有一定的影响，诸如经济增长率、经济景气度、经济建设的重点转移等。当经济振兴时，百业待兴，新的行业不断出现，新的组织不断产生，机构增加，编制扩容，为大学生的就业及晋升创造了条件。反之，就带来不利条件。特别是经济模式的变化对大学生的影响力更大。比如，由过去的计划经济转为社会主义市场经济，加上知识经济社会的到来，无疑给人们的生活方式带来巨大的变化，这就对大学生的就业、发展和素质提出更高的要求。此外，国际化经营，经营贸易国界的消失，对大学生素质的要求越来越高。它要求经营人才不但精通专业技术与经营知识，还要精通外语、熟悉国际贸易法以及异国他乡的风俗习惯等。

（3）组织环境因素。

组织环境因素主要包括一个企业的文化、管理制度和领导者的素质和价值观。企业文化决定了一个企业如何看待它的员工，所以，员工的职业生涯，是受企业文化制约的；

员工的职业发展，归根到底要靠管理制度来保障，包括合理的培训制度、晋升制度、考核制度、奖惩制度等；一个企业的文化和管理风格与其管理者的素质和价值观有直接的关系，企业经营哲学往往就是企业家的经营哲学。如果企业领导者不重视员工的职业发展，这个企业的员工也就没有希望了。

(4) 家庭环境因素。

家庭是每个人人生的第一课堂。它是造就人的素质以至影响人的职业生涯的主要因素之一。人从幼年起，就会受到家庭的深刻和潜移默化的影响，导致其形成一定的价值观和行为模式。有的人还从家庭中自觉地获得某些职业知识和技能。一般而言，家庭对大学生职业生涯规划的影响因素有：家庭成员的社会关系，家庭成员对就业的态度和发展方向，家庭经济状况，所受的家庭教育，受家庭成员职业观影响的程度，家庭成员的工作性质和地位，家庭成员从事的职业类型，等等。其中，家庭教育、家庭经济状况、家庭职业观念对大学生生涯规划影响较为明显。另外，家庭成员往往会对在择业或就业的流动中的人给予一定的干预和影响，这也会对人的职业生涯规划产生很大的影响。

2. 职业因素

(1) 职业岗位的数量。

职业岗位的数量直接影响着大学生的职业生涯规划。一个国家或地区为求职者提供的职业岗位数量，从根本上取决于国家经济形势和区域经济发展的速度和水平，取决于技术设备的现代化水平。一般地讲，经济形势越好，反之，经济发展越迅速，所提供的就业岗位就越多，反之，经济发展落后或停滞，就难以为人们提供更多的可供选择的就业岗位。

自改革开放以来，随着经济的发展，我国在解决就业方面取得了瞩目的成就，城镇安置就业人数一直增加，但仍然不能缓解巨大的就业压力。我国的就业压力来自多方面的原因，特别是我国人口基数大，劳动力增长速度快，劳动力供给总体上供大于求，再加之结构性原因、技术性原因和体制性原因，进一步加大了就业压力。

由于每年新增就业人员和国有企业、政府机关事业单位下岗裁员等因素，就业形势十分严峻。这对大学生就业提出了很大的挑战，同时我国经济形势的发展也给大学生就业带来了机遇。

首先，加入世贸组织会带来职业岗位种类和数量的增加。自我国加入 WTO 后，经济逐步与世界经济形成一体化，一些产品连续加入世界竞争，对产品质量、产业结构提出了更高的要求，职业岗位也随之对劳动者的素质和技术提出了更高的要求。同时，随着对外贸易活动的频繁，境外业务往来增多，劳务输出、境外就业的数量将会大大增加。

其次，西部大开发战略的实施将吸引更多的人才。我国西部地域宽广、资源丰富、人口密度相对较小、技术力量缺乏，西部大开发战略的实施，为有志于在西部一展宏图的青年提供了广阔的事业天地。

再次，由科技发展引起的产业结构调整将为大学生提供更多的职业岗位。随着科学技术的迅速发展，我国产业结构将进一步调整，第三产业发展加快，与之相应的社会服务行业也会相继出现一系列新兴职业。随着知识经济的到来，计算机软件编程、操作、维修及信息管理和信息咨询等新技术也会扩大和增加。这些都将为大学生提供更多的职业岗位。

（2）职业地位和职业声望。

职业地位和职业声望也是影响大学生职业生涯规划的一个重要因素。职业地位就是指职业在社会、在职业体系中的位置；职业地位与职业声望是密切相关的，一般认为职业地位与职业声望是人们的一种主观感受。但有时两者又不是一致的，有时职业虽然有较高的声望，但实际社会地位并不高，而有的实际有较高的社会地位，但社会声望并不高。因此，大学生在进行职业生涯规划时要对择业单位的社会地位和声望做具体分析，不切实际的期望值不要过高，否则就会影响就业。

二、职业规划的常用分析法

（一）SWOT 模型分析法

S—Strength，强项、优势；

W—Weakness，弱项、劣势；

O—Opportunity，机会、机遇；

T—Threat，挑战、对手。

解释：S + W，主要用来分析内部条件；

　　　O + T，主要用来分析外部条件。

■案例分析

个人背景：基本情况：××，男，1996 年出生，2014 年 9 月考入广东××职业学院财经系，国际贸易专业，现读大二，英语六级水平，想从事专业相关工作。

1．项目分析内部环境——S + W

Strength 强项：

（1）生活态度比较积极，善于发现事物和环境积极的一面。

（2）待人真诚，放得开，并乐于与人交往和沟通，善于开导别人。

（3）喜欢思考问题，有一定的分析能力，并有寻根究底的兴趣，一定要将事情想清楚。

（4）有责任心、爱心，并且喜欢做相关的工作。

（5）做事比较认真、踏实，有浓厚的学习兴趣和一定的实力，比如英语方面。

（6）心思细腻，考虑问题比较细致。

（7）逻辑性和条理性较好，有一定的书面表达能力。

Weakness 弱项：

（1）竞争意识不强，对环境资源的利用不够主动，也就是与环境的交互能力不够。

（2）口头表达有时过于细节化，不够简洁。

（3）做事不够果断，尤其事前做决定的时候老是犹豫不决。

（4）工作、学习有些保守，冒险精神不够，没有结合长远目标，并且创新能力有待提高。

（5）组织管理人员的能力和经验欠缺。

(6) 做事有时拖拉，不够雷厉风行。

2. 项目分析外部环境——O + T

Opportunity 机遇：

(1) 从专业方面来说，现在是一个信息爆炸的时代，各种渠道获得的各种类型的信息浩如烟海，对很多人来说，海量的信息只会让他们感到无所适从，而这也就产生了对于信息进行组织和管理使之有序化的需求，因此从大的环境来说，这个专业方向是很有发展前景的。

(2) 中国的国际化形势给个人也提供了更多的机会，可以在更宽广的舞台展现个人优势，比如英语作为国际交流的工具发挥的作用就很大。

(3) 广东××职业学院是广东省示范性高职院校，这个环境给他提供了很好的软硬件条件，有机会参与一些实践项目，学以致用，也可以积累更多的社会经验，同时有很多的机会与行业成功人士接触、交流、学习，提高自身素质。

(4) 身边有很多优秀的同学，有很多向他们学习的机会，并且有构建良好的人际关系的条件。

Threat 挑战：

(1) 国际化的环境同时也意味着国际范围的竞争和挑战，对个人的素质要求也就更高了，对英语来说，就不能只满足于读、听、写，表达能力也至关重要。

(2) 优秀的人很多，而机会不一定是均等的，这时就不单单是知识的比拼，更是对个人发现机会、展示自己并把握机会能力的考验。

个人运用 SWOT 分析法分析个人职业规划则是普遍有效的，它能帮助我们明确自身的优势和劣势，并思考未来的行动方向，仅仅了解自己和有一个行动方向显然是不够的。

(二)"5W"模型分析法

1. Who are you? 你是谁?
2. What you want? 你想干什么?
3. What can you do? 你能干什么?
4. What can support you? 环境支持或允许你干什么?
5. What you can be in the end? 你自己最终的职业目标是什么?

(三) PPDF (Personal Performance Development File) 模型分析法

1. 个人情况：个人简历、文化教育、学历情况、曾接受过的培训、工作经历、有成果的工作经历、以前的行为管理论述、评估小结。

2. 现在行为：现时工作情况、现时目标行为计划。

3. 未来的发展：发展行动计划、发展行动日志。

第三节

青年职业生活与职业发展规划的常见误区

一、急功近利

■案例分析

某学院艺术设计专业孟同学，去年刚上大一，因为父母希望他以后考研究生，所以双休日及寒暑假期间他每天都自学英语和政治，感觉和高中一样紧张，工作的事情从来不考虑，校园活动也不参加，社会实践更是没有，因为怕影响学习，平时和同学来往也不多。

孟同学为深造学业早做准备不是坏事，但不能因此而两耳不闻窗外事。首先，孟同学的目标不是出自自己的意愿。这与他年龄小、决定能力不强有关，但到了大三或大四，有了自己的意愿再想转就为时已晚。其次，即使以考研为目的，也不应该“一条腿走路”，毕竟早晚要就业，如果不提高自己的综合素质、适应社会的能力以及交际能力为主要目标，则也不要走另一个极端——旷课去打工。

二、准备不足

■案例分析

某学院一个一年级学生，辅导员问他：“有没有考虑或准备找工作的事?”他很无辜地说：“现在刚大一，忙什么找工作啊。最多我现在每学期把成绩考得好一点，多拿一点证书好了！找工作的事等到大三再开始准备就可以了啊!”

大学生就业往往在时间、实力和经验方面准备不足，他们常常认为找工作到大三或大四准备就可以了。其实对社会的认识、相关资料的搜集、能力的提高需要提早准备。实力准备不足表现为误认为看得见的准备（如证书、成绩单）比看不见的素质重要。其实单位看重的是个人长期积累的素质，如合作意识、沟通能力、自我认识等。经验准备不足表现为误认为有一些社会实践背景就可以帮助自己找到工作了。其实，经验的获得是需要长时间反复进行的，短时间的尝试不表示个人拥有有价值的经验。

三、认识自我的途径单一

根据以往同学们做的职业生涯规划，我们发现很多同学都是通过职业生涯测评来认识自己。殊不知除了通过测评外，认识自己可以通过周围熟悉自己的人对自己的评价来获得对自己比较客观的认识。应有现任教师的评价，尤其是辅导员的评价；同学的评价也很重要，尤其是朋友、室友的评价；父母、兄弟、姐妹、亲戚的评价也是必不可少的，可以采用面谈的方式或者问卷调查的方式来获得这些评价。大学生在制定职业生涯规划时需要与周围的朋友、家人和专家多沟通，以充分清晰地了解自己，并且听取他们的建议去反复修正规划，而不是仅凭自己一个人想出来的。

四、对行业、职位了解的途径单一

大部分同学主要通过互联网对行业、职业进行了解，认识途径单一。其实还可以通过多种途径，例如，浏览报纸、中文职业搜索引擎等媒体和网络，参加人才招聘会、行业展览会、专业协会，访谈已经毕业离校的师兄师姐、专业在职人员行业领军人物、资深职业生涯规划师和校友会以及参加实习，等等。

五、目标设定过于理想化

很多同学因缺乏对行业、职位详细信息的了解，体验不到真实的职业环境，目标的订立过于理想化，而具体行动计划又脱离实际。大部分同学的目标是今后成为社会精英，如总经理、董事长或其他高级管理人员等。职业规划中有远大的理想固然是好，但一味追求速成，会导致择业中眼高手低，结果反而是欲速则不达。学生最好根据自己的专业知识做出职业生涯规划，最重要的是抱着积极而又务实的心态，从底层做起逐渐积累经验。

六、计划可操作性不强

比如一些同学的专业是非师范类，但是受近年教师热的影响，把职业目标锁定在师范类的职位上；有些同学大学阶段的计划没有凸显达到该职位的社会实践和读书计划，大学毕业的计划只是对未来职业的各个岗位的具体描述，而且多是从互联网搜索得来的，没有请在职人员来描述职业的实际经历；有些同学的执行计划模糊不明确，虽然有社会实践和读书计划，但是并没有定出具体时间，没有确定的社会实践地点，也没有具体阅读书籍。

计划应分为总体计划和阶段性计划。总体计划是指一生总的职业目标；阶段性计划至少分为两大部分，一是在校期间的计划，另一部分是大学毕业后的计划。大学期间的计划应该具体详细，既要有年度计划，也要有学期计划；既要有月计划，也要有周计划，最好每天都要有计划。每天除了常规的学习外，应有自己的读书计划，还要计划好双休日应该怎样度过、如何安排勤工助学与学习的时间、寒假准备去哪家企业调研、暑假准备去哪家公司参加社会实践活动，等等。

计划中应包括提高学习和工作效率的措施以及计划遇到挫折的应对措施，还包括计划学习哪些专业知识、掌握哪些职业技能、提高哪些业务能力、采用什么方法来开发自己的潜能、如何提高自己的情商水平和如何坚持计划，等等。

阅读与思考

有一年，一群意气风发的天之骄子从美国哈佛大学毕业了，他们即将开始穿越各自的玉米地。他们的智力、学历、环境条件都相差无几。在临出校门时，哈佛大学对他们进行了一次关于人生目标的调查。结果如下：27%的人，没有目标；60%的人，目标模糊；10%的人，有清晰但比较短期的目标；3%的人，有清晰且长远的目标。

在往后的25年，哈佛大学再次对这群学生进行了跟踪调查。结果又是这样的：3%有清晰且长远目标的人，25年间他们朝着一个方向不懈努力，几乎都成为社会各界的成功人士，其中不乏行业领袖、社会精英；10%有清晰但比较短期目标的人，他们的短期目标不断地实现，成为各个领域中的专业人士，大都生活在社会的中上层；60%目标模糊的人，他们安稳地生活与工作，但都没有什么特别成绩，几乎都生活在社会的中下层；剩下的27%没有目标的人，他们的生活没有目标，过得很不如意，并且常常在抱怨他人、抱怨社会、抱怨这个"不肯给他们机会"的世界。

其实，他们之间的差别不在于学历、能力、环境，而在于是否有明确的目标和详细的规划……

◎思考：

1. 我们为什么要学习职业生活与职业发展规划？
2. 我们该如何提高职业生活与职业发展的科学性？

课堂内外

一、小测试

题目：职业生涯测试

目标：进一步强化相关职业需要的知识、技能和综合素质，然后根据自己的职业目标制订相应的学习和社会实践计划，不断提升自己的文化知识、职业技能、综合素质，为将来的职业发展奠定扎实的基础。

操作方法：利用互联网，通过"中国才储MBTI职业性格测试"等网站参加测评。

效果预期：有助于同学了解自己的个性、学习方式和职业爱好，了解哪些是适合自己的专业和职业方向，在现实型、研究型、艺术型、社会型、企业型、常规型等相应类别的职业中根据自己的兴趣爱好、人格特点、能力、价值观确立自己理想的职业目标，并给予较为正确的指导。

二、小游戏

题目：画出你的生命线

游戏说明：生命线，简单来说就是给自己的生命设定个期限，然后按照时间顺序来自由确定人生中的重大事件，画生命线的目的就是对自己的人生有所展望和安排，以增加人生的目的性和规划性，为实现人生目标打下基础。

具体操作：生命线的时间确定在于给自己的生命年限，最好以一段时间为一个单位，便于达成目标，但一定要有一条事业主线，否则就没有意义了。例如，你现在20岁，给自己生命线的终点定为70岁，那你就有50年的自由支配时间，你可以将20～24岁定为大学学习时期，25～27岁定为积累时间，28～30岁去某大型公司工作，35岁自己创业……

那么，这条线你打算怎么画呢？

我的生命线

起点 → 终点

签名：________

◎参考文献

[1] 陈梦薇. 生涯规划与职业发展［M］. 南京：东南大学出版社，2015.

[2] 万发瑞，袁剑锋. 大学生职业生涯与发展规划［M］. 北京：北京理工大学出版社，2012.

[3] 汤建彬. 大学生职业发展与就业指导丛书：大学生职业发展指导［M］. 北京：北京大学出版社，2011.

[4] 刘平青，陆云泉，等. 职业生涯与人生规划［M］. 北京：北京大学出版社，2014.

CHAPTER 09

专题九
青年领导力

导言

人类作为社会性群居动物，在漫长的发展过程中，为了达到共同目标，产生出了“首领”。尧、舜、禹作为历史上最早的“首领”，为中国人所熟知。在那个时代，领导者的产生采用“禅让制”，只有那些能够获得最多人拥护的人，才能成为集体的领导者。如今，虽然已经时代变迁，但领导者的内涵却依旧清晰：领导者正是那些能够让他人追随、拥护，带领他人走向最终目标的人。领导者的核心能力是领导力。曾任 Google、微软全球副总裁的李开复博士认为：领导力是一种有关前瞻与规划、沟通与协调、真诚与均衡的艺术。而这门艺术，在中国教育中是缺少的，大多数青年领导力的培养主要集中于社团、学生会、团委这三大机构，且缺乏统一、科学、全面的培养。所以，大学中的学生干部多为在高中阶段担任班干部职位的学生，而在高中阶段没有担任干部职位的学生则较少机会得到认可和信任。但实际上每一位青年身上都潜藏着领导力才能，需通过自我实践去挖掘、去感悟领导力，使领导力成为每位青年必备的能力之一。

精彩故事

众所周知，在美国，高校知名度是个备受社会瞩目的问题。这是因为美国高校对美国社会的影响力极大，而判断高校好坏的主要标准是看这所高校迄今为止培养出了多少位美国总统、诺贝尔奖获得者、著名企业领导者和其他社会名流。而耶鲁大学在这方面堪称最具实力的高校。

耶鲁大学是美国历史上成立的第三所大学。它有别其他研究型大学的一个显著特点是注重培养领袖。截至目前，耶鲁大学已经培养了 5 位美国领导。2004 年美国总统大选，4 名耶鲁校友——小布什、克里、迪安、利伯曼同时竞选总统，这是美国历史上头一遭。小布什的当选意味着另外一个惊人的奇迹：那一时期，美国连续三任总统（布什父子和克林顿）都出自耶鲁大学！耶鲁大学不仅培养了站在政治舞台上的人物，还培养了美国金融帝国的基础，所培养的美国大公司的领袖人物比其他任何大学都多，包括 533 位耶鲁毕业生曾任美国总统、副总统、国会议员或著名商业公司的领导者。除此以外，耶鲁的毕业生中还有 3 位诺贝尔物理奖、5 位诺贝尔化学奖、8 位诺贝尔文学奖和 80 位普利策新闻奖、格莱美奖等奖项的获奖者。耶鲁大学成为造就当今美国社会各个领域领袖的重要摇篮之一。

耶鲁大学为何能培养出如此多的领袖人物呢？是什么原因让耶鲁培养了如此多出色的政治家和科学家呢？独特的“领袖教育”是耶鲁大学的一大特色。从挑选学生开始，领导才能和潜力就被作为重要的标准；在教育中，领导学和领导艺术也总是被优先考虑。耶鲁吸引着极具潜力的学生，并自有一套极具耶鲁精神的、独特有效的领导力开发课程。这些造就领袖人物的开发课程包括：个人魅力训练、号召力训练、影响力训练、决策力训练、执行力训练、控制力训练、沟通力训练、意志力训练、洞察力训练、创新力训练。耶鲁大学独特的领导力开发训练，帮助学生们最大限度地发挥潜能，使他们成为世界各个方面的领袖人物。

耶鲁大学从不认为领袖是天生的，耶鲁大学强调领袖是可以培养的，耶鲁培养的学生也以他们的实践出色地做到了这一点，他们通过领导艺术、科学发明、思想智慧和艺术创造等丰富了美国和世界的生活。事实上，以耶鲁“领袖教育”为代表的大学生领导力开发已在美国等西方国家高校中广泛流行。

——选编自《耶鲁领袖训练大讲义》

◎总结：

这个故事告诉我们：“领导者并非天生的，每一个人都有可能成为领导者。”

◎思考：

1. 你对自己的人生有什么样的规划？青年领导力开发将在哪些方面有助于你未来规划的实现？

2. 对于大学生，你认为哪些领导素质是必需的？

情景导入

一、班级调查

1. 你记忆中最敬畏的领导者是谁？谁又是你当前生活中的领导者？

(1) 写出3个过去曾经在你梦想中闪现的领导者的名字。

(2) 写出3个当前生活中你尊重的领导者的名字。

2. 那些你过去记忆中的领导，经历了怎么样的成功与失败，又取得了什么样的成就？

3. 你的领导榜样让你对领导力形成了哪些认识？这些领导者的个性、人生观以及行动，对你的自我认识产生了怎样的影响？

二、案例分析

李开复在苹果公司工作时，有一段时间由于公司经营状况不佳，大家士气低落。这时，他看到了一个机遇：公司有许多很好的多媒体技术，但是因为没有用户界面设计领域的专家介入，这些技术无法形成简便、易用的软件产品。

于是，李开复写了一份题为《如何通过互动式多媒体再现苹果昔日辉煌》的报告。这份报告被送到多位副总裁手里，最后，他们决定采纳他的意见，发展简便、易用的多媒体软件，并且请他出任互动多媒体部门的总监。

多年以后，一位当年的上司见到李开复，深有感触地对他说："当时，看到你提交的报告，我们感到十分惊讶。以前，我们一直把你当作语音技术方面的专家，没想到你对公司战略的把握也这么在行。如果不是这份报告，公司很可能会错过在多媒体发展的机会，你不会有升任总监和副总裁的可能。今天，在 iPad 的成功里，也有不小的一部分要归功于你和你那份价值连城的报告。"

◎问题：

结合案例和自身情况，思考当你不在领导位置上时如何发挥自身的领导力？

探求新知

领导力无处不在，从商业与经济领域，到科技与文化领域，再到军事与政治领域，乃至团队或家庭里，领导力无处不体现着它深刻的影响，产生着巨大的价值。我们正站在一个由领导力主导的世界与时代，领导力成为千千万万身居管理岗位尤其是中高层管理岗位领导者们的重要诉求，也是大量身处职场的人员或自由职业者及学生们的发展诉求。彼得·德鲁克说过："世界上可能有天生的领导者，但可以依赖天资的人实在太少了。领导力应该是学来的，也是可以学到的。"因此，大学生可以通过领导力开发，提高自身的整体素质、综合能力，树立大局观念，促进上进心与竞争意识的形成，增强自信，敢于肯定自己，善于表现自己，发展出好的个性。

第一节 唤醒领导力

著名政治学家詹姆斯·麦格雷戈·伯恩斯在 1978 年出版的《领导力》一书已经成为领导力研究领域的经典。他在该书的开头就写道："领导力是世界上被人观察最多、却被人理解最少的现象之一。"有人统计，学者们对领导力至少给出了 350 个定义。如果一个现象有如此众多的定义，那么对它充满误解就不足为奇了。有人认为领导力是天生的，不可培养的。早期的领导特质理论认为领导者是天生的，不是后天生成的，他们身上的领导力也是与生俱来的特殊禀赋。事实上，在诸多以此为假设条件和进行的领导力特质研究均宣告失败后，人们逐渐意识到那些所谓的"原始"领导素质其实是可以通过后天学习得到的。对领导力最流行的误解，就是把领导力跟职位密切联系甚至等同起来。认为领导力等同于管理力。在实践活动中，领导与管理并不是泾渭分明的，两者的界限很模糊。比如一个公司领导的主要职责就是负责公司的整体运营，所以此时的领导者也是管理者。但当我们提到印度的圣雄甘地，或是美国的黑人民权运动领袖马丁·路德·金的时候，“领导就是管理”的提法就可能站不住脚了，因为这些领导者的力量主要源自其精神感召力和影响力，他们并没有直接参与一般意义上的“管理”。领导和管理有时可以互相通用，有时又泾渭分明，有时又呈相辅相成的关系。

一、领导力含义

领导力犹如人们对爱的定义一样，对每个人来说，领导力有不同的内涵。不同的学者对领导力的感悟也各不相同。虽然定义多种多样，出发点各不相同，但抛开它的精神层面，从诸多描述中仍然能找到一些相同的核心概念，如领导力就是一个过程，它是通过对他人施加影响，获得足够的信任，进一步赢得追随者，实现既定目标的能力。美国前总统艾森·豪威尔说过一句十分精辟易懂的话——“领导力是让下属做你期望实现，他本人又愿意做的事的一项艺术”。领导力在本质上是一种复合型能力，它由自我认知、自我管理、人际沟通、思维与决策等诸多能力构成。

在一般人看来，政府官员、企业领导、学生干部才应该是领导力开发的主要对象。对普通青年而言，除非以后立志当领导，否则有必要进行领导力开发吗?

（1）青年是祖国的未来、民族的希望，也是我们党的未来和希望。多元和变革的社会需要各个层面的领导者，青年作为未来领导人才的主要来源，每一个人都是潜在的领导者，因此需要对他们进行领导力开发。

（2）学生干部是以学生代表的身份在促进学校发展与稳定、服务学生成人成才等方面发挥着桥梁纽带的重要作用。

（3）学生领导力是一种影响力不是具有领导职务和权力，而是包括决策、沟通、协调、执行等多种素质与技能的综合实力。领导力所涵盖的每一种素质对一个人的自我发展都是至关重要的。

（4）青年领导力教育作为公民素质开发的一项内容，培养学生的领导力，不是要强化学生的“官本位”意识，而是要引导学生理解公民责任和参与，培养面向未来、全面发展的高质量社会人才。

二、领导力核心

领导不等于领导力，而领导力的实质就是影响力。影响力无处不在，政治家运用影响力赢得选举，企业家运用影响力赢得市场，明星运用影响力打动观众，推销员运用影响力成功销售产品，甚至我们的教师、朋友或家人也会在不知不觉中将影响力施加到我们的身上。当一个教师能够让一个不断抵抗、满心叛逆的学生心悦诚服地接受并积极完成学习任务时，这位教师就是在施展其影响力。当母亲让自己那原本散漫怠惰、抱怨不休的女儿快快乐乐地做家务时，这位母亲在发挥其影响力。有人说，领导者的影响力就其本质而言，更像是一种控制力。或者更准确地说，这种影响力是一种让人乐于接受的控制力；而对领导者们而言，影响力是他们的实力，是他们极其富于领导力的实力。

一个领导身居要职，高高在上，有组织赋予的权力，但是他有可能并没有影响力。领导者的影响力可以分为两个部分：权力性影响力和非权力性影响力。

1. **权力性影响力**

权力性影响力是一种强制性影响力，是指由法律规定、组织授予的各种职权、职位所体现的影响力，其特点是对别人的影响力带有强迫性、不可抗拒性。

构成权力性影响力的主要因素有传统因素、职位因素和资历因素。传统因素是人们对领导者的一种传统观念，人们认为领导者不同于普通人，他们有权力，有才干，比普通人强。这些观念逐步成为某种形式的社会规范，产生了对领导人的服从感。职位因素即领导者在组织中的职务和地位。居于领导地位的人有一定的法定权力，有了这种权力，就可以左右被领导者的处境，使被领导者产生一种敬畏感。资历因素即领导者的资格和经历，一般来说，资历较深的领导者都有相当的影响力，人们对资历较深的领导者产生敬重感。

2. **非权力性影响力**

非权力性影响力是一种自然性影响力，是指由领导者自身的品格、能力、素质等所体现的领导影响力。非权力性影响力强调的是顺从和依赖，而不是服从。从领导者的角度来说，非权力影响力具有很强的内在性；而从被领导者的角度来说，它具有很强的自愿性。

构成非权力性影响力的因素主要有品格因素、才智能力因素、知识因素和感情因素。品格因素是指一个人的道德、品行、人格、作风等，它是决定领导者影响力的根本因素。一个品德高尚的领导者会使人产生一种敬爱感。才智能力因素是指一个人的才能。有才能的领导者会给工作群体带来成功和希望，使人们对其产生一种敬佩感。知识因素是指一个人拥有的知识。有丰富知识的领导者会得到人们的尊重，也容易取得人们的信任，使人们对其产生一种信赖感。感情因素是人对客观事物好恶倾向的内在反映，领导者与被领导者之间建立了良好的感情关系，便能产生亲切感。

第二节 感悟领导力

领导力，这个拥有着丰富内涵、迷人魅力的概念，一直为人们所津津乐道，无数人也都渴望拥有领导力。那么，领导力究竟包含了哪些关键点呢？

一、领导力的构成

中国科学院课题组经过课题攻关，基于领导过程构建了领导力五力模型。领导力是支撑领导行为的各种领导能力的总称，其着力点是领导过程；换言之，领导力是为确保领导过程的顺利进行或者说领导目标的顺利实现服务的。基于领导过程进行分析，可以认为，领导者必须具备如下领导能力。

（1）对应于群体或组织目标的目标和战略制定能力（前瞻力）。

（2）对应于或来源于被领导者的能力，包括吸引被领导者的能力（感召力）及影响被领导者和情境的能力（影响力）。

（3）对应于群体或组织目标实现过程的能力，主要包括正确而果断决策的能力（决断力）和控制目标实现过程的能力（控制力）。

这5种关键的领导能力就构成了领导力五力模型（见图8－1）。

领导力五力模型中的5种领导能力对领导者而言都非常重要，但这些领导能力并不处于同一层面，在5种领导力中，感召力是最本色的领导能力，一个人如果没有坚定的信念、崇高的使命感、令人肃然起敬的道德修养、充沛的激情、宽厚的知识面、超人的能力和独特的个人形象，他就只能成为一个管理者而不能修炼为一个领导者。因此，感召力是处于顶层的领导能力。但是，一个领导者不能仅仅追求自己成为“完人”，领导者的天职是带领群体或组织实现其使命。这样就要求领导者能够看清组织的发展方向和路径，并能够通过影响被领导者实现团队的目标，就此而言，前瞻力和影响力是感召力的延伸或发展，是处于中间层面的领导能力。同时，领导者不能仅仅指明方向就万事大吉，在实现目标的过程中随时都会出现新的意想不到的危机和挑战，这就要求领导者具备超强的决断力和控制力，在重大危机关头能够果断决策、控制局面、力挽狂澜，也就是说，作为前瞻力和影响力的延伸和发展，决断力和控制力是处于实施层面的领导能力。

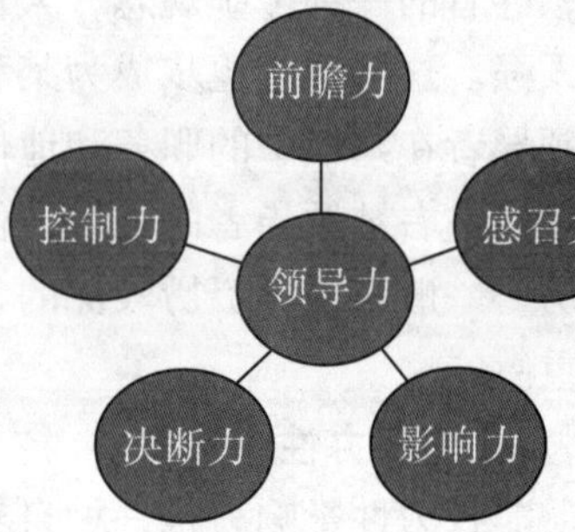

图8－1　领导力五力模型图

1. **感召力**

感召力是最本色的领导能力，领导学理论中最经典的特质论研究的核心主题就是感召力。在一个组织中，感召力是管理者改变和影响被管理者心理与行为的能力，它的最终目的是使被领导群体达到思想意识与行为准则的相对一致，形成统一的群体的目标与行动。感召力主要来自以下五个方面。

（1）具有坚定的信念和崇高的理想。

（2）具有高尚的人格和高度的自信。

（3）具有代表一个群体、组织、民族、国家或全人类的伦理价值观和臻于完善的修养。

（4）具有超越常人的大智慧和丰富曲折的阅历。

（5）不满足于现状，乐于挑战，对所从事的事业充满激情。

2. **前瞻力**

前瞻力从本质上讲是一种着眼未来、预测未来和把握未来的能力。具体分析，前瞻力的形成主要与下述因素有关。

（1）领导者和领导团队的领导理念。

（2）组织利益相关者的期望。

（3）组织的核心能力。

（4）组织所在行业的发展规律。

（5）组织所处的宏观环境的发展趋势。

3. 影响力

影响力是领导者积极主动地影响被领导者的能力，主要体现为以下几个方面。

（1）领导者对被领导者需求和动机的洞察与把握。

（2）领导者与被领导者之间建立的各种正式与非正式的关系。

（3）领导者平衡各种利益相关者特别是被领导者利益的行为与结果。

（4）领导者与被领导者进行沟通的方式、行为与效果。

（5）领导者拥有的各种能够有效影响被领导者的权力。

4. 决断力

决断力是针对战略实施中的各种问题和突发事件而进行快速和有效决策的能力，主要体现为以下几个方面。

（1）掌握和善于利用各种决策理论、决策方法和决策工具。

（2）具备快速和准确评价决策收益的能力。

（3）具备预见、评估、防范和化解风险的意识与能力。

（4）具有实现目标所需要的必不可少的资源。

（5）具备把握和利用最佳决策及其实施时机的能力。

5. 控制力

控制力是领导者有效控制组织的发展方向、战略实施过程和成效的能力，一般是通过下述方式来实现的。

（1）确立组织的价值观并使组织的所有成员接受这些价值观。

（2）制定规章制度等规范并通过法定力量保证组织成员遵守这些规范。

（3）任命和合理使用能够贯彻领导意图的干部来实现组织的分层控制。

（4）建立强大的信息力量以求了解和驾驭局势。

（5）控制和有效解决各种现实的和潜在的冲突以控制战略实施过程。

领导力五力模型是领导者领导能力的高度抽象，准确地说，领导力五力模型是作为领导学研究对象的一般领导者的领导能力的概括。在现实的领导实践中，只有杰出的领导者才能够在全部5种领导能力方面都达到极高的水准，真正实现领导者的全面发展。对大多数领导者而言，他们大都拥有全部5种领导能力，但他们的领导能力发展不够均衡，在某种或某几种领导能力方面存在薄弱环节，用管理学中的“木桶原理”来说明，也就是存在领导能力“短板”。如果不能够突破这些“短板”，从而实现领导能力的全面均衡发展，他们就较难驾驭和成功领导更大规模或更复杂的组织。

二、6种领导风格理论

著名情商大师丹尼尔·戈尔曼提出领导者的情商包括以下4个方面。

（1）自我意识。即了解自身情绪、情感和内心驱动力及对他人产生影响的能力，包括情感的自我认知、准确的自我评估和自信。

（2）自我调控。即控制或疏导负面情绪和破坏性冲动的能力，包括自我控制、适应能力、责任心、值得依赖、成就导向和开创性精神等。

（3）社会意识。即了解别人情感的能力，包括组织意识、服务导向和移情能力等，这里的移情能力是指理解他人立场和感受他人情感的能力。

(4) 关系管理。即影响别人情感的能力，包括想象力、影响力、沟通力、建立人际网络、激励他人、合作意识和团队精神等。

在情商研究的基础上，戈尔曼提出了6种基本的领导风格。

1. 远见型领导风格

远见型领导风格要求领导者动员组织成员为一个共同的想法和目标而共同努力。远见型领导的情商能力基础为自信、影响力、组织意识、移情能力等。

2. 关系型领导风格

关系型领导风格以人为中心，领导者十分关注员工的需求是否得到满足，他们会努力处理好与同事和下属员工的关系，并总是毫无例外地运用漂亮的词语对员工进行赞扬。关系型领导的情商能力基础为社会意识能力和关系管理能力，诸如沟通力、影响力、移情能力和人际关系能力等。

3. 民主型领导风格

民主型领导方式的中心在于通过组织成员的共同参与而达成一致。在这种领导风格下，领导者将下属视为与己平等的人，给予他们足够的尊重，善于倾听别人。民主型领导的情商能力基础为沟通力、合作意识、团队精神等。

4. 教练型领导者

教练型领导者通过积极培养和发展人才来增强组织能力。他们会帮助下属员工确定自己的优点、缺点、职业性向，并且将这些与员工的个人志向和职业发展联系起来。教练型领导的情商能力基础为自我意识、组织意识、移情能力等。

5. 示范型领导风格

示范型领导者期望通过自己的示范效应带动组织中其他成员改善绩效，他们往往会追求完美，树立极高的绩效标准并且会带头做出榜样。示范型领导的情商能力基础为自我控制、责任心、成就感、开创精神等。

6. 命令型领导风格

命令型领导风格是以领导者为中心，领导者往往单独做出决策，工作内容、资源的分配及组合也大多由领导者决定；而且，领导者往往要求下属员工立即服从，快速行动，而且不折不扣地依从。命令型领导的情商能力基础为自我控制、成就动机、开创精神等。

单一领导风格的领导者并不多见，大多数的领导者都是几种领导风格的综合体。单一领导风格的领导者也不是最好的，卓越的领导者应该掌握并能在不同的场合、不同的情境下针对不同的管理对象灵活运用多种领导风格。

三、领导力的5个层次

美国学者约翰·麦克斯韦尔将领导力分为了5个层次，分别是职位（position）、认同（permission）、生产（production）、立人（people development）和巅峰特质（pinnacle）。

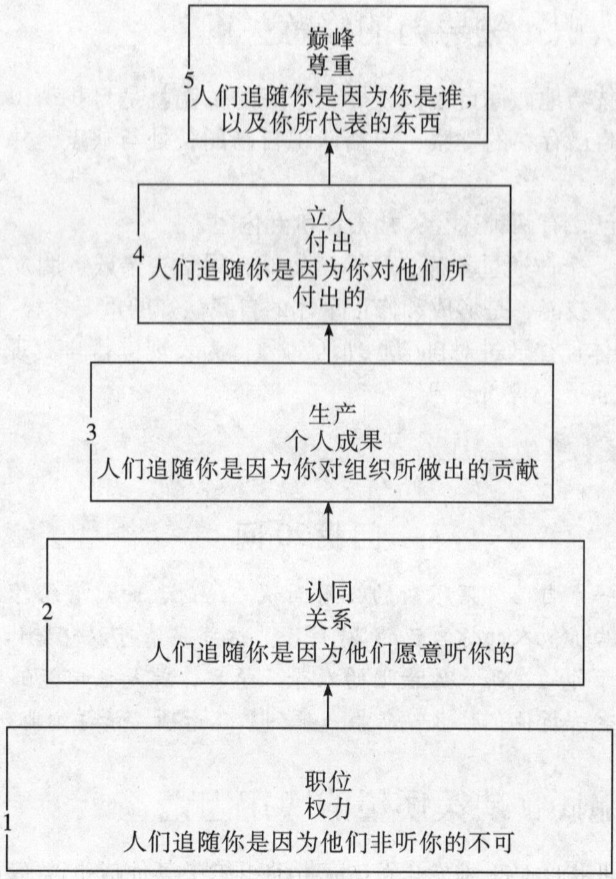

图 8－2 领导力的 5 个层次

第一层次：职位，依靠的是权力，人们追随你是因为他们非听你的不可。
第二层次：认同，依靠的是关系，人们追随你是因为他们愿意听你的。
第三层次：生产，依靠的是个人成果，人们追随你是因为你对组织所做出的贡献。
第四层次：立人，依靠的是付出，人们追随你是因为你对他们所付出的。
第五层次：巅峰，依靠的是尊重，人们追随你是因为你是谁，以及你所代表的东西。

第三节 提升领导力

对于“什么是领导力”这个问题，相信大家应该有了基础的认识。那我们又该如何提升我们自身的领导力呢？

一、自我认识：领导力的修炼关键

领导力就是有技巧地做你自己，领导力修炼的关键就是自我认识。自我认知也叫自我意识，是个体对自己存在的觉察，包括认识自己的长处与缺点，并对自己的行为进行自律和反省。

个体要认识自己，有两种途径：社会评价和内省。

（1）社会评价：个体通过教师、领导、父母、同学、亲戚、朋友或其他社会关系比较评价自己的能力、技能，是形成和修正个体的自我认知的重要途径。

（2）内省：个体往往通过对自己心理活动和行为表现进行自我观察、自我分析也就是"内省"来认识自己、评价自己。

■拓展阅读

问我20问

假设你来到了一家自己仰慕很久的公司面试。这时，面试官给你拿了一张表，这张表里包含了你可以告诉他人的你自己的20件事。这些事情可以包括你的个性、背景、生理特征、爱好、属于你的东西、你亲近的人等。总之，就是任何能够帮助他人了解你真实情况的东西。你会告诉他们什么？从第一项到第二十项，请详细地列出来。

二、思维品质：决策质量的决定因素

所谓思维品质，指的是思维发生、发展中所表现出来的个性差异。换句话说，它是个体在思维方式上所表现出来的相对稳定的倾向和习惯。良好的思维品质和科学的思维方式是促进科学决策的基础。对领导者来说，既要具备常规思维的基本素养，又要形成高于常人的特殊思维能力。领导者的思维品质可以概括为清晰性、周全性、预见性、变通性4个方面。

提升思维品质是一个需要不断学习和积累经验的过程，下面探讨一些基本的策略和方法。

（一）多维综合分析：提高思维的清晰性和周全性

始终把握思考要解决的问题，善于设计和控制思考角度的使用序列，从积极思维和风险评估两个角度进行综合分析。例如可以运用6顶思考帽法多角度分析问题，把思考的6个基本角度分别用6顶有颜色的帽子来代表：

（1）白帽——中性、客观——事实、数据、信息——信息搜索。

（2）绿帽——生命、生长——新想法、新方案、可能性——创新思维。

（3）黄帽——希望、光明——价值、利益、可行性——积极思维。

（4）黑帽——冷静、严肃——谨慎、风险、问题——风险评估。

（5）红帽——火焰、温暖——情绪、直觉和感情——感性看法。

（6）蓝帽——威严、包容——对思考过程的控制、协调——思维管理。

（二）高度决定视野：提高思维的预见性

1. 学习历史

通过阅读和学习，了解历史上类似事件发生、发展的规律。同时，要注意了解自己与同行的发展历程、经验和教训，来审视自己所处的历史方位。

2. 培养洞察力

这是一种由表及里、删繁就简、去伪存真，透过现象抓住事物发展规律的能力。这种能力既包括对事物现象的敏感性，也包括通过表面现象洞悉内在本质的能力。“一叶知秋”说的就是这种能力。这种洞察力，无论对短期预见还是长期预见，都很重要。

3. 掌握必要的思维工具

预见能力既可以在实践中积累和提升，也可以通过思维工具来训练。比如上面所说的6顶思考帽法中，在黄色帽子分析价值、利益和机遇时，可以按照即时、短期、中期和长期等时间段分析不同时期的价值和利益。

（三）再造“心智模式”：提高思维的变通性

一个领导者在长期的实践中，会形成一些特有的思维习惯和思维方式。彼得·圣吉把人们习惯性的价值观和思维方式称为“心智模式”。“心智模式”是根深蒂固于心中，影响我们如何了解这个世界，以及如何采取行动的许多假设、成见，或是图像、印象。那么如何提高思维模式的变通性呢？主要可以从以下方面进行努力。

1. 注意查找自身的思维缺陷

要反思自己习惯性的思维方式，特别注意查找针对新情况、新问题来说已经不适应的思维缺陷或障碍。

2. 学习新环境所需的思维方式

当遇到新的问题和环境时，要认真思考和学习新问题、新环境对思维的特定要求，对自己的思维方式做必要的调整，以适应新的形势和任务。

3. 反思简单化假设并加以更新

要在习惯性的思维方式背后发现隐藏着的简单化假设，然后分析这种假设与新环境、新形势的匹配程度。如果差异比较大，就必须建立新的假设。

4. 善于向他人“借脑”

作为长期形成的思维习惯，有时即使意识到它的局限性，也难以在具体情况下迅速改善。这就需要请其他人提醒自己，从他人身上取长补短。

三、与人合作：凝聚高效团队

成功的领导者总是通过合作来消除分歧、达成共识，建立一种互信的领导模式。孙权曰：“能用众力，则无敌于天下矣；能用众智，则无畏于圣人矣。”凝聚团队力量的方法主要有以下几种。

1. 打造团队愿景

愿景是勾画团队未来的一幅蓝图，它告诉团队“将来会怎么样”。团队愿景是团队存在的理由，也是团队运作的核心动力。愿景是发展团队合作的一面旗帜。团队愿景的实现关系到全体成员的利益，自然也是鼓舞大家斗志、协调大家行动的关键因素。

2. **培养团队合作**

团队领导者首先要带头鼓励合作而不是竞争。成功的领导者总是力求通过合作来消除分歧、达成共识，建立一种互信的领导模式。其次要建立长久的互动关系，就要创造一些持续的机会让团队成员融为一体，例如一起培训，一起组织竞赛，进行团队会议、激励活动，等等。再次，要强调长远的利益，不计较眼前的一些得失，才能主动合作达成愿景。

3. **提升团队士气**

因才施用，工作适合个人的能力和特长，为每个员工设定具体而恰当的目标，对完成了既定目标的员工进行奖励，使其不断受到激励。构建优秀的企业文化，使得员工树立共同的价值观念和行为准则，在公司内部形成强大的凝聚力和向心力，增强员工对企业的归属感和荣誉感。

四、跨界创新：引领领导力

跨界与创新的密切联系决定了跨界思维和创新领导力的密切联系。跨界领导思维力对创新领导力的推动作用主要表现为以下几个方面。

1. **跨界领导思维力推动领导思维创新**

跨界领导思维力在领导思维创新中起着重要作用。破除各种思维定式，扩展思维视角，帮助领导者确立审视自我与忧患意识。

2. **跨界领导思维力推动领导战略创新**

战略目标的创新，即战略意图和战略定位的创新。战略规划的创新，战略方针、步骤、重点和计划的创新。战略对策的创新，地区战略对策和组织（如企业）战略对策的创新。

3. **跨界领导思维力推动领导体制创新**

体制创新的前提，是理论创新和人的观念更新。制度贯彻、实施的首要条件是要有确立了新观念的人，一旦人的观念没有更新，不接受这种新制度，制度的创新得不到推广，就会流产。

创新领导力最终要落实到领导实践活动中，在落实创新领导力诸要素的过程中促成领导活动的创新。跨界领导行为执行力对创新领导力的推动作用将贯穿始终。落实创新领导力的首要环节：把创新意图融入组织的愿景与使命中，通过组织战略目标的创新为组织的持续成长提供新动力。落实创新领导力的第二个环节：营造鼓励创新的文化及相应制度。要从理念到发展战略，从组织结构到市场意识，从管理体制到激励机制等各个方面营造组织创新的氛围和环境。

五、非权力性影响力提升

领导干部提高非权力性领导力的现实路径包含了以下几个方面。

1．以德塑力

高尚的道德品格是领导干部提高非权力性领导力的基本根基。领导干部品格影响力就会表现为下属对领导的信任、依赖、钦佩、崇敬等心理反应，这种影响力能转化为群众的自觉行动和力量。

2．以能铸力

超凡的才能学识是领导干部提高非权力性领导力的主要支柱。领导干部的才能，表现在：决策能力上、执行能力上、学识能力上。

3．以情聚力

坦诚的情感交流是领导干部提高非权力性领导力的重要环节。领导在工作中多进行一些换位思考，则会大大拉近与下属之间的心理距离，提升自身的人格亲和力。

4．以度融力

宽宏的气度胸怀是领导干部提高非权力性领导力的必要条件。海纳百川，有容乃大；壁立千仞，无欲则刚。

5．以公生力

坚持公正廉明是领导干部提高非权力性领导力的必然要求。领导干部如果能够出以公心地待人处世、廉洁奉公地为民办事，在下属中必然会有很好的口碑和影响力。

阅读与思考

一群人筹划了一次神秘的东方之旅，出发时他们只有一个明确的目的地和一个叫里奥的仆人。里奥负责安排所有的行程，尽心地完成一个仆人的职责，并让所有的人能够完成每天的路程。里奥用美味的饭菜、美妙的歌曲和自己乐观的性格鼓舞着每一个成员。但是半路中，里奥突然神秘失踪。没有办法，所有成员只能尝试自助，但是没有了里奥，一切都是那么的混乱。成员间变得充满敌意，因为小事而变得脾气暴躁，完全没有信心完成前面不可预知的路途……里奥爱团队里的每一个成员，关心他们，希望他们能专注目标而不必为琐事而打扰。里奥开始是一个仆人，但后来则成为了真正的领袖。

◎思考：

里奥的故事在领导力方面对你有什么启发？

课堂内外

小测试

题目：我是有魅力的领导吗？

下面的这个小练习可以帮助你了解自己是否具有魅力领导的特征：

1．在思考＿＿＿＿＿＿时，我觉得最轻松。

a．共性　　　　b．个性

2. 我最担心的是＿＿＿＿＿＿。

a. 当前的竞争　　b. 未来的竞争

3. 我倾向于关注＿＿＿＿＿＿。

a. 我失掉的机会　　b. 我抓住的机会

4. 我偏好＿＿＿＿＿＿。

a. 发扬曾在过去带来成功的条件和程序

b. 建议采用新的独特方法去处理事情

5. 我倾向于问＿＿＿＿＿＿。

a. 怎样才能做得更好　　b. 我们为什么要干这个

6. 我相信＿＿＿＿＿＿。

a. 总有办法把风险降到最低　　b. 有些风险的成本太高了

7. 我倾向于运用＿＿＿＿＿＿说服大家。

a. 情感　　b. 逻辑

8. 我偏好＿＿＿＿＿＿。

a. 尊重传统价值观和思维方式　　b. 鼓励非传统的信念和价值观

9. 我更倾向于通过＿＿＿＿＿＿进行沟通。

a. 书面报告　　b. 一页纸的报表

10. 我认为这个调查＿＿＿＿＿＿。

a. 很荒谬　　b. 太棒了

【结果分析】

1. a; 2. b; 3. a; 4. b; 5. b; 6. a; 7. a; 8. b; 9. b; 10. b。

如果你有7个或更多答案与上面相符，你就有很高的魅力指数，很有潜能成为魅力领导者。如果你的答案只有4个或更少与上面相符，你的魅力指数就很低。

◎参考文献

[1] 边慧敏. 大学生领导力提升 [M]. 成都：西南财经大学出版社，2012.

[2] 丁栋虹. 领导力 [M]. 北京：清华大学出版社，2012.

[3] 杨思卓. 六维领导力 [M]. 北京：北京大学出版社，2008.

[4] 王婷婷. 影响力 [M]. 北京：企业管理出版社，2009.

[5] 宿景祥. 耶鲁领袖训练大讲义 [M]. 广州：广东旅游出版社，2006.

CHAPTER 10

专题十
青年网络信息素养

导言

随着以计算机技术、网络技术、通信技术为代表的信息技术的迅猛发展，计算机网络和互联网在社会各个领域中得到广泛应用，逐步改变着人们的工作、学习和生活方式。青年网络素养的培养是这个时代的迫切要求，这要求青年要有选择地使用网络知识和灵活运用信息技术的技能；加强对网络信息进行理解、分析和评价的辩证思维能力；提升网络沟通交往中的法理与伦理道德修养。那么，什么是网络信息素养，青年网络信息素养培育的重要性，青年网络信息素养缺失现状，以及怎样对青年开展网络信息素养教育，这是值得探讨的几个问题。

精彩故事

2008年5月12日14时28分，德阳汉旺镇广场钟楼上被震坏的时钟将时间永远定格在地震发生的这一刻。震后1年里，65岁的报亭老人王正发从未歇业过一天，他不仅亲历地震带来的巨大伤害，也见证了络绎不绝来此凭吊的人们。虽然女儿就住在附近，但他说自己想继续守着报亭，看着钟楼。

汉旺广场时钟指向的14：28就是一种信息。

汉旺镇的人们没有修复时钟，他们让它继续发挥指示时间的功能，而将它永远定格在14：28。因为那一刻的时钟指向的信息刺痛了全中国人的心，汉旺钟楼也成为此次国难的一个符号，成为地震标志性遗迹，成为中华民族苦难的一个象征，当人们赋予一条信息不同的意义时，其价值也不同。

人类发明时钟的目的从理论层面说是要通过它反映客观世界的时间属性；从实用角度说是为了给我们的学习、工作、生活提供时间信息。因此，每一个时间指向都是信息。比如，早上闹钟响了，是告诉人们该起床了；当时钟指向8点，告诉人们该上班了；人类发明指南针、GPS导航仪，是为人们提供空间信息；在交通路口安装红绿灯是传递交通安全的信息；等等。是不是可以说，信息像空气一样包围着我们呢？

◎总结：

这个故事中的信息是通过时钟指向传递出来，并经过人的视觉吸收后向大脑传递，最终被认识到的。因此，信息是指数据、信号、符号、消息中所含的意义。

◎思考：

1. 信息是什么？

2. 信息的本质是什么？

3. 信息只有传递才能体现价值，因此，有人认为传递是信息最基本的特征。你同意吗？为什么？

情景导入

一、班级调查

1. 什么是信息素养？

2. 什么是网络信息素养？

3. 网络信息素养和青年发展有什么联系？

二、案例分析

【案例1】 从2012年3月开始，朱某川和表弟王某，用微信套取女子的信息，然后入室盗窃。一到晚上，朱某川和王某就打扮得很时尚，跑去厦门福联饭店附近的一些酒吧，拿起手机使用微信“摇一摇”的功能，摇出附近的美女，并取得其资料。因为微信上有个人头像，两人就在酒吧中搜寻他们盯上的女子，一旦感觉该女子有钱，就尾随其回家。然后趁晚上的时间给被盯上的女子打电话，如果对方说在上班，他们就开锁入室偷盗。二人作案40余起，涉案价值约50万元，其中绝大部分都没有和女子本人搭讪，基本都是通过微信获取对方信息。

【案例2】 2016年3月17日，呼和浩特铁路警方发现个别网络用户在微博上散布传播“呼市火车站砍人”的虚假信息及图片。3月19日，涉嫌散布传播虚假信息的涉案人员李某被查获。经调查，李某在微信朋友圈内看到一条朋友动态信息：“恐怖袭击席卷呼市！3月15日凌晨呼市火车站一人被杀。武警全市搜查，大家出行注意！”并附彩色照片一张，李某随即登录网络社交平台粘贴复制上述信息及图片并同步到微博上。该信息浏览量达到330余次，给社会民众造成一定程度的恐慌。而真实情况是：3月14日，一旅客在售票厅门口晕倒，工作人员迅速拨打“120”并将其送至医院，目前该旅客已出院。呼和浩特铁路警方依法对散布传播虚假信息的李某进行了行政处罚。

◎问题：

结合案例，思考提高青年网络信息素养的必要性。

探求新知

物质、能量、信息构成了人类社会发展的三大支柱。以信息技术为主要驱动力的信息化是当今世界经济社会发展的大趋势。中国互联网络信息中心《第37次中国互联网络发展状况统计报告》提供数据："截至2015年12月，中国网民规模达6.88亿。从年龄结构看，我国网民以10~39岁群体为主，占整体的75.1%。从职业结构看，学生仍然是网民中规模最大的群体，占比为25.2%"。网络信息的资源丰富，跨时空、交互、迅即传播，带来便利的同时通过污染、复制、炒作等产生了大量垃圾信息，给青年抵御网络空间不良信息的侵袭带来挑战。青年作为网络的主要使用者和网络新媒介的主要受众，更应适应信息时代需求，掌握现代化的技术手段，提高自身信息识别、应用和创生能力才能迎接未来的挑战。

第一节 青年网络信息素养及其培育的必要性

一、青年网络信息素养及其构成

（一）青年网络信息素养的概念

青年网络信息素养是指青年在掌握基本网络知识的基础上，能够形成正确的网络认知，有意识地接触和使用网络，主动地利用网络进行学习，自觉遵守网络道德和法律规范，安全、正确、有效地利用网络信息促进个人自由全面发展的一种修养和能力。

（二）青年网络信息素养的构成

网络时代青年网络素养由5个方面的内容构成：一是网络认知能力；二是网络操作能力；三是网络信息的获取和处理能力；四是网络行为的自我管理和约束能力；五是网络安全意识等。这5个内容是相互联系、相互依存的。

1. **网络认知能力**

网络给我们这个时代提供了最快捷、最便利的传播信息方式，改变了青年的工作方式、学习方式、娱乐方式和思维方式，已成为青年相互交流、共同畅游的生存空间。青年在使用网络时，应提高对网络媒介及其所构建的传播环境的认知能力，学会如何利用、挖掘互联网信息资源，学会如何掌握网络科技咨询知识和信息技术手段，学会如何利用网络优化、充实自己的工作和生活环境，学会如何正确认识互联网虚拟性的特征等。

2. **网络操作技术**

网络只是一个技术层面的中性工具，网络自身所产生的正面或负面的功能取决于其操作者。网络操作技能是青年网络素养的基础，掌握基本的操作技能，包括使用电脑打字，掌握基本常用的应用软件等；学会使用网络的基本技能，包括上网、浏览信息、聊天、下载等技巧，学会通过网络查找和检索信息；掌握利用网络传输信息的能力，包括网络通信工具、电子邮件的使用，利用网络发布信息，参与讨论的技能等；充分利用网络给生活带来的便利，如通过网上娱乐、消费、找工作、理财等。

3. 网络信息的获取和处理能力

青年网络素养的一项重要内容就是捕捉和处理网络信息的能力。具体表现在：

（1）对网络信息的思辨性反应。青年在面对网络中的各种信息时，要具有正确甄别的能力，养成慎思善断的习惯。要对所搜索到的信息进行批判性的解读，思索分析其价值，以便进行有用的筛选。

（2）利用网络自主性学习和自主发展。青年利用网络搜索资源寻找问题答案的过程可以促进学生自主地发展。利用 BBS 交流互动的功能，可让学生广泛交流、讨论，培养学生协作学习的意识，利用网站自我拓展，同时，青年在其他学科的学习中也可以借助网络技术，这既是现代社会发展和创新型社会对人才的基本要求，也是青年提高自学能力和探索创新能力的必要要求，能够使青年拓宽知识面，发挥主体作用，探索自我发展的机会，充分调动他们的创造性和主导性。

4. 理性参与网络信息生产及传播

主要表现为具备社会责任意识，用建设性态度参与网络信息传播。以负责任的、理性的精神发布网络信息和言论。青年在网络交往活动中，必须思考应承担的义务和责任，遵守法律制度和规范。正确评估自己所发布信息的社会影响，避免对他人权利和社会公共利益的危害。

5. 网络的自我管理和约束能力

青年是一个思想活跃的群体，对外界新鲜事物，尤其是网络空间五花八门的极具吸引力的东西充满了好奇心，对网络表现出前所未有的迷恋程度。因此，青年要理性地使用网络，把对网络的使用限定在适度合理的范围内。要合理分配好上网、学习、生活的时间，将网络世界中的所学所闻运用到自己的学习和成长上来，使自己的学习、娱乐等均衡、协调发展。

6. 网络安全意识

网络安全一般是指技术安全和交往安全，那么培养网络安全意识就是指培养技术安全意识和人际交往安全意识两个方面内容。青年不仅要善于合理地使用网络中的有益资源，也要树立起自我保护意识，掌握自我保护的方法和能力。学会使用保护软件来预防一些不良信息网站的侵害；在与网友进行网络交往时，不要轻易相信网友提供的资料，要小心求证；要注意保护个人信息，对于不愿公开的秘密要妥善管理，即使有密码保护，也不将个人的私密信息放在网络空间；在网吧或者公共场合使用网络时，及时删除登录个人账号的密码；掌握网络安全知识和技能，配置防火墙，定期升级病毒防治产品；要树立信息管理的意识，在有效获取信息后，对其进行分类、整理并保存，并做好相应的防范，进行备份。

二、青年网络信息素养培育的必要性

（一）网络对青年的影响

1. 网络对青年的积极影响

（1）网络的发展有利于青年拓宽视野、丰富知识。网络具有丰富的信息量，相当于一部百科全书，只要在搜索引擎中输入关键词，就可以获得经济、政治、文化、科技、教育等多方面的信息资源。网络为青年提供了一个广阔无比的学习空间，在这自由的空间里，青年获取知识的方式和渠道变得灵活多样。网络的开放性，使得进入网络的青年可以尽情地遨游于知识的海洋，不再限制于上课时间。网络信息传播的快速性也为青年获取知识的即时性创造了有利条件，及时更新知识，适应社会发展的需要。青年通过网络不仅可以了解社会发展形势，学习自己感兴趣的知识，也可以在网上向专家学者等有共同兴趣的人进行讨论和交流。通过网络，青年可以随时掌握最新的资讯和社会动态，不断提高自己的知识水平和思想认识。可以说，网络的出现，改变了青年的知识结构，为青年丰富和完善自我提供了方便快捷的条件。

（2）网络的发展有利于青年学习主体性的发挥。传统的课堂教学，教师往往是按自己早先计划好的程序来实施教学，课堂上师生的互动较少。课堂反馈信息仅仅通过学生作业、随堂测验和综合考试等形式。当前的教育改革不仅重视教师的主导作用，更重视学生的主体地位。首先，网络技术的改革带动了教育改革。网络技术改革中涉及的科学探索吸引着教师、学生。在研究性教学和学习环境中互动交流，为发挥学生学习主体性奠定了基础。其次，网络文化的生动丰富为高校教学活动注入新的活力，让学生在注入“新元素”课堂中主动学习，选择学习。总之，网络的发展，可以调动学生课堂学习的积极性，提升学生在学习过程中的主体地位，对培养和提高青年的认知能力和尊重青年的个性发展有着重要作用。

（3）网络的开放性有利于青年个性发展和潜能开发。网络技术的快速发展，促进了科技的进步和生产力的发展，从而带动了社会经济发展，也为青年的发展带来了新的机遇。青年通过网络，可以找到自己发展的方向，挖掘有利于自己发展的各种资源。知识浩如烟海的网站，可以为青年提供一个大胆发挥想象力的广阔平台，他们自己动手设计网站，将自己平日收集的文章、照片、视频等上传到网上，通过开通讨论区、发帖子，和大家进行交流，不仅让青年展现自我，还能够增强他们的自信心和主体意识，有利其个性的形成和发展。

2. 网络对青年的消极影响

（1）青年的世界观、人生观和价值观受到冲击。在网络世界里，信息良莠不齐，由于青年缺乏社会阅历，部分青年的道德判断力较弱，难以对这些信息做出正确判断。他们在网络世界里以开放的心态接受各种各样的价值信息，并将其作为自己对事物的评判标准。一个人的价值取向不同，就决定了他的人生道路与发展结果的不同。如今，网络出现越来越多的“草根明星”或者称“网络红人”，比如“芙蓉姐姐”“凤姐”等，他（她）们通过反传统、搞低俗、不惜将自己丑化，利用网络进行炒作，博取大家关注，从而出名。现在有些青年也很热衷各种各样的选秀节目，自拍各种恶搞的视频在网络传播等，希望一夜成名。这些反映了部分青年心理浮躁，急功近利，出现追求安逸生活、讲究享受、不思进取的不良思想，有些甚至因此荒废了学业。

（2）青年的身心健康受到威胁。当今网络的各种信息越来越倾向于图文声像化，图片视频越来越多，文字描述越来越少，青年也喜欢通过形象的方式来获取信息，阅读的方式由以往的抽象文字阅读转变为如今的直观图像浏览，对文字阅读越来越没有兴趣，这种“浅阅读”会抑制青年的理性和逻辑思维，导致思维简单化和平面化。网络上的谣言信息、色情信息、低俗信息、暴力信息、反动信息等不良信息充斥着网络，对广大的网民尤其是青年的身心健康产生不良影响。由于青年缺乏社会阅历、心理尚未成熟，网络上那些暴力、色情、反动的信息，很容易对青年的心灵产生消极影响。有些青年长期沉迷网络，疏远现实社会，出现思维迟钝、孤独不安、自我评价降低等症状，严重危害青年的身心健康，有些青年因抵制不了网络上一些诱惑而走上违法犯罪的道路。

（3）青年过于依赖网络导致正常人际交往缺失。处于青春期的青年，十分渴望获得他人对自己的认可，需要他人的理解和支持，尤其是来自身边的同学和朋友，他们渴望拥有真挚的友谊，有强烈的交往心愿。对青年来说，网络能够满足和实现他们交往的愿望，可以结交许多网友，扩大自己的交际圈。在网络世界，世界各地的人们能够跨越时空彼此相识、相知，甚至是相爱。所以他们更乐于在网络的虚拟世界里寻求心理安慰，有时疏远了身边的同学和朋友，完全生活在虚拟的网络世界里，分不清虚拟社会与现实社会的区别。部分青年，在网上口若悬河、谈笑自如，有着广泛的网友关系群，然而在现实世界里却不懂得如何表达自我，难以与他人进行沟通，有时形成情感和心理上的孤独，对自己的学业和今后的事业发展都带来不良的影响。

（二）青年网络信息素养培育的必要性

1. 青年成长成才的客观需要

青年在网络空间里不得不面对舆论多元化和信息良莠不齐的现实，不能够正确甄别、解读处理网络信息，极易受到网络不良信息的误导和影响，选择不正确的网络行为，网络对于青年自身价值观念的形成以及成长成才起着不可忽视的作用。网络信息素养培育的有效途径是把网络信息素养培育纳入大学整体教育体系中，采取多种教育手段，进行专业课程教学的同时，以开设网络信息技术选修课，发挥思想政治教育和校园文化活动的教育引领作用，积极开展形式多样的网络信息素养培育，使青年具备良好网络信息素养。青年群体只有具备了良好的网络信息素养，才能够在一定程度上具有良好的批判思辨能力，形成自我教育、自我服务、自我约束和自我发展的良好模式，从而有效地抵御网络所带来的负面影响，并成为健康的网络使用者。这对有效减少青年网络问题、促进青年成长成才具有重大现实意义。

2. 高校网络环境优化的必要条件

国内外社会热点问题、学生校园生活、校内突发事件一经网络传播，会迅速引起高校学生的普遍关注，形成网络热点舆情。当前与学生校园学习、生活密切相关的网络舆情主要涉及诸如食堂饭菜、校园网络、教学服务等方面，是青年关注和讨论的焦点，也是网上投诉、民意聚焦的热点，容易引发热点网络舆情。此外，一些网络媒体炒作、歪曲高校相关新闻，对高等教育发展造成负面影响。另外，高校网络环境的优劣在很大程度上也影响到在校青年的网络信息素养水平，因为青年的大部分活动都要通过网络来实现。如果学校不能提供良好的上网条件和环境，就会为周围网吧的生存提供空间，青年去网吧上网的机会就会增加，容易使青年受到影响而遭受网络侵蚀。

3. **青年素质教育的重要内容**

网络已成为青年学习、工作和生活的重要方式。对青年进行科学的、必要的、适宜的网络信息素养培育，对青年的成才和提高综合素养影响深远。目前，高校普遍对网络素养培育工作重视不够，造成了青年的综合素质教育欠缺网络素养的内容，导致青年的网络素养水平、层次整体不高。因此必须适应网络社会的快速发展，不断调整素质教育的内容，加大对青年网络素养的培育，使其综合素质更富时代性和更具超前性。

第二节 青年网络信息素养缺失状况分析

一、青年网络信息素养存在的主要问题

在网络信息时代，青年对网络信息的获取和使用十分频繁，网络信息对他们的影响最大。里斯本大学社会学教授何塞·马乔多·佩斯说：“我们看到的年轻人正处于这种变化的中心，或为变化的承受者，或是起因。”在青年学生中青年的网络普及率已达到百分之百，青年成为网络使用的主流群体，全面开展青年网络信息素养教育，培养青年的网络信息应用能力，必将对促进青年健康成长，规避网络信息负面效应有着重要的现实意义。

（一）网络学习能力有待提高

虽然青年很喜欢上网，但他们对网络的运用能力不强，没有形成充分利用网络提升自己的自觉意识，甚至有些青年是长时间泡在网上，出现对网络迷恋的现象。绝大多数青年使用网络更多是用于娱乐放松自己，对信息的搜索能力不强，容易出现信息迷航，利用网络进行学习的意识淡薄。对于青年这种娱乐化明显的网络使用现状，需要对青年加强指导和教育，青年网络认知水平有待进一步提高。

（二）缺乏对网络信息批判意识

网络拥有海量的信息，由于青年对信息的分辨、筛选能力不强，缺乏深究网络信息或新闻产生的社会背景和实质原因的自觉意识，有些仅仅根据个人的兴趣爱好和舆论倾向来做出是否接受的决定，这就会经常出现“人云亦云”的现象。特别是目前流行的微博和微信，青年将身边的所见所闻及时发微博或微信、将自己感兴趣的内容转发至微博，甚至部分青年已经成了“微博控”。青年既是信息的接受者同时也是信息的传播者，若

有谣言在青年中产生，他们不仅成为谣言的受害者，也很有可能成为谣言的传播者，给校园的稳定甚至是社会的稳定造成不利影响。

（三）网络接触行为的自我管理能力不高

面对宽松、自由的网络世界，青年缺乏自律意识，时间管理能力不强，尚未能控制好自己上网的时间。部分青年一旦上网就会被网上五花八门的信息所吸引，而忘记自己上网的目的和所规定的时间。甚至一些青年不能正确对待网络，沉迷网络，从而荒废学业。

（四）网络道德素养有待提高

通过调查显示，青年在理智上是认为要遵守网络伦理道德的，但在某些实际的网络行为中却不能严格要求自己，不能做一个讲道德和守法纪的网民，自律意识不强。比如，写论文时抄袭网络资料、不拒绝浏览网络黄色信息。青年在道德上之所以存在知行分离的现象，是因为网络世界是虚拟的，具有隐匿性，网民在网上的行为与其所承担的责任，并不像现实生活一样，而是彼此分离的，这就为青年的网络行为的道德失范提供了可能性。青年的网络道德失范行为会影响其在现实生活中的行为，严重时甚至会走上违法犯罪的道路。青年的网络道德素养亟须提高。

（五）网络法制、安全意识淡薄

部分青年崇拜“黑客”，大部分青年不了解网络法律法规，使用网络资源时缺乏知识产权意识，这说明青年的网络法律意识淡薄，有待提升。面对越来越严重的网络安全问题，虽然有大半的青年懂得如何让自己的电脑安全运行并注意保护自己的隐私，但仍有部分的青年缺乏网络安全意识。这些都需要引起我们足够的重视，对青年加强指导和教育。

二、青年网络信息素养缺失成因分析

（一）学校因素的影响

当前网络信息素养教育在高校当中的重视程度还远远不够，主要表现在：一是教育方式零散单一，缺乏系统性与整体性；二是教育内容过于单一，主要局限于对青年进行文献检索课内容的传授；三是教育方法以单纯的灌输说教形式，把青年局限在很小的专业圈子里；四是教育观念的落后，一些高校对网络信息课程的开设很少，缺乏网络信息素养教育氛围。

（二）家庭因素的影响

目前，网络等新媒体的发展，给传统的家庭教育带来较大的冲击，家长的权威地位受到了挑战。孩子了解信息不再是一味地依赖家长，而是充分利用各种媒介尤其是网络等途径了解更多的信息，许多家长缺乏基础的网络知识、对网络不甚了解，甚至还不如自己的孩子。网络上丰富多彩的内容吸引着孩子，他们待在家的时间更多是花在网上，与父母的交流也减少了。有些家长知道自己的孩子经常上网，但不知道孩子在做什么，上网浏览的内容和从事的行为是否健康合法，家长也就无从知晓。还有些家长自己本身对网络就缺乏正确的认知和合理的利用，难以引导孩子正确对待网络。

（三）社会因素的影响

1. 不良网络环境的影响

在网络时代，良好的网络环境是培养青年网络信息素养，促进其健康成长的重要条件，而当前网络环境存在的诸多问题也是导致青年网络信息素养缺失的原因之一。

（1）由于网络具有虚拟性、开放性、自由性、不确定性等特点，这就决定了网络的多元性和复杂性。网络的连接给人带来了前所未有的自由和便利，同时也为我们营造了一个多元化和复杂化的网络环境，这对人们的思想观念、生活方式、道德品行和审美情趣都产生深刻的影响。相对世界观、人生观和价值观尚未定型的青年来说，在网络这种复杂多元的环境中，他们有些人易迷失方向，出现精神上的空虚和人际关系的冷漠。

（2）由于网络的隐蔽性和匿名性，网络上的许多行为是无规则和无限制的，所以在网络世界里较难形成相应的网络道德伦理规范和约束机制。一旦没有了道德标准和社会舆论的制约，人们的行为就很容易丧失理性、道德感和责任感。因此，在网络的自由世界，对自律意识不强的青年来说，极容易出现知行分离的现象。加上缺乏完善的网络法律法规，网络的隐蔽性和匿名性致使网络色情、暴力、反动的内容传播有机可乘。在这样一种复杂多变、鱼龙混杂的网络环境里，对自律意识不强、网络认知能力有限的青年来说，要养成良好的网络信息素养是一件不容易的事情。

2. 缺乏相关政策法规的保障

我国现有的网络信息素养教育研究和实践主要是在学术机构进行，相关的政府及职能部门参与较少，对网络信息素养教育的研究和实施在政策、法规、资金方面支持力度不够。目前，我国的网络环境不够理想，网上存在许多不良网络信息，网络违法犯罪活动也时有发生，这其中有政府相关部门对网络的监管还不够到位的原因，同时也归因于我国的网络监管体系和相关的法律法规不够完善。

（四）青年自身因素的影响

青年有着特殊的心理特点和行为特征，主要表现为：一是自我意识较强，逐渐形成自己的世界观、人生观和价值观，独立性和自主性不断地增强，融入社会的愿望较为迫切，渴望深入了解社会，想方设法让社会认可自己。二是思想上不够成熟，自我管理能力还较弱，好奇心强、喜欢新鲜事物，容易受外界的诱惑。这些心理特点和行为特征容易导致青年有时不能正确理性地认识现实世界和网络虚拟世界，在面对良莠不齐的海量网络信息时缺乏深入的思考和分析，容易出现一些不理性的行为甚至是极端的行为。

第三节 青年网络信息素养培育应对措施

一、树立正确的网络观

（一）健全网络人格

自从出现了互联网，人们的生活空间发生了变化，同时处在虚拟和现实之间，在网络虚拟空间和现实空间中，青年应及时进行行动的协调和角色的转换。否则就会出现心理障碍，包括情绪低落、失眠、感情冷漠、自我封闭等生理和心理问题，以及人格障碍和交感神经功能部分紊乱。这既影响了青年的身心健康，也严重影响了他们的学业和生活，以及将来的就业和社会交往。因此，青年要具备良好的网络心理素养，培养完善的自我观念，形成健全的网络人格。

（二）树立正确的网络消费观

青年应根据不同的消费内容，培育正确的网络观。如网络购物等网络实物消费，这一类型的消费产品是看得见、摸得着的物品。网络购物虽然商品价格低廉、选购方便，但是隐患多、维权难，也是这种购物形式最大的弊病。青年可以通过网络学习专区学习了解有关规章制度和相关法律法规，强化自身的法制观念，维护合法权益。现实消费知识也同样适用于网络实物消费，如《消费者权益保护法》等法律法规。

（三）树立正确的网络娱乐观

青年普遍热衷于各种网络娱乐，这种网络娱乐包括欣赏型和参与型两种的网络娱乐。前者主要是网络音频和视频娱乐作品，是靠视听器官感受音乐和影像带来的美的享受。同时，青年也可通过网络创作反映社会进步、政治稳定、符合时代的作品上网交流，并能吸引部分同学参与到网络娱乐的活动中来。青年通过与网络娱乐软件开发商合作，参与开发具有教育意义的网络娱乐软件，在网络信息素养培育的形式和内容上下功夫，开发和推广具有思想性、娱乐性和挑战性的网络娱乐软件，让青年网民在轻松、愉悦的网络虚拟实践中得到锻炼。

二、加强网络人际交往

青年热衷网络交往除了网络交往的超地域、血缘、业缘性，便利快捷、互动性强等特点外，其中心理因素是促使青年进行网络交往的重要原因，主要表现在：一方面，在网络这个虚拟的世界中，青年可以满足自我实现的需要。另一方面，通过网络交往，可以减轻青年的心理压力。青年带着实现自我需要及减轻心理压力等心理需求进行网络交往。在网络交往中它既给青年带来了便捷的满足，也带来了许多负面的影响。

（一）正确处理和调适网络人际交往

（1）严格遵守网络人际交往规范，注意自己的网络言行真实性，既不欺骗别人，也要防止他人行为的越轨，或避免因上当带来的思想侵害。有意识地在网络交往中进行自我防范，主动地接受社会规范，抵制不良信息和行为，自觉地进行社会化。

（2）加强网络伦理道德建设，对网络技术倾注更多的道德关怀，使其人性化，避免网络处在一个无序的状态发展下去。

（3）善于在网络特有的“虚拟群体”环境中扮演不同的社会角色，培育自信心，建立新型的社会人际关系。

（二）正确处理现实交往与网络交往的关系

（1）加强安全观培育，提高自我防范意识。青年处在身体与精神迅速变化期，并且在思想上表现出自负，容易成为网络交往的牺牲品。因此，对自我培育应针对网络虚拟与现实有很大差距的特点，提高安全意识，加深对现实生活的感受，加快思想成熟，领悟虚拟与现实的区别，端正学习与生活态度。

（2）加强网络情感行为的培育，形成健康的情感观，建立正确的网络交往观、情感观，培养健康的人际交往观念和情感交流观念。

（三）在网络人际交往中实现网络素养培育

（1）公共型交往形式。青年利用网络聊天室、电子公告板等交往形式，集聚许多兴趣爱好一致的青年，组成青年网络群体。这种公共型交往形式便于网络群体之间就大家普遍关注的热点话题进行探讨以及思想沟通和情感交流。

（2）个人型交往形式。青年利用网络电子邮件、即时通信、短信、微博、QQ、微信等形式，通过长期的相互交往及时了解他人的思想动态，并有针对性、有意识地接触、关心和影响他人。

（3）公共型与个人型相结合的交往方式。通过社会化网络、聚合新闻、博客、维客等网络交往形式，创建自己的网络表达空间，把自己的思想意识、心理动态、真实感受、态度体验和生活感悟等尽情展示，尽情交流，互吐情愫，放心传递情感，引发网络读者的共鸣，达到自我培育的目的。

三、强化网络学习

网络学习离不开互联网及其数字化资源，这是一种划时代的学习革命。网络背景下的学习不受传统教学模式下时间和空间的限制，网络环境对青年来说更容易发挥聪明才智、学会交流与合作，进行独立思维和批判性的学习。同时，网络学习还是一种多向的信息交流活动，青年在获取不同的学习资源时可进行比较、理解和消化所学的知识，可以重新构建自己的新知识体系。因此，网络学习能力是青年在未来的知识经济社会中的必备素质。如网络传播媒介（BBS、博客、即时通信工具、E-mail 等）为青年提供了使用多种信息资源的权利，也为青年更好地理解自己的文化和其他人的文化提供了平台，青年可以借助这些传播工具同其他人进行互动学习和联系。

四、注重网络道德规范的内化

自我内化是青年网络信息素养形成的重要环节。苏联著名教育家苏霍姆林斯基说过："只有激发学生进行自我教育的教育，才是真正的教育。"

（1）自爱就是重视、珍惜自己的名誉，上网时间科学合理。青年的网络行为要做到自尊自爱，要科学合理、积极健康地利用网络，既不沉迷网络，也不失去自我保护意识；既要在网络上珍惜自己的名誉，又要尊重他人的名誉和情感；既不轻易捏造传播有害信息，也不轻易相信网络，确保健康发展。

（2）自省既是自我意识能动性的表现，也是自身德行修养的方法。在网络活动中，青年处于相对的独立空间，只有通过自察自省，对自己的思想和行为经常总结评估，查找自身德行修养方面存在的不足，自觉审视网络道德规范的内化水平，在网络实践中发挥自我意识的主观能动性，主动约束和规范自己的网络行为，才能使青年逐步养成科学文明、积极健康的上网习惯，才能弥补自己的道德缺失和提升自己的道德境界。

（3）自制就是能够控制自己的思想、情绪和行为。青年要提高鉴别真伪的能力和自我管理、自我服务等能力，增强对网络信息的甄别力，自觉抵制不良信息侵害，以良好的道德规范来约束自己的言行，不在网上做任何不道德甚至是违法的事。

（4）自律就是自我约束，自觉遵循法律法规。青年应主动严格要求自己，自觉做到自我管理、自我约束，将道德要求内化为自主行动。青年只有具备律己能力，做到自觉自律，将外在的道德要求内化为自觉的道德行为，才能独立判断是非和正确评定对错，有效地进行自我认识和控制，才能真正发挥网络造福人类的有效功能。

阅读与思考

阿里巴巴的董事长马云读书的时候真的不是一个好学生，他的成绩很差，从没进过前三名。他的理想是上北大，但最后他只上了杭州师院，还是个专科，而且考了 3 年。第一年高考他数学考了 1 分，第二年 19 分。

大学毕业后，马云当了 6 年半的英语教师。其间，他成立了杭州首家外文翻译社，用业余时间接了一些外贸单位的翻译活。钱没挣到多少，倒是闯出了一点名气。1995 年，"杭州英语最棒"的马云受浙江省交通厅委托到美国催讨一笔债务。

结果是钱没要到一分，倒发现了一个"宝库"——在西雅图，马云去看一个朋友，对计算机一窍不通的马云第一次上了互联网。西班牙《国家报》生动地描述了马云当时的心情——"我甚至害怕触摸电脑的按键。我当时想：谁知道这玩意儿多少钱呢？我要是把它弄坏了就赔了。"他好奇地对朋友说在搜索引擎上输入单词"啤酒"，结果只找到了美国和德国的品牌。当时他就想应该利用互联网帮助中国的公司被世界所熟悉。

就这样，作为"杭州十大杰出青年教师"之一的马云辞了职，借了 2 000 美元，1995 年 4 月开办了"中国黄页"，这是中国第一批网络公司之一。1997 年年底，马云和他的团队在北京开发了外经贸部官方站点、网上中国商品交易市场等一系列政府站点。不过由于许多原因，马云于1999年年初决定放弃这些在北京的生意，他拒绝了雅虎、新浪的高薪邀请，决定回到杭州创办一家能为全世界中小企业服务的电子商务站点。

“从我外婆到我儿子，他们都会读阿里巴巴。”于是，马云从别人手里买下了阿里巴巴这个域名。阿里巴巴的成立大会被安排在马云家里——当然，此时谁也不会想到，几年之后，他们居然能一口吃下声名赫赫的雅虎中国。

其后的6年，阿里巴巴的故事尽人皆知——马云6分钟说服投资基金软银，拿到第一笔风险投资。其后，各路投资纷纷进入。其股东不乏国际大财团的身影：高盛、富达、软银，前WTO组织主席彼德·苏德兰也位列董事会成员之中。现在，数以百万计的全球商人在阿里巴巴上交换信息。此外，马云和投资者还在2003年7月推出为消费者服务的淘宝网，2004年推出网络交易支付工具“支付宝”。

◎思考：

1. 从马云身上，你学到了什么？
2. 我们该如何提升自身网络信息素养？

课堂内外

一、小测试

题目：如何利用中文阅读国外信息资源

操作方法：利用谷歌浏览器中的“谷歌”搜索引擎，输入“斯普林格出版社”（世界知名出版社集团）；打开网站，短暂的原文显示后，会出现“此网页为英文网页，是否需要翻译？”的提示；通过单击“翻译”选项，出现“已将此网页从英文翻译成中文（简体中文）”。在通过该网站开放获取下载的《石油勘探技术与产品》杂志2011年第1期第23～31页中，有高潘庆和布赖恩·塔沃的文章《在怀俄明州南斯莱特里Minnelusa水库聚合物和表面活性剂—聚合物注射的调查》。再通过“谷歌”搜索引擎的“语言工具”，即可实现文章由原文翻译为中文内容。

二、小练习

题目：在校大学生查找在广州的兼职和实习机会

具体操作：

第一步：登录“应届生求职网”首页，单击目标求职城市的“兼职实习”栏目。

第二步：进入该栏目就能看到这个城市的一组兼职实习信息，包括与这个网址合作企业的兼职招聘信息和其他网站的招聘实习信息。可以根据网站上提供的信息进行简历投递。

第三步：进行兼职实习信息的检索。应届生求职网提供了检索框，可在此对相关工作进行检索，在空白栏输入需要的职位，如“人力资源管理”，在地区栏选择自己的目标求职城市，在“全/兼”栏选择“兼职”，就能找到很多与自己求职目标相关的兼职实习信息。

◎参考文献

［1］中国互联网络信息中心. 第37次中国互联网络发展状况统计报告［R］. 2016.

［2］共青团中央中国预防青少年犯罪研究会. 青少年网络素养大讲堂［M］. 北京：清华大学出版社，2012.

［3］吴娜. 网络环境下大学生信息素质教育探究［D］. 郑州：郑州大学，2007.

［4］李智晔. 大学生网络信息素养的培养机制与方法［J］. 情报科学，2005（5）.

［5］孙启智. 大学生信息素质教育的理论与实践［D］. 济南：山东师范大学，2008.

［6］李新松，张焕. 新媒体时代下大学生信息能力的现状分析［J］. 现代情报，2013.

CHAPTER 11

专题十一
文化价值与青年发展

导言

我们每一个人都置身于文化之中。文化，已经深入我们生活的各个角落和我们的心理层面。然而熟悉不等于真知，有人说文化是知识，有人说文化是艺术，有人说文化是素养……究竟文化是什么？文化对社会、对个人的价值在哪里？文化有哪些类别？青年发展需要怎样的文化力量？下面让我们一起来探讨文化的价值和魅力，一起来感悟文化的内涵和力量。

精彩故事

4只大猩猩被关到了一个笼子里，由于每只大猩猩都来自不同的地方，原先互相不认识，所以总是会发生冲突。前两天，4只大猩猩总是接连不断地打架。

两天以后，在笼子的顶上挂了一串香蕉。但是，一只大猩猩是无法单独拿到这串香蕉的。于是，4只大猩猩开始相互协作，取下香蕉来大家一起分享。

但过了一个星期以后，情况发生了变化。不管哪一只大猩猩，每当它快要取到香蕉的时候，都会有一支高压水枪向它喷水，稍不留神，大猩猩就会摔落到地上。由于这种情况从无例外，于是，4只大猩猩都不敢去取香蕉了。

过了些日子，笼子里又来了一只大猩猩。它看到香蕉的时候，非常想去取。但其他的大猩猩一起来告诉它，香蕉不能取，并且告诉它以前的那些痛苦经历。如果这只新来的大猩猩还不守“规矩”，就会被群殴一番。于是，这只新来的大猩猩从此就打消了去取香蕉的念头。

又过了几天，又来了一只新大猩猩，而一只第一批入笼的大猩猩被带走了。当然，这只新来的大猩猩也很想去取香蕉，但其他的大猩猩，包括那只从来没有上去取过香蕉的大猩猩都来告诉这只新大猩猩，不能去取香蕉。

经过几次轮换，笼子里的大猩猩越来越多，而第一批被高压水枪喷过的大猩猩全部都离开了笼子，但笼子里所有的大猩猩都知道不能去取香蕉。

然而，事实上当第二批进入笼子的大猩猩不再去取香蕉的时候，管理员已经把喷枪取走了，只是香蕉还是每天挂在那里。但没有一只大猩猩敢去尝试。

◎总结：

这个故事告诉我们："文化是怎样产生、发展并形成作用的。"

◎思考：

1. 你觉得大猩猩们的问题出在哪里？
2. 如果你通晓大猩猩的语言，你会怎么劝说它们去摘取香蕉呢？
3. 如果你面对的是一群陷入同样困境的人呢？

情景导入

课堂讨论：体味文化

观点1　有人说："没文化，真可怕。"有人说："有文化，才可怕。"有人说："浅薄的所谓文化更可怕。"

观点2　文化是①根植于内心的修养；②无须提醒的自觉；③以约束为前提的自由；④为别人着想的善良。

观点3　文化是一种力量。

观点4　文化是民族的血脉，是人民的精神家园。

观点5　你不问我文化是什么的时候，我还知道文化是什么；你问我什么是文化，我反而不知道文化是什么了。

说说看，你认为文化是什么？你比较赞同谁的观点？为什么？

探求新知

第一节 文化是什么

文化（culture）是一个非常广泛的概念，给它下一个严格和精确的定义是一件非常困难的事情。不少哲学家、社会学家、人类学家、历史学家和语言学家一直努力，试图从各自学科的角度来界定文化的概念。然而，迄今为止仍没有获得一个公认的、令人满意的定义。

文化最早出现于《周易·贲》："观乎人文，以化成天下。"说的是通过观察人类社会的各种现象，用感化的手段来治理天下。此后，中国的文化概念都指的是狭义的精神层面。西方的“文化”源自拉丁文 Cultura，意为耕种、居住、练习、注意等。法文的文化 Culture 为栽培、种植，引申为对人的性情的陶冶和品德的培养。西方的文化含义要比中国的宽泛得多。

以人类文化现象及其发生发展规律为研究对象的学问形成一门综合性的人文科学，涉及人类文化的各个方面的学问——文化学。19 世纪英国文化学家泰勒给文化定义为：文化是包括知识、信仰、艺术、道德、法律、习俗和任何人作为一名社会成员而获得的能力和习惯在内的复杂整体。这一定义影响深远，至今仍然具有重要的参考价值。此后出现了侧重于历史性、规范性、心理性、结构性、遗传性等不同方面的数百种文化定义。马克思主义理论家对“文化”做了一种新的解释，即把文化分为广义和狭义。

一、广义文化

广义文化指人类在社会历史发展过程中所创造的物质财富和精神财富的总和。它包括物质文化、制度文化和心理文化三个方面。物质文化是指人类创造的种种物质文明，包括交通工具、服饰、日常用品等，是一种可见的显性文化；制度文化和心理文化分别指生活制度、家庭制度、社会制度以及思维方式、宗教信仰、审美情趣，它们属于不可见的隐性文化，包括文学、哲学、政治等方面内容。人类所创造的精神财富，包括宗教、信仰、风俗习惯、道德情操、学术思想、文学艺术、科学技术、各种制度等。

简单来说，广义文化指人类社会、历史生活的全部内容。广义文化着眼于人类与一般动物，人类社会与自然界的本质区别，着眼于人类卓立于自然的独特的生存方式，其涵盖面非常广泛，所以又被称为“大文化”。

二、狭义文化

狭义文化又称人文文化，是指某一社会集体（民族或阶层）在长期历史发展过程中经过传承积累而自然凝聚的共有的人文精神及其物质体现总体体系。

简单来说，狭义文化排除人类社会、历史生活中关于物质创造活动及其结果的部分，专注于精神创造活动及其结果，属于精神范畴。狭义文化不但以人为中心，而且以人的精神活动为中心，即使观察物质世界，也是以其中的人文精神为内核。狭义文化关注的不是个体的精神活动，而是经过历史传承积累凝聚的、共有的、成体系的人文精神。狭义文化的重点不仅是全人类的普遍共性，而且更加注重不同民族、阶层、集团人文精神的特点。狭义文化又称“小文化”。

但并不是所有人都同意这个观点，因为文化是多个层面的，很难用简略的语言加以概括。文化的含义是一个极难达成共识的问题。我们从这种现象中也可以感知到文化的意蕴深刻、绚烂多彩。从根本上来看，文化的核心是人。文化是生活在不同地区的人们，在漫长的时间里形成的独特的生活方式、生活习惯及信仰。文化是人类的一种生活方式，也是一种活动成果，同时必然会对人类社会产生作用和影响。

第二节 文化的价值

文化是人类智慧和创造力的体现。人类创造了文化，文化也改造着人类。人类发展的历史就是文化创造的历史。文化对国家、社会和个人都有着深刻的影响。人类的发展需要文化，文化对人类来说也就拥有了价值。

一、文化的社会价值

纵观人类社会的发展历史，文化既表现在对社会发展的导向作用上，又表现在对社会规范调控的作用上，还表现在对社会的凝聚作用和社会经济发展的驱动作用上。

文化引导着社会发展。从文化的本质上讲，任何社会形态下的文化，不仅仅包含着对一种社会形态的肯定与认可，同时也包含着对这种社会形态的批判和评价。也就是说文化不仅仅包含着“是什么”的价值描述，更包含着“该怎样”的价值判断。文化蕴含的价值判断以理想和信念的力量给人类社会以价值支撑。

人类社会的发展历史表明，当一种旧的社会形态不能够适应社会需求时，总是先从文化上开启对新的社会形态的引导作用。文化一方面批判了原有社会形态的弊端，另一方面又描绘着崭新社会形态的蓝图。

当新的社会形态建立后，社会秩序进入常态化。文化通过法律、道德、理想、风俗、情操等因子调整人与自然、人与社会、人与人的关系。通过文化的熏习、教化和激励，潜移默化地实现了文化对社会规范的调控。这就保证了社会的正常、有序、健康的运行。

文化还具有社会凝聚作用。文化通过各种载体，形成一种文化环境，对于生活在其中的人们形成同化的作用。在这种环境下，文化塑造了他们共同的世界观、人生观和价值观，赋予他们共同的历史记忆和生活方式。这一切都促使他们产生文化认同，从而形成深入人心的社会凝聚力量。

文化的以上价值突出地表现在文化对经济社会的作用上。经济社会是文化的基础，文化反作用于经济社会发展。

首先，文化通过导向作用评价和引导着经济社会的发展。经济行为的选择、经济水平发展不能不受到思想、道德、舆论、风俗等社会文化背景的影响。

其次，文化塑造了经济社会最基本单元——人。人受到文化的熏陶，同时也依靠文化互相认同、互相凝聚。文化保证了人在一定的组织形式下的互相沟通，进而保证了经济社会活动的正常有序进行。

最后，文化赋予经济活动以文化含量以及由此带来的附加经济价值。文化含量越厚重的经济活动，在市场上实现其经济价值的可能性就越大。

不仅如此，文化对社会的价值还渗透到社会政治、军事、艺术、生活等方方面面。

二、文化的个人价值

在人类思想史上，马克思较为深刻地揭示出人的本质。他认为人是基于某种需要在一定的社会关系中、在所从事的实践活动过程中不断生成的历史存在物，即为我的、自觉的、社会性的实践活动过程中的生成物。简单来说，人之所以为人，区别于动物的最根本特征是实践。文化自产生以来就是与实践密不可分的，是始于实践、依存于实践并以实践为其重要表现形态的。人在实践过程中创造了特定的文化环境、各种形式的文化活动。这些文化环境和文化活动反过来又塑造了人，成为文化作用于个人的来源。

文化的个人价值表现在文化影响着人的交往行为和交往方式，影响着人的实践活动、认识活动和思维方式。不同时代、不同民族、不同地域、不同阶级、不同阶层的人拥有着不同的风俗习惯、价值观念和文化程度。这就会形成人与人之间不同的交往行为和交往方式，具体表现在不同的语言、符号、器物、行为举止等一系列方面。同时，由于文化环境、知识素养和价值观念的不同，人认识的角度、广度和深度，人实践的目标和行为，人的思维方式也会形成差异。

文化对个人作用的特点是潜移默化、深远持久。潜移默化是指人是无时无刻、不知不觉地受到文化的影响。深远持久是指文化对人的影响是经年累月、难以抹去的。文化对人的潜移默化的影响并非只是一个消极被动的过程，而是一个主动学习、自觉接受的过程。文化对人深远持久的影响也并非是一成不变的。这就要求个人的发展要积极参加健康向上的文化活动，自觉学习、接受健康向上的文化熏陶，树立正确的世界观、人生观和价值观。

文化对个人的影响包括有利影响和不利影响。人的完美需要在优秀文化中实现，积极向上、先进、健康的优秀文化能够促进个人的完美。性质相反的文化阻碍人的成长和塑造。优秀文化从思想道德素质、科学文化素质和健康素质等不同方面作用，丰富人的精神世界、增强人的精神力量、促进人的全面发展，进而又促进了人类社会的物质财富和精神财富的发展，推动了人类社会的进步。

第三节 文化的分类

文化具有多样性和复杂性，因此很难给文化做出一个准确的、清晰的分类标准。对文化的划分都只是从某一个角度来分析的，都是尝试性的。

文化的分类方法是多样的。对文化的结构解剖，有两分说，即分为物质文化和精神文化；有三层次说，即分为物质、制度、精神三层次；有四层次说，即分为物质、制度、风俗习惯、思想与价值。有六大子系统说，即物质、社会关系、精神、艺术、语言符号、风俗习惯。

一、从文化的内部结构看

文化的内部结构包括下列几个层次：物态文化、制度文化、行为文化、心态文化。物态文化层，由物化的知识力量构成，是人的物质生产活动及其产品的总和，是可感知的、具有物质实体的文化事物。制度文化层，由人类在社会实践中建立的各种社会行为规范构成，包括社会经济制度、婚姻制度、家族制度、政治法律制度等。行为文化层，以民风、民俗形态出现，见之于日常起居行为之中，具有鲜明的民族、地域特色。心态文化层，可细分为社会心理和社会意识形态两个层次，由人类在社会实践和意识活动经过长期孕育而形成的价值观念、审美、情趣、思维方式等构成，是文化的核心部分。

二、从人类学家视角看

有些人类学家将文化分为三个层次：高级文化（High culture），包括哲学、文学、艺术、宗教等；大众文化（Popular culture），指习俗、仪式以及包括衣食住行、人际关系各方面的生活方式；深层文化（Deep culture），主要指价值观的美丑定义，时间取向、生活节奏、解决问题的方式以及与性别、阶层、职业、亲属关系相关的个人角色。高级文化和大众文化均植根于深层文化，而深层文化的某一概念又以一种习俗或生活方式反映在大众文化中，以一种艺术形式或文学主题反映在高级文化中。以上的分类都一致地表明思想文化居于所有文化的核心地位。

三、从文化的地域来看

文化还可以根据生成的地域进行划分，如东方文化、西方文化等。与中国的现实状况联系比较紧密的是西方文化和中国传统文化。

（一）西方文化

西方文化指的是西欧、北美的文化，包括西方世界中共同的标准、价值观、风俗等。适用于受西欧移民或殖民影响强烈的国家，并不仅限于西欧。西方文化常被认为起源于古希腊和罗马帝国的印欧人。西方文化也根源于斯拉夫人以及北欧的日耳曼人及凯尔特人的文化，这些文化是形成欧洲的重要推动力量。随着罗马基督教地位的提高，圣经成为西方文艺中的核心部分，几乎影响到了西方文化的所有领域，包括艺术、法律、哲学、教育以及政治。罗马基督教成立了许多神学院，现在的许多大学、学院即起源于此，总体而言这些学院促进了早期西方文化的传播。阿拉伯文化保存了一些古希腊和古罗马的知识，随着十字军东征，西班牙、黎凡特的摩尔人所具有的阿拉伯文化，对西欧产生影响，终于在 14 世纪，希腊的文化遗产重又被西欧发现，于是文艺复兴诞生了。文艺复兴的西方文化被探险者、殖民者、商人以及传教士传播到新大陆。随后的启蒙时代，在美国革命、法国大革命时达到顶峰。一些理念，比如民权、法律面前人人平等、司法公正以及民主，这些社会构成的理想，第一次被付诸实践。如今这些准则已经成为现代西方文化的基石。19 世纪，美国开始发展自成一体的西方文化，自 20 世纪 50 年代起占据了主导地位，连同美国的时尚文化、娱乐文化、技术文化以及政治文化，泛滥于西方世界。

在世界范围内，西方文化中的元素对其他文化具有很强的影响力。许多有文化背景的人，包括西方与非西方的，都将现代化与西化等量齐观，当然也有许多非西方人士，反对将采纳西方理念与价值，作为所有社会的必然。一些非西方世界的成员，他们将科技进步跟西方的不同价值观相联系，由于西方价值观与他们当地社会的价值理念大相径庭，以此作为理由，来反对大部分的现代化。无可争议的是，组成所谓现代化概念的技术、社会模式中的大部分，都发展自西方世界。但这些技术和社会模式，是否就是西方文化的本质部分，这个问题则较难回答。

（二）中国传统文化

中国传统文化是中华文明演化而汇集成的一种反映民族特质和风貌的民族文化，是民族历史上各种思想文化、观念形态的总体表征，是指居住在中国地域内的中华民族及其祖先所创造的、为中华民族世世代代所继承发展的、具有鲜明民族特色的、历史悠久、内涵博大精深、传统优良的文化。它是中华民族几千年文明的结晶，除了儒家文化这个核心内容外，还包含有其他文化形态，如道家文化、佛教文化等。中国传统文化实际上从汉武帝始分为前后两个不同的阶段，前期诸子并存、百家争鸣，后期一儒统天下，虽然也有释道掺杂其中，个别时候甚至盖过儒术，但总体上是儒家独步天下，无有能与其争雄。

中国传统文化在中国近代历史的洪流中受到挑战和考验，人们在民族独立和民族复兴的奋斗中逐渐认识到，中国优秀传统文化和民族精神是宝贵的精神财富，是中华民族自立于世界民族之林的精神支柱之一，需要加以继承和发展，并与世界上的先进文化和科学精神相结合。近代文化先驱者们提出，在中国固有的文化中，既有精粹也有糟粕，应当加以辨别，而其中精粹部分的发展，需要和世界先进的科学思想相结合。也就是说，不能仅仅看到自己国家的过去，还应当放眼世界，从世界的广阔视野去审视我国的古代文化，以中华文化的开放和“会通”精神，学习外国的优秀文化，使中华文化具有现代普世价值，为人类文明做出新的贡献。

历史和事实证明，唯一可能而且实际对中国文化建设起指导作用的只有马克思主义。马克思主义之所以能成为中国现代文化建设的根本指导思想有以下原因：第一，马克思主义本身的科学性和实践性。马克思主义包含着科学的宇宙观和历史观，是人们自觉改造自然与社会的普遍指导思想，对于人类任何自觉的认识活动和实践活动都是必要的和有效的，中国建设社会主义文化当然不能例外。第二，中国已经在马克思主义指导下进行了长期的革命和建设，其中包括文化上的争论、斗争和建设，尽管发生过重大的偏差和错误，但总的来说，马克思主义的指导还是成功的，特别当它正确地同中国国情创造性地结合起来，形成适应中国社会发展需要的理论，其指导作用尤其显著。第三，文化的基础是经济、政治，中国在工业上已经达到相当高的水平，经济制度坚持了以公有制为主体，正在建立社会主义市场经济体制，政治制度坚持了人民民主专政的国体和人民代表大会、共产党领导的多党合作和政治协商的民主制度，在这样的基础上建立的文化只能是社会主义的，亦即只能是以马克思主义为指导的文化。第四，新中国成立以来，特别是在改革开放以后，马克思主义的指导对于文化建设所起的积极作用则是有目共睹的。这就在实践上证明了马克思主义指导的必要性和合理性。

党的十五大报告就指出："中国特色社会主义文化，就是以马克思主义为指导，以培育有理想、有道德、有文化、有纪律的公民为目标，发展面向现代化、面向世界、面向未来的，民族的科学的大众的社会主义文化。"

核心价值体系和核心价值观，是决定文化性质和方向的最深层次要素，是一个国家的重要稳定器。2006 年 10 月，党的十六届六中全会通过的《中共中央关于构建社会主义和谐社会若干重大问题的决定》，第一次明确提出了"建设社会主义核心价值体系"这个重大命题和战略任务。2007 年，胡锦涛总书记在"6·25"重要讲话中强调，要大力建设社会主义核心价值体系，巩固全党全国人民团结奋斗的共同思想基础。社会主义核心价值体系包括四个方面的基本内容，即马克思主义指导思想、中国特色社会主义共同理想、以爱国主义为核心的民族精神和以改革创新为核心的时代精神、社会主义荣辱观。党的十八大首次提出，要倡导富强、民主、文明、和谐，倡导自由、平等、公正、法治，倡导爱国、敬业、诚信、友善，积极培育和践行社会主义核心价值观。

■拓展阅读

建议社会主义核心价值体系是构建社会主义和谐社会的重要条件，分为：

国家层面：富强、民主、文明、和谐

社会层面：自由、平等、公正、法治

个人层面：爱国、敬业、诚信、友善

——人民网《社会主义核心价值体系研究向纵深拓展》，2007 年 10 月 14 日

社会主义核心价值体系和核心价值观内在一致，都体现了社会主义意识形态的本质要求，体现了社会主义制度在思想和精神层面的质的规定性，凝结着社会主义先进文化的精髓，是中国特色社会主义道路、理论体系和制度的价值表达。

社会主义核心价值观在社会主义核心价值体系的基础上，更加突出核心要素，更加注重凝练表达，更加强化实践导向。它所强调的"三个倡导"二十四个字，是社会主义核心价值体系的内核，是对社会主义核心价值体系的高度凝练和集中表达。它把涉及国家、社会、公民的价值要求融为一体，既体现了社会主义本质要求，继承了中华优秀传统文化，也吸收了世界文明有益成果，体现了时代精神，回答了我们要建设什么样的国家、建设什么样的社会、培育什么样的公民的重大问题。

第四节 青年要自觉践行社会主义核心价值观

新的希望在青年。青年最富有朝气、最富有梦想。近代以来，我国青年不懈追求的美好梦想，始终与振兴中华的历史进程紧密相连。在革命战争年代，广大青年满怀革命理想，为争取民族独立、人民解放冲锋陷阵、抛洒热血。在社会主义革命和建设时期，广大青年响应党的号召，向困难进军，向荒原进军，保卫祖国，建设祖国，在新中国的

广阔天地忘我劳动、艰苦创业。在改革开放历史新时期，广大青年发出“团结起来、振兴中华”的时代强音，为祖国繁荣富强开拓奋进、锐意创新。

一个有远见的民族，总是把关注的目光投向青年；一个有远见的政党，总是把青年看作推动历史发展和社会前进的重要力量。历史和现实都告诉我们，青年一代有理想、有担当，国家就有前途，民族就有希望，实现我们的发展目标就有源源不断的强大力量。中华民族伟大复兴终将在广大青年的接力奋斗中变为现实。

前途是光明的，道路是曲折的。一方面看，青年面临着前所未有的历史机遇，承载着创造未来、承担未来的历史使命。另一方面，青年人的发展任务变得更加繁重、艰苦和复杂，承担的社会角色也会处于过渡之中，无论是心理还是生理都需要逐步地走向成熟。具体来说，学业的压力、就业工作的压力、人际关系的压力、感情生活的压力、人生道路选择的压力、价值观念冲突的压力都需要让青年人去学会适应和面对，让青年人在适应、面对和困惑中去思考未来。

人的完美需要在优秀文化中实现，青年人处于快速发展的时期，更要自觉地接受优秀文化的熏陶和引导。历史和事实证明，在当代中国，社会主义核心价值观就是青年人应该自觉践行的优秀文化。要自觉践行社会主义核心价值观，就要做到以下几个方面。

一、自觉提高科学文化素质

科学文化素质的含义是人们在科学知识、文化知识、艺术欣赏等方面自我教育、自我提高的过程。提高自身的科学文化素养就是要学习自然科学、社会科学知识，用人类创造的科学文化知识武装自己的头脑等。

青年人正处于人生的重要转折点，今后面临着生存和发展的挑战和考验。今天我们生活在高度物质文明的社会中，在吃、穿、住、行日常生活的每一个环节都享受着现代科学技术的成果。科学文化知识包含了知性和理性，需运用思考力，比起其他学科更能提高认识问题、解决问题的能力，只有不断地提高自己的科学文化素质才能紧跟时代发展的步伐，增加自身未来的竞争力。

面对时代的发展、科技创新、知识更新、市场竞争、生存与发展的客观环境，由于教育的高成本、高投入与严峻的就业现实存在较大差距，所学无处用，所用非所学等一些现实的原因，“读书无用论”的观点甚嚣尘上。

由于各种主客观原因，一些大学生在毕业后很难找到理想工作或者工作待遇低于预期的水平。然而从另一方面看，一部分大学生面临同样的现实问题，他们通过自身不断的努力，更进一步地提高自身的科学文化素质，最终脱颖而出，成为用人单位青睐的新生力量，有的甚至成长为中流砥柱。归根到底，当今社会永远最缺的是各种各样的人才。日新月异的现代科技，对人才的要求越来越苛刻。人才是靠学习逐步成长的，本领的大小、能力的强弱也是靠学习拉开的，人生的境界高低也是由学习决定的。青年的特点更决定了青年人应该把学习放在首要的位置。只有通过学习才能提高自身在现代社会的生存能力。

在现阶段，我国的教育还有很多值得进一步改善的地方。其中最根本的问题是教条化，教科书上尽是条理分明、确定无疑的结论，整篇都是概念、定律和公式，导致学生们花了很大的精力去“理解”和记住这些抽象的结论，结果把生动有趣的科学知识变成了“木乃伊”，从而使自己陷入一种积累知识的窘迫状态——死记硬背、事倍功半、收效甚微的泥潭。用这样的知识依葫芦画瓢还可以，对创新来说不但无益，反而阻止了学生创造性思维的发挥和拓展。“所学无处用，所用非所学”的问题也确实存在。

青年人朝气蓬勃，富有活力，是创新创造的急先锋。作为新时代的青年人，也要敢于在实事求是的基础上，突破平面思维的束缚，到多维空间去遨游。科学文化源自实践，归根到底也要回到实践，青年朋友们要敢于在实践中培养自己发现问题、分析问题和解决问题的能力，使自己成为一个知识面广、具有开拓精神的人才。

各人的才能不一样，有长于此的，有短于彼的，但有一样可以肯定：主动权是由自己掌握的，这就是努力。虽然资质比较差些，但如果用功些，就可能进步得快些，并且一般地讲，可以超过那些自以为有天才而干劲不足的人。人与人最小的距离是天赋，最大的距离是坚持。唯有学习，不断地学习，才能使人聪明；唯有努力，不断地努力，才会拥有才能。

二、自觉提高思想道德素质

青年的成长不仅需要扎实的专业才能、广泛的科学文化知识，更需要自觉提高自身的思想道德素质。

从现实状况上来看，当代中国正在经历着的剧烈的社会变迁，使人们享受着不同以往的物质生活，也经历着前所未有的精神冲击。各种社会思潮的激烈碰撞，各种社会问题随之而来，在这期间成长起来的青年深受影响，背负着更多的希望，也承受着更多的指责。当代中国，各个年龄阶层的人道德水平参差不齐，这是整个社会的问题。可正是如此，青年一代更应该担当起拯救者的角色，不同的时代背景，同样的期许，青年人永远都是时代的希望，现在完成民族伟大复兴的接力棒传到青年一代手中。

青年人要自觉提高思想道德修养，就是要自觉弘扬爱国主义、集体主义、社会主义思想，积极倡导社会公德、职业道德、家庭美德。国家富强、民族振兴，才能为个体提供享有尊严的生活、人生出彩的宽广舞台。同时，唯有个体共同奋斗的汇聚，才能托起强大的国家。青年是引领社会风气之先的活跃力量，更是国家和民族的希望。青年人首先需要透过众声喧哗的纷扰，在理性思考中担负起对我们所生活的国家、民族、社会所应有的责任。再次，要牢记“从善如登，从恶如崩”的道理，始终保持积极的人生态度、良好的道德品质、健康的生活情趣。最后，要倡导社会文明新风，带头学雷锋，积极参加志愿服务，主动承担社会责任，热诚关爱他人，多做扶贫济困、扶弱助残的实事好事，以实际行动促进社会进步。

著名作家柳青说：“人生的道路虽然漫长，但紧要处常常只有几步，特别是当人年轻的时候。”树立正确的人生观、价值观、道德观就要从我们青年一代抓起。作为21世纪的新青年，我们要时刻与祖国同呼吸共命运，将自己的发展与祖国的现代化建设相结合，不断弘扬道德风尚，彰显时代精神，为实现中华民族的伟大复兴而努力奋斗。

三、自觉提高健康素质

身体是革命的本钱，拥有健康强健的体魄才能更好地承担起人生的责任。青年处于生理发育的重要时期，养成良好健康的生活习惯，关系到以后一生的健康。要提高自身的健康素质，就要做好健康预防。第一，饮食要科学营养，养成每日三餐定时定量。第二，适当运动，最好的运动是步行，坚持每天运动一小时，健康生活一辈子。第三，充分休息，要保证8小时的睡眠，避免晚上熬夜。第四，心理平衡，正确对待一切人和事物，为自身创造优良的生活学习环境。第五，养成良好的个人习惯，不吸烟不酗酒。

人的一生只有一次青春。现在，青春是用来奋斗的；将来，青春是用来回忆的。人生之路，有坦途也有陡坡，有平川也有险滩，有直道也有弯路。青年面临的选择很多，关键是要以正确的世界观、人生观、价值观来指导自己的选择。无数人生成功的事实表明，青年时代，选择吃苦也就选择了收获，选择奉献也就选择了高尚。青年时期多经历一点摔打、挫折、考验，有利于走好一生的路。要历练宠辱不惊的心理素质，坚定百折不挠的进取意志，保持乐观向上的精神状态，变挫折为动力，用从挫折中吸取的教训启迪人生，使人生获得升华和超越。总之，只有进行了激情奋斗的青春，只有进行了顽强拼搏的青春，只有为人民做出了奉献的青春，才会留下充实、温暖、持久、无悔的青春回忆。

阅读与思考

青年要自觉践行社会主义核心价值观
——在北京大学师生座谈会上的讲话（节选）

习近平

“五四”运动形成了爱国、进步、民主、科学的“五四”精神，拉开了中国新民主主义革命的序幕，促进了马克思主义在中国的传播，推动了中国共产党的建立。“五四”运动以来，在中国共产党领导下，一代又一代有志青年“以青春之我，创建青春之家庭，青春之国家，青春之民族，青春之人类，青春之地球，青春之宇宙”，在救亡图存、振兴中华的历史洪流中谱写了一曲曲感天动地的青春乐章。

光阴荏苒，物换星移。时间之河川流不息，每一代青年都有自己的际遇和机缘，都要在自己所处的时代条件下谋划人生、创造历史。青年是标志时代的最灵敏的晴雨表，时代的责任赋予青年，时代的光荣属于青年。

人类社会发展的历史表明，对一个民族、一个国家来说，最持久、最深层的力量是全社会共同认可的核心价值观。核心价值观，承载着一个民族、一个国家的精神追求，体现着一个社会评判是非曲直的价值标准。

古人说：“大学之道，在明明德，在亲民，在止于至善。”核心价值观，其实就是一种德，既是个人的德，也是一种大德，就是国家的德、社会的德。国无德不兴，人无德不立。如果一个民族、一个国家没有共同的核心价值观，莫衷一是，行无依归，那这个民族、这个国家就无法前进。这样的情形，在我国历史上，在当今世界上，都屡见不鲜。

中华文明绵延数千年，有其独特的价值体系。中华优秀传统文化已经成为中华民族的基因，植根在中国人内心，潜移默化影响着中国人的思想方式和行为方式。今天，我们提倡和弘扬社会主义核心价值观，必须从中汲取丰富营养，否则就不会有生命力和影响力。比如，中华文化强调“民惟邦本”“天人合一”“和而不同”，强调“天行健，君子以自强不息”“大道之行也，天下为公”；强调“天下兴亡，匹夫有责”，主张以德治国、以文化人；强调“君子喻于义”“君子坦荡荡”“君子义以为质”；强调“言必信，行必果”“人而无信，不知其可也”；强调“德不孤，必有邻”“仁者爱人”“与人为善”“己所不欲，勿施于人”“出入相友，守望相助”“老吾老以及人之老，幼吾幼以及人之幼”“扶贫济困”“不患寡而患不均”，等等。像这样的思想和理念，不论过去还是现在，都有其鲜明的民族特色，都有其永不褪色的时代价值。这些思想和理念，既随着时间推移和时代变迁而不断与时俱进，又有其自身的连续性和稳定性。我们生而为中国人，最根本的是我们有中国人的独特精神世界，有百姓日用而不觉的价值观。我们提倡的社会主义核心价值观，就充分体现了对中华优秀传统文化的传承和升华。

价值观是人类在认识、改造自然和社会的过程中产生与发挥作用的。不同民族、不同国家由于其自然条件和发展历程不同，产生和形成的核心价值观也各有特点。一个民族、一个国家的核心价值观必须同这个民族、这个国家的历史文化相契合，同这个民族、这个国家的人民正在进行的奋斗相结合，同这个民族、这个国家需要解决的时代问题相适应。世界上没有两片完全相同的树叶。一个民族、一个国家，必须知道自己是谁，是从哪里来的，要到哪里去，想明白了、想对了，就要坚定不移朝着目标前进。

去年 12 月 26 日，我在纪念毛泽东同志诞辰 120 周年座谈会上讲话时说：站立在 960 万平方公里的广袤土地上，吸吮着中华民族漫长奋斗积累的文化养分，拥有 13 亿中国人民聚合的磅礴之力，我们走自己的路，具有无比广阔的舞台，具有无比深厚的历史底蕴，具有无比强大的前进定力。中国人民应该有这个信心，每一个中国人都应该有这个信心。我们要虚心学习借鉴人类社会创造的一切文明成果，但我们不能数典忘祖，不能照抄照搬别国的发展模式，也绝不会接受任何外国颐指气使的说教。

我说这话的意思是，实现我们的发展目标，实现中国梦，必须增强道路自信、理论自信、制度自信，“千磨万击还坚劲，任尔东南西北风”。而这“三个自信”需要我们对核心价值观的认定做支撑。

我为什么要对青年讲讲社会主义核心价值观这个问题？是因为青年的价值取向决定了未来整个社会的价值取向，而青年又处在价值观形成和确立的时期，抓好这一时期的价值观养成十分重要。这就像穿衣服扣扣子一样，如果第一粒扣子扣错了，剩余的扣子都会扣错。人生的扣子从一开始就要扣好。“凿井者，起于三寸之坎，以就万仞之深。”青年要从现在做起、从自己做起，使社会主义核心价值观成为自己的基本遵循，并身体力行大力将其推广到全社会中去。

广大青年树立和培育社会主义核心价值观，要在以下几点上下功夫。

一是要勤学，下得苦功夫，求得真学问。知识是树立核心价值观的重要基础。古希腊哲学家说，知识即美德。我国古人说：“非学无以广才，非志无以成学。”大学的青春时光，人生只有一次，应该好好珍惜。为学之要贵在勤奋、贵在钻研、贵在有恒。鲁迅先生说过：“哪里有天才，我是把别人喝咖啡的工夫都用在工作上的。”大学阶段，“恰同学少年，风华正茂”，有老师指点，有同学切磋，有浩瀚的书籍引路，可以心无旁骛求知问学。此时不努力，更待何时？要勤于学习、敏于求知，注重把所学知识内化于心，形成自己的见解，既要专攻博览，又要关心国家、关心人民、关心世界，学会担当社会责任。

二是要修德，加强道德修养，注重道德实践。“德者，本也。”蔡元培先生说过：“若无德，则虽体魄智力发达，适足助其为恶。”道德之于个人、之于社会，都具有基础性意义，做人做事第一位的是崇德修身。这就是我们的用人标准为什么是德才兼备、以德为先，因为德是首要、是方向，一个人只有明大德、守公德、严私德，其才方能用得其所。修德，既要立意高远，又要立足平实。要立志报效祖国、服务人民，这是大德，养大德者方可成大业。同时，还得从做好小事、管好小节开始起步，“见善则迁，有过则改”，踏踏实实修好公德、私德，学会劳动、学会勤俭，学会感恩、学会助人，学会谦让、学会宽容，学会自省、学会自律。

三是要明辨，善于明辨是非，善于决断选择。“学而不思则罔，思而不学则殆。”是非明，方向清，路子正，人们付出的辛劳才能结出果实。面对世界的深刻复杂变化，面对信息时代各种思潮的相互激荡，面对纷繁多变、鱼龙混杂、泥沙俱下的社会现象，面对学业、情感、职业选择等多方面的考量，一时有些疑惑、彷徨、失落，是正常的人生经历。关键是要学会思考、善于分析、正确抉择，做到稳重自持、从容自信、坚定自励。要树立正确的世界观、人生观、价值观，掌握了这把总钥匙，再来看看社会万象、人生历程，一切是非、正误、主次，一切真假、善恶、美丑，自然就洞若观火、清澈明了，自然就能作出正确判断、作出正确选择。正所谓“千淘万漉虽辛苦，吹尽狂沙始到金”。

四是要笃实，扎扎实实干事，踏踏实实做人。道不可坐论，德不能空谈。于实处用力，从知行合一上下功夫，核心价值观才能内化为人们的精神追求，外化为人们的自觉行动。《礼记》中说：“博学之，审问之，慎思之，明辨之，笃行之。”有人说：“圣人是肯做功夫的庸人，庸人是不肯做功夫的圣人。”青年有着大好机遇，关键是要迈稳步子、夯实根基、久久为功。心浮气躁，朝三暮四，学一门丢一门，干一行弃一行，无论为学还是创业，都是最忌讳的。“天下难事，必作于易；天下大事，必作于细。”成功的背后，永远是艰辛努力。青年要把艰苦环境作为磨炼自己的机遇，把小事当作大事干，一步一个脚印往前走。滴水可以穿石。只要坚忍不拔、百折不挠，成功就一定在前方等你。

核心价值观的养成绝非一日之功，要坚持由易到难、由近及远，努力把核心价值观的要求变成日常的行为准则，进而形成自觉奉行的信念理念。不要顺利的时候，看山是山、看水是水，一遇挫折，就怀疑动摇，看山不是山、看水不是水了。无论什么时候，我们都要坚守在中国大地上形成和发展起来的社会主义核心价值观，在时代大潮中建功立业，成就自己的宝贵人生。

我相信，当代中国青年一定能够担当起党和人民赋予的历史重任，在激扬青春、开拓人生、奉献社会的进程中书写无愧于时代的壮丽篇章！

（选自《人民日报》2014 年 5 月 5 日）

◎**思考：**

根据所学的知识，结合习近平总书记的讲话，谈一谈青年人应该如何树立和培育社会主义核心价值观？

课堂内外

一、社会小调查

调研题目：当代青年大学生文化价值观调查

操作方法：利用文献搜索法、重点访谈法、问卷调查法。

效果预期：有助于同学了解当前青年的文化心理，了解青年对传统文化价值观和西方文化价值观的态度，了解青年大学生对核心价值观的认同状况。

二、主题讨论

讨论题目：当代的青年大学生的文化价值观有哪些特点？有何新趋势？

◎参考文献

[1] 冯天瑜．中华文化史［M］．上海：上海人民出版社，2005.

[2] 张岂之．人文精神是传统文化的灵魂［N］．西安晚报，2007－07－30.

[3] 韩振锋．社会主义核心价值观体现社会主义的本质要求［N］．光明日报，2015－05－07.

[4] 习近平．青年要自觉践行社会主义核心价值观［N］．光明日报，2014－05－04.

CHAPTER 12

专题十二
青年发展失范行为

导言

新的希望在青年，青年是精力充沛、富有理想、富有创造力和最少保守思想的群体。青年是未来推动国家和社会进步的重要力量。在当代中国，青年发展过程中的失范现象却又现实存在，令人深思。为什么青年容易出现失范行为？失范行为的产生有哪些主客观原因？我们要怎么应对青年发展中的失范行为？这都是值得我们去思考的问题。

精彩故事

孙悟空与紧箍儿

那人道："你是不知，我说与你听：一个唤作眼看喜，一个唤作耳听怒，一个唤作鼻嗅爱，一个唤作舌尝思，一个唤作意见欲，一个唤作身本忧。"悟空笑道："原来是六个毛贼！你却不认得我这出家人是你的主人公，你倒来挡路。"……他拽开步，团团赶上，一个个尽皆打死……

老母道："我那里还有一篇咒儿，唤作定心真言，又名作紧箍儿咒。你可暗暗的念熟，牢记心头，再莫泄漏一人知道……他若不服你使唤，你就默念此咒，他再不敢行凶，也再不敢去了。"三藏闻言，低头拜谢……三藏见他戴上帽子，就不吃干粮，却默默地念那紧箍咒一遍。行者叫道："头痛，头痛！"那师父不住地又念了几遍，把个行者痛得打滚，抓破了嵌金的花帽……行者真个又痛，只教："莫念，莫念！念动我就痛了！这是怎么说？"三藏道："你今番可听我教诲了？"行者道："听教了！""你再可无礼了？"行者道："不敢了！"

他口里虽然答应，心上还怀不善，把那针儿幌一幌，碗来粗细，望唐僧就欲下手，慌得长老口中又念了两三遍，这猴子跌倒在地，丢了铁棒，不能举手，只教："师父！我晓得了！再莫念，再莫念！"三藏道："你怎么欺心，就敢打我？"行者道："我不曾敢打，我问师父，你这法儿是谁教你的？"三藏道："是适间一个老母传授我的。"行者大怒道："不消讲了！这个老母，坐定是那个观世音！他怎么那等害我！等我上南海打他去！"三藏道："此法既是他授与我，他必然先晓得了。你若寻他，他念起来，你却不是死了？"行者见说得有理，真个不敢动身，只得回心，跪下哀告道："师父！这是他奈何我的法儿，教我随你西去。我也不去惹他，你也莫当常言，只管念诵。我愿保你，再无退悔之意了。"三藏道："既如此，伏侍我上马去也。"那行者才死心塌地，抖擞精神，束一束绵布直裰，扣背马匹，收拾行李，奔西而进。

——吴承恩《西游记》(第十四回　心猿归正六贼无踪)

孙行者却又对唐僧道："师父，此时我已成佛，与你一般，莫成还戴紧箍儿，你还念甚么紧箍咒儿掯勒我？趁早儿念个松箍儿咒，脱下来，打得粉碎，切莫叫那甚么菩萨再去捉弄他人。"唐僧道："当时只为你难管，故以此法制之。今已成佛，自然去矣，岂有还在你头上之理！你试摸摸看。"行者举手去摸一摸，果然无之。此时旃檀佛、斗战佛、净坛使者、金身罗汉，俱正果了本位，天龙马亦自归真。

——吴承恩《西游记》(第一百回　径回东土五圣成真)

◎**思考：**

有人认为《西游记》是一部典型的寓意小说，其中最典型的莫过于取经途中半路出现，最后自动消失的紧箍儿。想一想，如果孙悟空没有紧箍儿还是孙悟空么？西天取经是否会成功？紧箍儿象征了什么？

情景导入

班级讨论

1. 你认为什么是失范行为？请举例说明。
2. 为什么青年人更容易出现失范行为？
3. 我们应该怎么防范失范行为的产生？

探求新知

第一节　失　范

一、失范的含义

失范概念本身是一个动态、多义、广泛的理论范畴。从词源上看，失范是对"anomie"的翻译。"a-"是否定性的，"nomos"则具有规则、规范、原则、法律或规律等诸多含义。于是，失范就含有"normlessness"或"lawlessness"之义。

失范（anomie）是由法国社会学家迪尔凯姆最早提出的，其字面上的意思是“缺少规范”，迪尔凯姆所指的失范主要是指社会不能调整人们正确认识自己的需要并用恰当方式满足自己需要的状态。他认为失范是对个人的欲望和行为的调节缺少规范、制度化程度差而丧失整合的混乱无序的社会状态，是外在的和约束性的道德控制的离散。他指出人类生活在强迫性的社会分工之中，社会的规范约束我们每一个人，我们不能随心所欲。当现实社会满足个人欲望的机会与个人欲望不能够达到平衡时，人必须依赖外来的规范来控制自己的欲望。他认为人类不能依赖自愿来控制自身的欲望，只有经过社会的规范，借助法律以及惩罚来限制永无止境的欲望，使自身的欲望在合理的范围内存在，从而能够被社会所接受。

美国社会学家 R. K. 默顿（Robert King Merton，1910—2003）进一步发展了失范理论，他把失范看成是“规范的缺席”，即人们对现存的社会规范缺乏广泛的认同，从而使社会规范丧失了控制人们行为的权威和效力。他认为，社会失范是文化目标与制度化手段的不平衡。简单地说，当人们能够用社会所肯定的手段以达到社会所认可的目标时，它们是平衡的。这时社会成员的行为是遵从行为。反之，由于社会化教育缺乏，人们不知道社会所肯定的目标是什么，或者有些人群对这种目标不感兴趣，或者人们不重视达到这种目的所应该遵循的手段，这时社会规范的目标与社会所认可的手段发生不平衡，人们就容易发生失范行为。迪尔凯姆对失范的研究主要集中在社会结构层面，默顿的失范研究则是从社会结构失范来研究个体行为失范。

二、社会失范与行为失范

失范概念的内涵分微观和宏观两个层面。即社会结构与个人行动两个层面，可以分别称为社会失范与行为失范。社会失范是指“社会的价值与规范体系产生紊乱而导致功能丧失，无法指导与约束社会成员的思想与行为，使整个社会秩序呈现无序化状态”。即反映信仰、情操、感情共同体的那一套社会规范系统——减弱或破裂。社会失范包括两层意思：第一层意思是传统的规范的失效，如生活方式的改变、伦理道德的失效、宗教信仰的改变、语言文字的改变以及内在社会民众心理的变化。第二层意思包括新的社会普遍的生活方式、价值观念没有形成或成熟。人们并不自觉地受到流行文化的支配，却没有完全认同这种规范。

行为失范是指“社会成员的行为违背社会规范”。即与社会规范不一致、不协调甚至冲突的行为，都可称为行为失范。行为失范是社会成员难以遵从或遵从社会规范的成本大于收益，或违反规范的行为会带来更大的收益时发生的违反社会规范甚至法律、法规等的行为而产生的社会现象。社会失范是行为失范涌现的背景、环境，而行为失范的总和又反映社会失范。作为个体行动的失范现象在任何时代任何社会中都是存在的，但是，在结构转型的社会变迁格局下，失范行为往往大量出现。

三、失范、越轨与犯罪

一般来说，越轨（deviance）行为指违反重要的社会规范的行为，亦称离轨行为或偏离行为。“越”指超越、违反、背离、偏离等含义，“轨”主要是指社会的主导性规范、社会秩序。关于失范与越轨的关系，一直以来都是众说纷纭。社会失范与越轨虽然都是对于社会规范的背离或违背，但并不是同一个概念。一种现象属于社会失范，但未必就是越轨。而任何越轨都是一定的社会失范。即社会失范现象包含越轨现象和虽未越轨但通常被看成是反社会的或不道德的现象。可以说，越轨现象是严重的社会失范。不论某个特定社会是否存在着失范状态，越轨行为都有可能发生。但是，在社会失范状态中，更容易滋生越轨现象；而且，失范程度越严重，越轨行为的发生率也可能越高，越轨现象的波及面也可能越大。

犯罪（crime）不存在一般概念，因为犯罪具有相对性，所以寻找犯罪一般概念的努力必然归于失败。从形式上说犯罪是违反刑事法律并应该受到刑罚处罚的行为。

从刑法学的角度来看，《中华人民共和国刑法》（2015 年修正，下同）第 13 条规定："一切危害国家主权、领土完整和安全，分裂国家、颠覆人民民主专政的政权和推翻社会主义制度，破坏社会秩序和经济秩序，侵犯国有财产或者劳动群众集体所有的财产，侵犯公民私人所有的财产，侵犯公民的人身权利、民主权利和其他权利，以及其他危害社会的行为，依照法律应当受刑罚处罚的，都是犯罪，但是情节显著轻微危害不大的，不认为是犯罪。"根据这条规定，可以看出犯罪具有三个基本特征：严重社会危害性、触犯刑法并依法应受刑罚处罚。

从社会学角度来看，犯罪包括的内涵和外延要比刑法学意义上宽泛得多。社会学上的犯罪作为一种特殊的社会现象，是与现行社会行为规范相冲突的行为。也就是说，犯罪与越轨只是一步之遥而非天壤之别，只有量与度的差别，没有质的差别。

在犯罪学中，一般是将犯罪概念的社会学定义和刑法学定义有机结合起来。犯罪学中的犯罪指以刑法法定位基础，对社会历史发展具有一定危害的行为和现象。社会失范作为一个整体性的现象包含了各种危害程度不同的失范行为。犯罪作为其中最严重的一种是以其他更加广泛、普遍、危害程度较小的越轨行为为基数的。这就好像漂浮在海面的冰山，露出水面的仅仅是整个冰山的一小部分。就是说，犯罪不是"空穴来风"，其往往由其他危害较小的越轨行为演化形成。

四、失范存在的意义

失范存在的意义具有两面性。从社会结构的层面出发：一方面，社会失范会造成"规范真空状态"，加剧了社会的混乱。另一方面，社会失范事实上也揭露出了社会危机的客观存在，客观上要求人们通过对社会失范的知识、策略、技术治理能够进一步恢复、维持、塑造社会团结。从个人行动的层面出发：一方面，个人因为表现出偏离规范的本能倾向或性格倾向而导致失范行为的产生。另一方面，这也揭示了个人有经过修养和教化的再造过程重返正常的自然状态的可能性。也就是说个人失范意味着教育、惩罚和治疗存在的合理性和必要性。

迪尔凯姆对失范问题的研究主要表现在三个方面：第一，犯罪和越轨作为一种社会事实是社会存在的正常现象而不是病态现象，也是现代社会必不可少的成分。第二，失范在社会中发挥着重要功能，包括推动法律的发展，促进社会的进步，加强社会团结、明确道德界限、降低社会危害等。第三，正是在缺乏社会规范调整的状态下，个人的欲望或者需求无限膨胀并且使用不恰当的方式加以满足导致失范行为的产生。

第二节 青年失范行为的现状

当代中国社会已进入一个大变革的转型期。人们的价值观念、思维、行为方式均发生剧烈变化。传统社会规范受到强烈冲击，而新规范的建立尚需时日，这就导致人们的行为出现了某种混乱与无序。这种混乱与无序导致了青年行为失范，主要表现在以下几个方面。

一、理想信仰方面

理想信仰是人类最高层次的需求，是思想和行动的“总开关”“总阀门”。理想的滑坡是最致命的滑坡，信念的动摇是最危险的动摇。

青年作为中国特色社会主义事业的接班人，更要坚定不移抵制各种错误思潮的影响，坚定不移树立崇高理想和信仰，为社会主义现代化建设和中华民族的伟大复兴贡献智慧和力量。然而，随着社会发展，传统意义上的理想和信仰地位产生了动摇。由于错误思潮影响，崇高的理想和信仰对一些青年来说变得越来越陌生。与此同时，票子、房子、车子成为三位一体的“信仰”。金钱和美色成为精神的最后“皈依”。理想变得功利，信仰变得现实。

一些青年越来越难保留着应有的社会使命感、思想肤浅、精神萎靡，只剩下狭隘、焦虑和浮躁的精神生活，甚至为求结果不择手段。在一些青年大学生中精神空虚、急功近利体现得尤为明显，这一切都是理想和信仰缺失的病态表现。当理想和信仰缺失，个人对社会的责任感也就荡然无存。这就必然导致一个人的社会属性的萎缩，导致青年在追逐私欲的过程中找不到方向和准则，丧失了人之为人的生命意义。在这种情况下，一些严重的失范行为在他们的眼中也就变得无足轻重、自然而然了。

二、文化心理方面

当代青年在文化方面的失范突出表现在一场新的“读书无用论”思潮中。与20世纪显著不同的是，这场读书无用论是由下而上、自发地泛滥开来。青年受到这种错误思潮的影响，认为“读书无用，读大学更是一个肯定失败的投资”，甚至有青年提出“读书无用，捡垃圾都比读书强”“读书打水漂”的口号。“知识改变命运”的理念受到现实的无情吞噬，拼爹现象消解着社会公平底线。城市日趋激烈的毕业生就业竞争，高昂的学费、生活费，使得青年不得不权衡读书的利弊。2013—2015年的高考中，每年约有百万考生放弃高考，并以每年10万人的速度快速增加。

在心理方面的失范突出地表现在越来越多的青年心理危机的产生。近年来，在学业、经济、就业、情感等方面青少年由于心理问题导致的精神分裂、自杀、杀人（有的甚至杀害亲生父母）、投毒、放火等案例屡屡见诸报端。全国卫生统计资料表明，全国平均每年自杀死亡人数为数十万人，15～35岁年龄组已成为我国自杀死亡的主要群体，而造成15～24岁年龄组死亡的原因中，自杀位居第一。其他相关数据也表明，自杀已成为中国青少年第一位死因。

三、道德素质方面

青年道德失范表现在社会责任感的淡漠、社会公德失范、家庭美德的缺失、网络言行失调、诚信道德沦丧、恋爱道德堕落。人的本质属性在于社会性，社会责任感是社会进步的精神动力之一。个人价值的实现离不开社会的整体发展，承担属于自己的社会责任也是实现人生需求的一个最高层次。中国的青年自古以来就有强烈的历史使命感和担当精神。然而，当代青年的自我主体意识逐步强化，社会责任感却日益沦丧。有的青年过分地重视个人眼前利益，却忽视了社会责任的承担。有的青年过分追求奢侈生活，却缺乏精神的自觉。甚至有的青年为了自身享乐和一己之私走上了危害社会的道路。

社会公德是社会公共利益和社会共同生活得以维持和发展的基本准则，也是绝大多数社会成员认同的最简单、最基本的公共生活准则。在当代，一些青年不遵守社会公共秩序、随地吐痰、乱扔垃圾、损坏公物、破坏环境、见义不为、不敬师长的现象屡见不鲜。

家庭美德是指人们在家庭生活中调整家庭成员间的关系、处理家庭问题时所遵循的高尚的道德规范。家庭美德的内容主要包括尊老爱幼、男女平等、夫妻和睦、勤俭持家、邻里团结等。父母儿女心，天下第一情。一些青年只知道一味地索取，却不知体谅、孝敬父母。甚至动辄因为琐事虐待殴打父母长辈也时常见于报道。

由于当代社会互联网的开放、隐蔽和无拘束的特点，一些青年有恃无恐，公然在网上放纵自己的言行。使用一些不文明的网络语言，随意发表不健康的文字、图片和视频，甚至利用互联网对别人进行人身攻击、危害网络信息安全、进行违法犯罪活动。

诚信是一个人立身的根本，是中华民族的优秀美德，是社会健康运行的重要保障。然而，在当代一些青年中却出现了严重的诚信缺失现象。令人忧虑的是这种情况在青年大学生身上表现得尤为突出，考试作弊、简历造假、恶意拖欠贷款、为了获得助学金假造贫困证明，如此等等，已经不胜枚举。

青年的道德失范还表现在恋爱道德的堕落。“哪个少男不钟情，哪个少女不怀春。”青年恋爱本来是十分正常的社会现象，然而一些青年恋爱的动机不是基于共同的理想寻找人生伴侣，而是十分功利化。有的是为了满足与异性交往的欲望，寻求刺激。有的责任意识淡漠，多角恋、三角恋无所顾忌。有的青年贪图享乐，充当第三者，破坏别人家庭。有的青年因为爱情问题，和恋人发生争执就无休止争吵，有的甚至大打出手，发生喋血事件。

四、青少年犯罪

青年的失范行为突出地表现在青少年犯罪。“青少年犯罪”完全是一个犯罪学的概念，刑法学中并没有这一概念。因为刑法学中没有“青年”“少年”等概念，只有“成年人”和“未成年人”的概念。在我国，青年犯罪这一问题一般都把它放在未成年人犯罪一起进行研究。同时由于青年和少年的密切关系，我们通常把青年和少年犯罪合并为青少年犯罪进行论述。

在现代世界范围来看，“青少年犯罪”概念中的“犯罪”更贴近中文中的“越轨”。我国关于“犯罪”的概念一般按照刑法的规定来理解。根据《中华人民共和国刑法》规定，已满16周岁的人犯罪，应当负刑事责任；已满14周岁不满16周岁的人，犯故意杀人、故意伤害致人重伤或者死亡、强奸、抢劫、贩卖毒品、放火、爆炸、投毒罪的，应当负刑事责任；不满14周岁的人犯罪的，一律不负刑事责任。《中华人民共和国未成年人保护法》规定，不满18周岁的人为未成年人。《民法通则》规定，18周岁以上的公民为成年人。青少年等概念的年龄界限并没有法律的明文规定，不同学科根据自己的研究需求，对青少年年龄界限就有了自己的标准。从法学界的角度来看，已满14周岁到未满18周岁为少年，已满18周岁到未满25周岁的为青年，即青少年犯罪中的青少年指年满14周岁不满25周岁的公民。不太严格地说，我国的所谓的“青少年犯罪”是指刑法规定的某个特定年龄段的人实施了依法应受刑罚惩罚的危害社会的行为。我国的犯罪学研究基本上采用了这个青少年犯罪定义的基本精神。但是犯罪学将青少年中由于年龄原因尚未达到刑法规定的犯罪标准，但与犯罪同样严重危害了社会的违法行为也列入青少年犯罪的范畴。

从各方面的现实情况和研究资料来看，全球的青少年犯罪不仅人数激增，而且涉及面广。我国目前的青少年犯罪形势同样不容乐观。这体现在青少年犯罪的主体地位、青少年犯罪的类型和青少年犯罪的特点上。

在青少年犯罪的主体地位上，从1979年以来青少年犯罪开始大幅度上升，此后呈现出时起时伏，总体波浪形向前发展的趋势。1979年青少年犯罪占整个社会犯罪的比率为47.6%。进入20世纪80年代后，一直在60%以上。1988年一度达到75.7%，此后进入90年代一直保存在60%以上。进入21世纪，青少年犯罪的总量有所下降，但是又出现了一些令人担忧的质的变化。据统计，在“十一五”期间，我国全部犯罪人员中，青少年犯罪比例最高。青少年犯罪的总数已经占到了刑事案件总数的70%～80%。青少年犯罪人数占全国青少年人数的比例也不断攀升。青少年犯罪的平均年龄只有15.7岁。青少年犯罪在世界范围内已是吸毒贩毒、环境污染之后的第三大公害。全国2.2亿青少年中，平均每分钟发生一起刑事案件。

从青少年犯罪的类型上看，青少年犯罪呈现多样化，有从财产型犯罪为主向暴力型犯罪为主转化的趋势。主要表现为抢劫、盗窃、聚众斗殴，甚至故意杀人，其中暴力型犯罪占较大比例，有极大的社会危害性，其中增长最快的是抢劫，性犯罪也十分突出。值得注意的是，随着科技水平的发展，青少年犯罪不断向新型犯罪领域发展，青少年吸毒人数急剧增加。中国国家禁毒委员会办公室2016年2月18日发布的《2015年中国毒品形势报告》显示，2015年贩毒主体以青少年和农民为主。毒品的泛滥又导致犯罪的增加。同时利用计算机互联网进行犯罪也发展迅速。调查显示，黑客有80%是熟练掌握计算机技术的青少年。另外，上网成瘾、浏览不健康信息又引发了各种犯罪行为。以暴力犯罪为主的多样化犯罪已经成为目前青少年犯罪的趋势。调查显示，2009年北京、湖北和贵州三地的未成年人犯罪中，抢劫和故意伤害，强奸和故意杀人等暴力型犯罪的比率达到83.4%。青少年精力旺盛，辨别是非能力差，不考虑犯罪行为的后果，感情容易激动，因而总是不顾一切地去行动。因此，作案手段往往极其残忍，肆虐横行，无所畏惧，破坏性极大。

目前我国的青少年犯罪呈现如下特点。

1. 初始年龄提前，低龄化倾向凸显，重新犯罪率较高

随着社会经济的发展，由于各种原因，青少年生理成熟期普遍提前，接触社会、了解社会的途径日益广泛，各种媒体、社会环境的不良影响，致使青少年犯罪年龄向低龄层渗透，低龄化倾向日益明显。此外青少年违法犯罪反复性强，重新犯罪率较高。一般而言，青少年犯罪易于改造，但有些青少年在劳改、劳教和有关场所不仅没有得到转化，反而变得更坏，将进入改造机关看成"休息""学艺"，由"一面手"变为"多面手"，回到社会又重操旧业，继续犯罪，造成更大危害。值得注意的是，青少年所犯的新罪往往比以前犯的罪更为严重，一方面犯罪的性质恶化，另一方面犯罪数量增多。

2. 青少年犯罪成员的文化素质往往比较低

绝大多数青少年犯罪成员的文化水平只有小学和初中，约占全部犯罪青少年的80%，其中小学文化的青少年犯罪占了35%，初中文化的青少年犯罪占50%。其次是文盲和高中，大学生比例最小。同时，文化程度越低的青少年犯罪成员实施的暴力犯罪比重越大。青少年犯罪中90%以上的杀人、强奸、抢劫的作案人员的文化程度是初中以下。但是随着整个社会科学文化知识的提高，改变了犯罪青少年的知识结构，此外由于影视和传媒的不良影响，特别是受到暴力、色情等不良文化熏陶而模仿犯罪，智能化的程度逐渐提高。有的利用专门知识，有的模仿国外作案手段，有的还学会了反侦查手段，有的进行流窜作案。目前来看，青少年犯罪组智能倾向明显高于全体罪犯。

3. 青少年犯罪的身份结构特点

（1）农村青少年犯罪急剧增长。由于经济形势的发展，大量农村青少年进入城市。一些人受到文化、技能等方面的限制，不满足于现在的谋生手段，走上了犯罪道路，导致农村青少年犯罪急剧增长。

（2）青少年中学生犯罪增多，其中中小学流失学生犯罪比率比在校生高出十几倍。

（3）流动人口占青少年犯罪成员的比重增大。

（4）女性青少年犯罪比重加大。目前我国的女性青少年犯罪占整个刑事犯罪的15%左右。某些地方，女性青少年犯罪增长速度超过了男性青少年。女性青少年犯罪以卖淫为最多，在卖淫妇女中，90%是25岁以下女青年，甚至还有十二三岁的少女。和卖淫相关的组织卖淫、协助组织卖淫的女性青少年增多。在杀人、伤害、抢劫、诈骗、放火、拐卖人口、贩毒吸毒等案件中所占的比重越来越大，甚至出现了纯以女性组成的犯罪团伙。

4. 在组织结构方面表现为结伙性强，共同作案多，团伙犯罪突出

青少年渴望友谊，喜爱交往，乐于结伴行事。受到社会上"哥们义气"等不良习气的侵蚀和影响，互相帮衬打气，牟取私利，甚至狼狈为奸，无恶不作，成帮结伙作案，进而发展成为犯罪团伙。共同作案既能互相壮胆又分工合作，使本来缺乏足够体力、智力、胆量的青少年犯罪变得更加猖獗。一旦青少年形成混合群体之后，犯罪方式和作案手段就具有了更大的传染性和危害性。自20世纪80年代以来，团伙犯罪始终是我国青少年犯罪的主要形态。

5. **主心理特点是动机盲目、突发性强**

在主观心理结构方面显示出动机和目的的盲目性，情绪化倾向明显，突发性强。青少年正在经历人生从幼稚走向成熟的关键时期，也称危险期，心态不稳定，自我控制能力差，重“感情”，讲“义气”，容易受外界环境的影响和诱惑，遇事不冷静思考，行动不考虑后果，胆大妄为，往往先“动手”后“动脑”。因为心理年龄和生理年龄的不平衡，更加剧了青少年情绪的冲动性和不稳定性。因此青少年的犯罪动机和目的具有极大盲目性，甚至表现出令人难以置信的变态心理。虽然青少年犯罪有突发性强的特点，但是近年来有预谋的犯罪趋向明显上升。

第三节 青年失范行为的原因

青年失范行为的原因可分为宏观和微观两个方面。宏观方面是指将社会看作一个有机的整体，侧重从文化和历史的角度来研究社会整体的性质和发展规律。宏观研究的主题主要有社会变迁研究和社会结构研究等。微观研究则是指从个人或群体入手，通过观察人们的社会交往来发现社会行动的意义、特点及其与社会环境的复杂关系。微观研究的主题主要有人的社会化、人际关系以及个人与社会环境的相互作用。在这里，我们对于当前青年失范成因的宏观与微观的分析，则侧重从影响、制约青年失范的作用力的大小，直接或间接来确定结构要素的宏观与微观视角。

一、政治因素

从历史和现实来看，政治始终和失范现象具有密切的联系。国家政策的不完善、国际政治势力的作用、国际政治经济的斗争都会影响社会失范的产生。青年失范作为社会失范的一部分，必然受到政治因素的影响。影响青年失范的政治因素当然很多，其中最为重要的是国家政策的不完善、国际政治思潮和国际经济竞争的一个侧面“和平演变”。

从组织建设上看，在党的领导下，我国曾建设起强有力的群团组织。这些组织在革命战争、抗日战争、解放战争乃至新中国建设中发挥着教育和引导青年的巨大的作用。尤其是基层团组织担负着联系青年、组织青年、团结青年的重任。然而进入21世纪以来，由于各种原因，群团组织出现了一定程度的发展不平衡。软、瘫、散现象在一些群团组织事实存在。群团组织参与社会治理的积极性和有效性十分有限，难以发挥作用。青年人可塑性强、喜欢结伴活动、渴望归属感，当缺乏正确积极的力量引导时，很容易受到消极力量的影响，甚至被一些消极组织诸如犯罪团伙、传销组织、邪教势力等蛊惑利用。

从法律上来看，防范青年失范的法律还不健全。以预防青少年犯罪为例，我国至今只制定了一部《中华人民共和国预防未成年人犯罪法》，其中明文规定了未成年人犯罪的监管机制，至于未成年人之外的青年人犯罪的监管机制法律并没有专门规定。就是这部《中华人民共和国预防未成年人犯罪法》还仍有许多值得完善的地方。该法第 3 条规定："预防未成年人犯罪，在各级人民政府组织领导下，实行综合治理。政府有关部门、司法机关、人民团体、有关社会团体、学校、家庭、城市居民委员会、农村村民委员会等各方面共同参与，各负其责，做好预防未成年人犯罪工作，为未成年人身心健康发展创造良好的社会环境。"这一规定看似参与的部门众多，但由于缺乏一个专门的负责机构，而且责任不明，实际上很容易陷入各不管的状态。对青少年进行监管、预防控制青少年违法犯罪是关系到国家未来和民族振兴的大事，这项工作头绪多、任务重，没有专门的机构、合格的人员和相应的物质保障是难以做好的。做不好这项工作，自然就无法有效地预防青少年犯罪。

从青少年犯罪的矫正上看，《中华人民共和国刑法》也没有考虑青少年犯罪人由于可塑性较强，教育、感化、挽救是比监禁更为有效的矫正方法。青少年的特殊性决定了单纯的刑罚不利于他们的转化。从部分地区的实践经验来看，社区纠正对改造青少年犯罪分子效果明显，但是仍然需要一个法律化的过程。因为监禁纠正和社会纠正的不健全，很多青少年得不到有效纠正，再次走上违法犯罪道路。

《中华人民共和国未成年人保护法》《中华人民共和国刑法》中本来为了保护未成年人的条款，成为一些未成年人为所欲为、恶意犯罪的依仗。即使这些青少年犯下社会危害性非常严重的罪，也只能等待他们达到刑事责任年龄后再进行惩处，这成为严重的法律漏洞。

从国际政治的角度来看，西方势力对中国的"和平演变"现实存在，成为影响青年失范的重要政治因素。某些西方国家自确立"和平演变"的战略以来，就以各种手段对我国的青少年进行分化和腐蚀。美国的中情局还制定了臭名昭著的《十条诫令》。尽管对该诫令的是否存在仍然存有争议，但是对比社会现实，不难发现其内容与美国对中国进行的思想文化渗透、培植代理人的活动如出一辙。

自新中国成立以来，在党的领导下我国的综合国力、人民生活水平和世界影响力有了极大的提高。然而由于我国国情复杂，社会上的确还有一些消极的现象。这种"和平演变"通过利用这些消极现象，制造思想混乱、煽动青年的不满情绪，致使青年以极端方式发泄对社会的不满。同时"和平演变"还传播着庸俗低级腐朽的文化，特别是宣传色情、暴力和犯罪，对青年造成严重腐蚀。潜移默化中使得青年追求和效仿，甚至因此走上违法犯罪道路。最危险的是西方势力还积极进行文化入侵，扶持培植代理人，以所谓的西方价值观念为招牌，大力对我国进行文化渗透和侵略，目的就是动摇中华民族的思想文化根基，摧毁中国人的自信心和凝聚力，制造社会混乱。

二、经济因素

经济因素和失范行为的关系历来受到人们的重视。中西的思想家对此都有着清醒的认识。管子曾说："仓廪实而知礼节，衣食足而知荣辱。"德国社会学家恩里克·菲利更进一步指出，"一个人由于不断的贫困而动摇其道德信念并有可能侵犯财产和侵犯人身"，同时"因为富者不从事体力和脑力劳动，便会陷入闲荡和腐化的漩涡中。沉溺于金钱和赌博之中，日常生活受到毒害”。马克思精辟地指出，经济条件是人类赖以生存和发展的最基本的物质力量，“违法行为通常是不以立法者意志为转移的经济因素造成的”。

我国建设社会主义市场经济的时间并不长，加上市场经济的一些弊端，难免会出现这样或那样的问题。追求收益的最大化是市场经济主体的目标。对于利益的追求很容易变为失范的动机。一旦利益或者利润被视为生活的全部目标，作为利润载体的货币成为衡量人生成败的尺度。青年人更容易受到市场经济的负面影响，极易滋生拜金主义、个人主义的倾向。青年处于发展期，往往满足自身需要的手段很有限，与自身日益增长的物质文化需求产生矛盾。一旦受到这种不良影响，就很容易产生失范行为，不择手段、不计后果地去满足自己的需求，甚至犯罪。

市场经济的竞争还会导致社会失业和就业困难。一方面，失业的家庭的经济收入下降，直接影响青年的学习生活。失业家长的不良情绪，也给所在家庭的青年带来巨大压力。另一方面，就业压力过大，在经济上、思想上都对待业青年产生巨大影响，有的青年因此将自己的不幸归结于社会，甚至迁怒、报复社会和他人。

贫富问题导致的社会失范也不容忽视。首先是贫困问题，马克思在评述《“模范国家”比利时》中尖锐地指出：“犯罪行为随着赤贫现象的增长而增长，人民生命的源泉——青年日益堕落。”我国的经济社会总体上达到小康水平，但是现实问题依然严峻。部分农民和城镇居民收入增长缓慢，部分甚至基本生活都很困难。从青年的一个群体——青年大学生看，2005 年，我国普通本科和专科大学生 1 561 万余人，其中贫困生 405 万人，占总人数的 26%。根据调查显示，贫困大学生产生心理问题的概率明显超过一般群体。主要表现在自卑、人际关系不良、怀疑和敌对、偏执抑郁，甚至产生自杀的念头。

其次，从某种意义上说，富裕或者财富也成为失范的根源。在当代中国，一些出身在富贵人家的青年被形象地称为“富二代”。诚然“富二代”并非是问题青年的代名词，他们中间的大多数，都是奋发有为的上进者。但是社会上一些“富二代”，有的不学无术、自私自利；有的跟风攀比、炫富斗狠；有的吸毒嫖娼、嗜赌败家；有的道德失范、性格暴虐，成为破坏经济秩序、扰乱社会治安的害群之马。在他们身上，财富并没有给他们的自身素质带来什么提高，反而使他们盲目自大，最终危害了家庭和社会，自身也难逃法律的制裁。

最后，我国阶层分化现实存在，贫富差距过大导致的失范危机也事实存在。邓小平多次深刻地指出：“分配不公，导致两极分化，如果这样长期下去，将来要发生大问题。”对广大青年来说，长期生活在财富两极分化的社会，贫富差距挑战着青年的心理平衡。这一方面滋长了青年们的“仇富心理”和“社会焦虑”，同时又滋长了青年们的“拜金主义”“金钱万能论”和炫富奢靡之风。

三、文化因素

关于文化的定义，至今众说纷纭。这里所说的文化作为影响青年失范的一个因素，仅仅指人类社会的精神文化，并不包含物质文化和制度层面的文化。文化与失范的关系十分密切。这主要体现在文化对失范的影响上。

人格的形成本身就是一个文化熏陶的过程。人的成长本身就是一个家庭教育、学校教育、主导文化和主导文化相背离的负面文化潜移默化综合作用的结果。失范的文化原因就表现在一定的文化条件是诱发失范的重要因素。文化对失范的影响，不仅仅表现在失范行为的实施者身上，同时也表现在除失范者以外的受到失范行为影响的个人、家庭、组织、国家和社会对待失范的行动上。文化对失范的影响较之政治、经济等因素更为深远，因为文化是真正深入到人的精神世界，决定着社会成员的思维方式。文化有着潜移默化和前后相续的特点。这就导致了即使国家当政者的政策改变、经济形势的变化，文化依旧在相当长的时间内一如既往地规定着失范的原因、动机和手段。

导致青年失范的主要文化因素是文化冲突。文化冲突有各种各样的表现。它既有纵向的，例如传统文化和现代文化上的冲突，代际文化冲突（突出地表现为所谓的“代沟”），也有横向的，主要指同一时期的两种以上对立的文化的冲突，包括不同国家、地域、民族、东西文化、主文化与亚文化、正教与邪教等的冲突。

在我国文化冲突问题十分明显。有不同地域的小文化模式之间相互冲突，有新旧历史时期的文化冲突，有传统文化与现代文化的冲突，有中西文化的冲突，还有中国特色社会主义文化与西方资本主义文化的冲突。社会变迁产生各种文化冲突，文化冲突造成社会群体的冲突，这种冲突最终会以异常行为的模式表现出来，最终导致失范。

同时，文化还可分为健康文化与不健康文化。带有迷信、愚昧、颓废、庸俗等色彩的落后文化以及腐蚀人们精神世界、危害社会主义事业的腐朽文化都是不健康的文化。在这种不健康的文化影响下，青年的内心很容易被腐蚀，从而产生失范行为。

具体到我国，对青年腐蚀最为严重的是中国传统文化中的糟粕和西方腐朽文化。经过近代以来曲折的探索，人们逐渐取得这样一个共识，中国传统文化中既有精华也有糟粕。这些糟粕突出表现在奴性主义、特权主义、专制主义、宗法主义、封建主义、封建义气、封建迷信等。在当代中国，凡是说到一些青年失范现象，都归结于西方腐朽文化的侵蚀是不恰当的。因为这些中国传统文化中的糟粕并没有随着新中国的成立、改革开放的社会发展而消亡，而是时常沉渣泛起，腐蚀毒害着中国青年和社会。

就西方文化而言，举世公认其中的科学理性精神、现代人文精神、人道主义、现代民主政治与法治思想、现代市场经济理论、环境保护思想、可持续发展理论等一些思想文化对我国发展具有重要意义。党的指导思想马克思主义正是深深根植于西方文化的土壤之中的。历史和实践证明，中国的发展必须学习、吸收和借鉴一切有利于自身发展的人类文明成果，这当然包括西方文化。但是，我们也应该警醒地将有益的西方文化和部分西方国家的别有用心区别对待。事实上西方的一些腐朽文化，诸如极端个人主义、拜金主义、享乐主义、色情暴力、毒品泛滥等，无疑会给缺乏辨别和抵抗能力的青少年生活观念带来改变。这些不健康文化经过互联网和无良的大众媒体的传播，成为青年产生失范行为的重要原因。

四、社会因素

社会因素导致青年失范主要体现在人口流动因素、城市和农村社区环境因素等方面。流动人口在促进我国经济发展解决就业方面起到重要作用。但是人口流动容易造成社会监管的困难、青少年教育缺失、青少年的不适应心理，这些突出地体现在留守儿童问题上。留守儿童，是指父母双方或一方到外地打工，而自己留在农村生活的孩子们。很多留守儿童没有完整的亲情，得不到父母的关爱，这严重地影响到了孩子心理健康的发展。当这部分儿童成长大后，更容易产生各种各样的失范问题。2016 年 2 月 4 日，国务院印发《关于加强农村留守儿童关爱保护工作的意见》，对农村留守儿童关爱保护工作进行安排和部署。然而解决留守儿童的问题依然任重而道远。

同时，被称为流动儿童的随迁子女的医疗、教育问题至今仍然是一个突出的难题。由于各种主客观原因，这部分儿童难以享受到正常的医疗、教育机会。即使有机会上学，他们就读的学校教学质量也难以保障。当一些农村地区的青少年进入城市，容易形成不适应的心理，出现一定程度的价值观、人生观和世界观的失范和偏离。

社会因素还体现在城市社区和农村社区对青年的影响上。社区是指地区性的生活共同体。人是环境的产物，社区是一个浓缩的社会。社区的环境很容易影响到青年的发展。城市地区的人口多、财富集中、人员流动性大，就业也不充分。农村地区属于熟人社会，非正式的监督机制，比如道德、社会舆论监督对预防青年失范能起到一定作用，但是农村地区人口分散、交通不便、基层组织建设相对落后，对农村进行正式监管成为一个难题，这些地区青年基本处于放任自流的状况。

政治、经济、文化、社会等是青年失范的宏观因素，这些因素在大的层面导致了青年失范行为的增长。但这些因素只是表现在大的概率上面。归根到底，青年失范微观因素也不可忽视。如果说宏观因素是大环境，微观因素是小环境，那么大环境影响总是经过小环境和个人经历曲折地反映出来。因此，研究青年失范行为还必须从青年自身发展历程和所生活的具体环境来分析。

五、家庭教育

家庭是人从小生活、成长的场所，是青年接触最早的“小社会”，良好的家庭教育对孩子成长起着决定性的作用。家庭教育是最为全方位的教育，是青年良好行为习惯养成的基础。尤其是早期的家庭教育，对一个人的素质优劣起着关键作用。因此在青年的社会化过程中，家庭教育起着极其重要的作用。良好的家庭教育预防青年失范，也造就优秀青年。不良的家庭教育对青年不良心理、行为的萌发和演变有着直接的关系。许多家长将自己孩子的失范行为归结于社会，然而从根本上说，正是家长没有尽到教育监护孩子的职责，才使得孩子产生失范行为。

家庭教育的问题集中体现在失和型家庭、失教型家庭、失德型家庭之中。失和型家庭是指家庭不和睦、家庭矛盾较大或者父母离异的家庭。在这些家庭中，青年在成长过程中缺失了家庭温暖和父母之爱，很容易形成畸形心理，思想偏激，性格孤僻，反应过激。丧偶家庭也容易出现这种状况。

失教型家庭是指父母对子女疏于管教或者教育方法不当的家庭。有的父母觉得教育是学校的事情，只管子女的物质需求，造成对子女的思想管教缺失。孩子无人引导，很容易受到一些不良的影响，沾染上不良的行为习惯。在大多数正常家庭，一旦孩子失去管教同样会出现类似情况。

教育不当有的是溺爱，有的是粗暴，有的是软暴力。父母溺爱子女容易使孩子任性娇惯，无法无天。这些孩子长大后在生活中贪图享乐、大手大脚，在处理社会关系上变得唯我独尊，自私自利。父母对待子女简单粗暴，当孩子达不到预期目标就拳脚相加，容易使孩子产生逆反心理或恐惧心理，更有的使孩子沾染上暴力倾向，变得暴躁、冷酷。溺爱和暴力，许多家长还不知道这些行为的危害性，而软暴力，一般还认识不足。软暴力作为一种精神伤害，摧毁的是孩子的心灵，有时比其他的伤害更深入骨髓。软暴力，简称冷暴力，是一种精神暴力。它的形式多种多样，例如言语伤害、长期漠视、冷嘲热讽。这些父母动辄就对孩子从头到脚列举缺点、数落谩骂、言语侮辱。极大地伤害了孩子的自尊自信，给孩子带来的精神压力比肉体折磨更为恐怖。研究表明，软暴力在孩子成长过程中造成孩子产生焦虑症、抑郁症和失范行为的概率会大大增加。

失德型家庭是指有些家长本身行为不良，导致子女沾染不良习气。父母是孩子的第一任老师。大量事实也证明，父母的行为不检点、不务正业、经常酗酒、赌博，自身的道德品质不良，会给孩子的行为造成消极的影响。

在青年的发展过程中，不可忽视的还有父母遗传的因素。遗传因素在一定程度上影响着人的心理活动，为其心理的形成、行为的发生提供了必要的生理基础。孩子的遗传基因不可能没有父母的因素。基因虽然并不能决定性地影响孩子的社会化方向和进程，但是在家庭教育孩子的过程中确实不可忽视。总而言之，不良的家庭环境和不称职的父母是导致子女失范的最直接最紧密的原因。

六、学校教育

家庭是青年成长的主要场所，学校是青年自小离开家庭后踏入的第一个舞台，是青年走入社会前的桥梁。良好的学校教育能够弥补家庭教育中的缺失，使得青少年正常成长。学校教育中的一些缺陷和失误，反而会使青年形成不健全的人格，产生失范行为。

当代中国学校教育的最大弊端就是单纯强调学习成绩，忽视了青年良好行为习惯的养成。有的学校不注意矫正学生的早期不良倾向，结果这些不良倾向发展成为失范行为和越轨行为的温床。有的学校只教孩子应付考试，单纯传授课本知识教育，认为教育孩子做人是家长的事情。有的轻视思想道德和法制教育、漠视心理教育和性教育。有的学校不注意和家庭教育相互协调。有的学校为了追求所谓的优秀率、升学率，甚至想方设法地将学习成绩不佳的孩子踢出学校，导致孩子年纪轻轻就流入社会。有的学校教育失当，动辄体罚打骂。最严重的莫过于软暴力，有的教师将学生比作动物、有的孤立学生、有的取笑学生的缺陷、有的用侮辱性语言嘲笑学生……学校教育的问题还表现在教育资源的短缺。不少地方出现了升学难的情形，优质的教育资源十分的缺乏。教育成本越来越高，教育收益却越来越低，致使大量青少年没有机会接受应有的学校教育。

七、个人因素

如果说以上6个因素是青年失范行为产生的外部条件、客观因素，那么青年的个人因素就是失范行为产生的内部条件、主观因素。青年失范的个人因素主要体现在心理因素和生理因素。

（一）心理因素

从心理因素来看，不健康心理是青年失范的主观因素。从大环境看，根据2013年卫生部门调查表明，我国现有1亿多名各类精神障碍者，其中重度精神病患者大约有1 600万人。其中三分之一是青少年儿童时期发病。从青年来看，近年以来存在心理健康问题的青年数量不断攀升，成为导致青年失范的重要因素。青年的心理特点有其特殊性。主要体现在以下几个方面。

1．心理不稳定

青年处在长身体、长知识，人生观、世界观逐步形成的时期，自控能力差、敏感好奇、情绪不稳定、富于想象是这一时期的心理特征，如果家长和教师不能及时引导，极容易由于心理疾患而产生失范行为。同时青年人极易受外界环境的影响，容易兴奋、感情用事。当面临升学、交际、就业、恋爱、婚姻等实际问题时，一旦受到不良因素的影响，就容易陷入心理危机，产生失范行为。

2．心理闭锁

现在青年的生理成熟年龄普遍提前，生理上的变化，尤其是性器官的发育成熟，给他们带来了种种困惑，产生各种神秘不安的复杂心理。另外，他们的心理成熟却明显滞后。他们没有足够的知识和经验来解决因生理成熟而产生的种种困惑，无法合理减轻心理的重负。而随着年龄的增长，青年的成人感逐渐增强，不愿轻易向父母或教师吐露心事，于是表现出明显的心理闭锁。青年在心理上与成年人产生隔阂，一般不愿与其相互交流思想，因而产生孤独感。但青年是热情活泼的，他们并不喜欢孤独，他们内心极度渴望被人理解，希望与人交往，希望能在同龄人中出类拔萃，以维护自尊。这种心理上既孤独又渴望交往的矛盾，很容易使青年陷入苦恼的境地。他们不愿与父母、教师沟通，却希望与同龄人打成一片，拉帮结伙。由于他们的社会阅历少，辨别能力差，极易在复杂的社会生活中被不法分子所引诱。

3．好奇心强，希望寻求刺激

青年的心理就像一张白纸，对一切都感到新奇，对自己不知道的现象都表现出强烈的好奇心和求知欲。但是由于青年社会经验不足，认识能力尚未发展成熟，容易受暗示而模仿，自觉不自觉地受一些不良因素的影响，不辨良莠，认为符合自己兴趣爱好的知识就不加考虑地片面接受，以致受到不良的社会风气和一些宣扬暴力、色情的不良亚文化的影响。

4．逆反心理

青年人情绪的兴奋性高，具有极大的冲动性，既热情活泼，又易激动、急躁，好感情用事。有时当个人需要被限制而不能及时得到满足时，就会产生挫折感，进而产生强烈的不满情绪。青年的自我控制能力本来就比较薄弱，很容易为满足自己的需要而产生失范行为。

（二）生理因素

从生理因素来看，青少年正处于生长发育阶段，其生理发育特点也是导致其行为失范的原因之一。

1．**青少年精力过剩，但调节能力差**

青少年生理机能迅速发育，这使他们活动量增大，日常学习生活之余仍有大量过剩的精力和体力，但是由于他们心理成熟的进程相对缓慢，缺乏足够的自我调节能力，因此，过剩的精力如果无法得到恰当的引导，往往用之不当，在不良因素的诱导下，容易产生失范行为。

2．**青少年兴奋性高，但自控能力低**

青少年由于腺体的发育，内分泌十分旺盛，大脑时常处于兴奋的状态，导致他们的情绪兴奋性高，容易冲动。但是由于他们的大脑皮质尚未成熟，欠缺自我控制能力，容易失控。

客观环境和青年心理生理特点并不必然导致青年失范行为的产生。人在社会化的过程中，社会的各种客观条件是基础，人的主观意识来源于社会客观条件。但是，人在受客观影响时是具有主观能动性的，也就是说外界的影响必然只有通过主观才能起作用。归根到底，人是在主客观共同作用下实现社会化的。在这个过程中，人的年纪越小，主观能动性就越小，也越容易受到客观条件的影响，可塑性越大。反之，则可塑性越小。以上这些因素既是青年失范行为产生的原因，也指明了解决该问题的途径。

第四节 青年失范行为的对策

从实践上看，认识到问题原因不等于解决问题。青年失范是一个视野需要拓宽到青年失范之外的问题，是一个需要依靠每一个人共同思考、共同努力去解决的问题。

一、防治青年失范的经验教训

（一）我国历史防治青年失范行为的经验教训

我国自古重视青少年良好行为习惯的养成，古代为防止青年行为失范，有以下经验教训。

1．**注重早期教育**

我国是最早提出并实施胎教的国家。《孔子家语》还提出“少成若天性，习惯自然成”的观点。在古代“慈幼”“早喻教”“童蒙养正”的思想基础上，古人从胎教开始着手，从生活习惯、文化知识、身体锻炼、社会关系处理等诸多方面进行早期教育。

2．**道德教育为主**

中国古代教育以道德教育为主，把道德教育放在培养人的首位。中国古代主导思想儒家教义主要教人如何为人。儒家的孝、弟（悌）、忠、恕、仁、义、礼、智，都是为人的条件，应为人人所服膺而遵守。尤其是作为社会规范体现的“礼”，被具体化为应该严格遵守的准则渗透到生活的方方面面，从天子到平民都要学习并遵守。

3. **注重家庭教育**

中国古人十分重视家庭教育，在子女教育中十分讲究方式方法。“教子义方”要求孩子做人正派，“信而勿诳”要求家长以身作则，“孟母三迁”要求家长给孩子良好的成长环境，“有教有爱”要求家长要严慈相济。同时，古人还利用讲故事、做游戏等方法潜移默化地教育子女。古代家庭教育也有糟粕，主要体现在体罚教育。体罚古代叫“扑教”，在中国古代家教中流行广泛。《礼记·曲礼》上说：“努而打之流血，不敢疾怨，起敬起孝。”要求子女对于父母的责打，不但不能生怨恨之心，而且还要更加孝敬父母。

4. **重视学校教育，尊师重道**

中国古代 4 000 多年前就有了学校——“庠”，夏朝把学校分成了四个等级，叫作“学”“东序”“西序”“校”。发展到明清时期称为“书院”“书堂”“私塾”等。“万般皆下品，唯有读书高”，在官办和私办的各种学校中学习，对青少年来说成为一件极其光荣的事情。在古人眼中，教师是伦理道德、知识、价值观念的传授者，教人为人处世的行为规范，是道德的表率。尊重知识、尊重师长有利于青年人学习行为规范。

5. **重视对青少年的保护**

尊老爱幼是中华民族的传统美德。“矜老恤幼”是中国古代社会一项重要的法律传统。“矜恤”思想认为国家和社会对老年人和青少年负有不可推卸的责任，主张对他们实行不同于一般人的特别宽容。在“恤幼”思想的指引下，我国古代法律在刑事责任年龄、刑事诉讼等方面对青少年犯罪给予一定的特殊照顾，目的是利于他们改过自新。

我国古代在应对青年行为失范方面的经验值得吸取，其中的教训也是极为深刻的。注重用伦理道德约束青年行为，在古代家族宗法制的“熟人社会”虽然具有一定的作用，在现代人口流动性加大的“陌生社会”作用日趋削弱。况且古代的道德教育并没有带来社会秩序的真正安定。历史一次次证明，失范行为的产生表明社会结构存在内在缺陷，道德教育并不足以填补这种缺陷。社会控制松懈，正是失范行为产生的巨大温床。完善的社会制度比道德素质的提升更为重要。这些都给我们应对当今社会的青年失范行为以有益的历史启示。

（二）发达国家应对青年失范行为的经验教训

从发达国家应对青年失范行为的经验上来看，美国进行了几个世纪的实践和思考。在法律和制度建设方面取得不少经验。

1. **改变青少年生活环境**

17 世纪，面对叛逆青少年，法律规定 16 岁犯重罪的可以执行死刑。放逐也成为一种重要的手段——将这些叛逆青少年放逐到中西部的农场，承受繁重的体力劳动和险恶的生存环境。19 世纪初，随着工业化、城市化的速度加快，流动人口移民的大量涌入，青少年犯罪问题十分严重。一些改革者开始试图将青少年从容易产生犯罪的生活环境中迁移出来。他们认为青少年应该得到纠正和保护，保护他们的最佳组织是政府。

2. **重视政府的接管和教育**

19 世纪中后期，美国各州先后出台了法律，当父母不情愿或无能力保护其孩子时，州政府有接管的法律义务。少年的行为对其本人或他人的福利有所损害，少年儿童的父母即暂时丧失监护权，其子女移交给州政府监管，政府负责教育和照顾。

3. **保护未成年人权益**

美国对保护未成年人可以说是无微不至。强调家庭生活要最大限度保护未成年人，设有许多未成年人福利政策，儿童保护服务、寄养照顾及领养服务。制定一系列法律避免未成年人遭受安全威胁、家庭暴力和性侵犯。为避免未成年人受到网络上暴力色情等不良文化的污染，美国以《未成年人互联网保护法案》等联邦法律为基础构成儿童网络保护体系，规范了商业组织、家庭、学校等在儿童网络保护方面的行为。

美国对未成年犯罪的司法程序——从名称、形式到内容将未成年人从成年人的司法制度中分离出来。美国还制定了《少年法庭法》《联邦青年矫正法》《青少年犯罪法》《青少年教养法》《少年法庭和家庭法院的标准》《少年法庭模范规则》《防止虐待未成年人和待遇法》《未成年人电视法》《通信内容端正法》《未成年人在线保护法》《未成年人网络隐私规则》和《未成年人互联网保护法》等一系列法律应对青少年违法行为。触犯法律的未成年人不再被称为“罪犯”，而被称为“过失人”。要求审理未成年人的法律文件不是“逮捕证”，而是“请求书”；法庭程序不是“庭审”，而是“司法听证”，有罪处理结果不是“判决”，而是“处理听证”。

4. **严惩青少年暴力行为**

美国的有益经验还在于保护青少年就要严惩青少年犯罪行为。美国从校园开始就严防暴力行为。在美国，校园暴力被称为“霸凌”（bullying）。除动手打人、吐口水、故意推搡、拍裸照等行为外，联邦和地方政府一系列立法还把言语辱骂、口头威胁和在公众场合故意嘲笑他人残障、种族、性别、性取向、宗教信仰等行为认定为霸凌行为。美国法律近年还规定，在社交媒体和网络辱骂、攻击或披露同学隐私，也构成霸凌行为，通常称为网络霸凌。美国通过设置校园警察、安全教育应对霸凌。同时，中小学严格遵守“不宽容（no tolerance）原则”，学生即使有些小的违法行为也会和父母一起受到严厉的处罚。严惩霸凌的同伙，即便只是帮凶，也与直接欺凌他人者共同承担最重的罪责。受到或者发现霸凌而不举报，也将面临重罪。即使由于年龄不需要负刑事责任，也不意味着青少年可以犯罪之后仍像正常人那样，某种形式的矫治必须有，以实现惩罚与停止继续危害社会的可能。父母的刑事尤其是民事法律责任（通常意味着巨额赔款）不能免除。这就有效防止了父母的不作为和青少年利用国家对青少年的保护进行恶意犯罪。

5. **建设多层次的矫正体系**

目前，美国形成了包括保护观察、家庭监禁、电子监控、训练营地等措施在内的青少年矫治体系。那些因为霸凌而被开除的学生，社会组织也对其进行心理干预。美国的青年惩治体系，是多层次的，有很强的科学性，虽然是以矫正为目的，但绝对不是忽视或放任。

美国的经验和实践主要集中在环境营造、制度和法律建设方面，注重发挥政府、法律和社区的作用，值得学习借鉴。同时，由于美国贫富差距悬殊、枪支和毒品泛滥、贫困人群长期存在、少数族裔教育和就业机会的缺乏，加之一些城市财政拮据、地方黑势力猖獗等多方面原因，美国应对青年失范问题依然任重而道远。

从我国的现实状况来看，我国在党和中央政府的领导下，十分重视青年失范行为的防治工作，并且取得不少的成果。但是随着我国的发展，社会结构变迁给青年失范行为的应对带来了新的挑战。我国的青年失范防治主要是利用家庭教育、学校教育、社会管控三位一体的模式。然而，社会发展动摇了这种模式的基础。

从社会管控上看，我国基层政府组织的控制机制和教化机制有待发展，非政府组织参与处于起步阶段，法律建设有待完善。国家和社会力量在防治青年失范行为上受到很大制约。从学校层面来看，学校的教学目的十分功利，社会、家长和学校本身将升学或者就业作为学校的主要任务，不利于学校进行法制教育和思想道德教育等的开展。同时，教育内容的教条、教学方式的单一、教师本身能力有限都使得学校对青年失范行为的纠正越发无力。从家庭层面来看，工作压力的加大、工作地点与青少年生活地点的分离，使得父母越来越难有精力和时间来教育子女，尤其是一些单亲家庭和困难家庭。加之社会的发展使得传统的家长权威越来越难树立，家庭教育效果受到限制。这就要求我们根据社会变化的实际情况，总结经验教训，采取相应对策。

二、防治青年失范的具体对策

综合失范行为产生原理、青年失范行为现状、原因和防治得失，目前应从以下几个方面加强防治青年失范行为。

（一）对国家来说

1．加强对重点领域、重点地区和重点人群的监管

青年是容易受到外界环境影响的群体，是容易遭受不良行为感染的群体，应对青年失范行为，首要任务就是切断感染源。这就要求国家重点治理失范行为传播的基础，控制和消除这些环境诱因。加强对目前文化领域的反动、色情、暴力等不良信息的监管力度，坚持加强对网络、娱乐场所的监管，加强对流动人员的管理。加强对失足青年的教育、帮助、管理。探索构建一个全社会支持、参与的关心失足青年的体系，使失足青年有学上、有家归、有活干，能够正常回归社会。

2．加强社区的文化、管理，引导非政府组织的发展

社区与青年的日常生活关系密切，要优化、净化青年成长的文化环境，消除一些不文明不健康的精神污染。改善社区的管理模式，积极引入社会力量，引导非政府组织、群团组织在教育、引导和矫治青年方面发挥更大作用。

3．建设青少年权利保障、救济和政府介入机制

完善青少年的权利保障制度，重点保障生活困难、脱离父母监管和受到刑事处罚的青少年的基本生活。对于缺乏或者失去父母监管的青少年，纳入政府监管，对他们开展法制和思想道德教育、心理咨询、行为矫治和生活方式指导。当青少年合法权利受到侵害时，应该及时帮助。

4．健全和完善社会保障制度

健全城市失业人员的社会保障体系，建立流动人员的最低生存保障体制，对农村地区特定的生活困难群体给予一定的救济补助。避免青年因为家庭贫困而产生失范行为。对经济困难家庭子女的教育进行资助和帮扶。

5．司法建设

目前，我国应对青年失范的困境在于司法制度建设严重滞后，急需构建防治青年失范的司法体系。在《中华人民共和国预防未成年人犯罪法》的基础上，考虑青年人特点，探索建立预防青年人犯罪的法律体系。尤其要注重青少年失范行为的早期预防，遏制青少年犯罪的低龄化趋势。我国目前针对青少年犯罪的对策，要么是因为年龄不满一放了之，要么是用刑法一罚了之，缺乏中间环节。应学习发达国家先进经验，探索针对青少年进行刑罚之外，专门设计的以教代刑的预防青少年犯罪的中间性惩罚措施。例如，社会服务、赔礼道歉等，从一开始矫正青少年的失范行为。同时，司法机关应该结合青年失范问题较为严重和集中的领域，对工作不力的部门，进行具体、有针对性的司法建议。对于失足青年，要做好帮教工作，防止重新犯罪。监禁劳动和职业技能教育、文化教育相互结合，提高改造的质量，保障青年的合法权益不受侵害。

（二）对学校来说

要充分发挥学校的防治青年失范行为过程中的关键作用。

1. 避免将学校作为单纯追求升学和就业的场所

“多一所学校，少十所监狱”，学校应将教育学生养成良好道德素质、法律意识和行为习惯作为一件中心工作来抓。政府也应将学校的这项职能作为评价学校的一项重要指标。积极贯彻素质教育，重视帮助学生树立正确的人生观、价值观、道德观、法纪观、劳动观、审美观，帮助学生提高心理素质，健全人格，增强承受挫折、适应环境、抵制不良意识的能力。

2. 学校应发展适合青少年身心特征的管理模式

避免单纯教条性、填鸭式的教学，进行柔性的管理。通过感情投入、心理沟通、关心体贴，深入青少年内心，帮助他们潜移默化地培养情感、锻炼意志，进而改变他们的行为习惯。教育的方式避免枯燥单一，言传身教、树立典型、舆论宣传、个别谈心、反例示警都要灵活运用。

3. 建设高素质的教师队伍

身教胜于言传，要想教育学生，教育者应该言行一致，发挥模范作用。加强自身的思想政治素质、职业道德素质、文化素质、心理素质、业务能力素质，树立令学生信服的榜样作用，重视具体教育方法和手段的适当应用。同时，国家也应采取措施鼓励优秀人才到基层去，推动农村中小学和经济欠发达地区的教师素质的提高。

（三）对家庭来说

家庭是青少年成长的第一环境，是防治青年失范行为的重要途径。

1. 优化家庭环境

家庭环境尤其是父母行为举止直接影响着孩子的成长。每个家庭的父母长辈都应该以对子女负责、对社会负责的态度维护好家庭的和睦，创造良好的家庭氛围，大力提高家庭精神生活质量。不能只用金钱弥补精神关爱的不足，多留出时间对子女进行思想上的交流，给予更多爱心。不要超越子女的生理和心理实际去要求子女。尽量弥补家庭结构不合理给青少年心理带来的伤害和扭曲。发扬家庭民主，反对家庭暴力，及时地进行平等的交流和沟通。

2. 提高家长的家教能力

“打铁要先自身硬”，要想教育好子女，家长要首先提高自己的素质，热爱祖国、热爱劳动、努力学习、遵纪守法，给子女做出表率。学会用新思维和道理去教育子女，尤其注重和子女的平等交流。学会鼓励孩子，尊重孩子的选择。同时，要积极学习如何教育子女的知识，在教育方法上要以德服人、以理服人、以德树人。坚决反对打骂、体罚、侮辱，特别不能用金钱物质引诱代替品德教育。反对一切溺爱、放纵和包庇孩子的过错。家庭有了良好的家风和传统，才能抵制社会上的歪风和邪气。

3. 家长须知法守法

家长要积极遵守法律法规，使自己的子女按照国家法律规定及时地接受应有的抚养和教育，尤其不得使正在接受义务教育的孩子辍学。主动和学校、社会相互配合，共同教育帮助子女，对待犯了错误的子女更要严格要求和保护。

（四）对青年个人来说

归根到底每个青年自身是防治失范行为发生的根本。

当今社会经历的不仅仅是一场生产革命，更是一场旷古未有的生活方式和价值观念的变革。社会变得日趋复杂，人与人的竞争越来越激烈，人们的心理模式和行为模式发生着前所未有的变化。从社会心理学上看，青年失范行为的泛滥就是这种社会急剧变化失调的一个方面的反映。从根本上看，每个青年都应该自觉提升自身素质，树立正确的观念，对自身的行为能够进行有效的内在控制。

1. 加强自身的思想道德素质

青年是祖国未来的建设者，是中国特色社会主义事业的接班人。我国对外开放的进一步扩大，为广大青年人了解世界、拓宽视野提供了有利条件。与此同时，国际上一些势力利用各种途径加紧对我们进行思想文化渗透，加上一些封建思想作祟，某些腐朽没落的生活方式对青年人的影响不能低估。青年人要自觉地抵制这些不良文化的污染，坚持学习和践行社会主义核心价值观念。一方面，树立远大理想，将自身的发展同国家、民族的发展联系起来；另一方面，提升自身的社会公德、家庭美德、职业道德素质，做有理想、有道德、有文化、有纪律的新青年。

2. 加强自身的法律意识

青年人要主动地知法、懂法从而自觉地守法、信法。法就是秩序，是治国的框架，是这个国家里每个人的行为规范，所以，这个国家里的每个人都应该遵纪守法。稳定的社会才是青年发挥才干的基础。稳定的社会要有安定的社会秩序，社会秩序又依赖于稳定的社会框架，社会框架的构建需要法制建设的完善。青年人作为祖国发展的建设者，更应该知法、懂法、依法做事、维护法律的权威。

3. 加强自身的心理卫生建设

从某种意义上说正是心理活动的异常导致失范行为的发生。首先，要正确面对困难，提高自身的心理承受能力。当青年在社会竞争中失败时，应该正确地面对失败，锻炼其意志，在失败面前不气馁，能够冷静地分析竞争失败的原因，争取未来的成功。其次，青年应该正确地面对彼此之间的先赋性的差异，消除自卑自怨或者自骄自大的不良心理。在我国现代社会中，贫富之间的差距是客观存在的，这种差异极易给贫困家庭的青年造成被剥夺感，或形成极端自卑的心理，或形成对社会愤愤不平的怨恨心理，家境富裕的青年更应该戒骄戒躁，保持良好的心态，切莫恃富而骄。广大青年正确看待这些差异，克服消极心理，努力通过自己的发愤图强改变自身命运。再次，对各种原因造成了自身心理问题的青年来说，应该努力消除自身的心理障碍，必要时勇敢地向心理咨询机构和心理医生寻求帮助。

4. **加强自我保护**

从某种意义上看，失范行为的产生和失范行为的受害者有着密切关系。当广大青年面对失范行为时的浑然不知，正是给他人失范行为的产生创造了某种便利条件。一般来说，青年人一旦表现出幼稚、轻信、爱占小便宜、粗心大意、马虎、交友不慎或者无意识的挑衅行为时，很容易激发他人的失范行为的产生，最终危害了青年自己。社会经验缺乏的青年大学生要提高自身安全意识，掌握一些防范盗窃、诈骗、传销等的基本知识。尤其是单身女青年要更加注意自身的安全，不要穿着过于暴露的衣物，不要在夜晚或者偏僻处独处，不要携带大量现金，不要轻信陌生人的花言巧语，晚上睡觉一定要检查好自己的门窗。

归根到底，防治青年失范行为问题要坚持预防为主的理念和目标，坚持从小事抓起、从孩子抓起，坚持教育为主、惩罚为辅，更加重视中间性措施的运用，坚持广大青年、家庭、学校、政府、全社会的共同努力。

阅读与思考

材料一：2016年2月17日，在中美两国中引发哗然的洛杉矶中国留学生绑架凌虐案宣判，3名主犯翟某、章某、杨某被判处6～13年的监禁，之后3人将被驱逐出境。17日，美国洛杉矶波莫那高等法院宣判时，3名中国留学生极力遮住面孔，有的哭到全身抽搐。法官要求3名被告做DNA采样，以防他们今后再次犯罪。

西方国家对语言和肢体暴力零容忍，美国法律将打人、吐口水、推搡、拍裸照，甚至精神贬低等行为都定性为霸凌。如后果严重并且有前科，即便未满18岁，也可当作成年人刑事案件审理。在我国大多以故意伤害罪来追究被告人的刑事责任，最终的量刑主要是以被害人的伤残程度来确定。在美国，法院在量刑时，会更加偏重考虑被告人犯罪的主观恶性程度，也就是被害人可能伤得很轻，但被告人因为主观恶性大而获重判。

——新京报《中国留学生在美绑架凌虐同学获刑》（节选）

材料二：据知情者透露，翟某和章某被捕后第一次出庭时两人完全蒙掉了，他们没想到自己竟然闯了一个“终身监禁”的大祸。在他们的心里，这种在中国司空见惯的学生打架就算被校长知道了，顶多是教训一顿罢了，连开除学籍都谈不上，更不用说要被捕入狱，把牢底坐穿了。但到了美国，同样的事情发生后，不仅要被捕坐牢，不仅要开除学籍，不仅要缴纳天文数字的保释金，还要面临6项重罪起诉，外加“终身监禁”的可能。

多名中国涉案小留学生的家长表示，自己的孩子只是在场但并没有动手，因此对指控和通缉表示不解。律师邓洪说在美国的刑法中有一个felony murder rule，如果小孩子共同进行一个犯罪行为的话，所犯的罪全部人都要承担最重的惩罚。这个案件里也是凸显了留学生对美国法律的无知。

洛杉矶郡检察长 Jackie Lacey 也提醒送孩子来美国读书的家长要多与孩子沟通。Jackie Lacey 说，当我们送孩子到外国去，我们需要确保他们必须遵守这个国家的法律，（让他们知道）自己国家的司法系统和法律在这里是不管用的。如果你不能陪着孩子一起，那你就得尽可能多地和他们沟通，并且帮助他们（为这里的学习生活）做好准备。

——光明网《揭中国留学生在美绑架案细节，令人发指》（节选）

材料三：从社会群体的角度来反思，这应该正是中美法治差距之所在。法律的严格不叫残酷，而是对公众利益的忠实维护，本质更是为了震慑违法乱纪不要发生，这应该是中国青少年法制教育应该借鉴的。中国青少年走向违法犯罪，多是从学校的“小太妹”“小霸王”而来的，在校园里打人欺负人正是他们的拿手好戏。如此严格的法律是对人格尊严的重视，一个随意施暴虐待他人，践踏他人尊严的人，本身就带有反社会性质，越早矫正越好。要建立法治社会，必须从幼稚园开始。

——参考消息网《港媒评留美学生绑架案：美国给中国土豪上法治课》（节选）

◎思考：

请根据所学知识，结合材料分析这次事件为何会发生？如何预防此类事件的重演？

课堂内外

一、社会小调查

调研题目：高校青年大学生失范行为调查

操作方法：利用文献搜索法、重点访谈法、问卷调查法。

效果预期：有助于同学们了解同一环境下的青年大学生的失范状况，从而更加清晰地认知自我，锻炼同学们分析问题、解决问题的意识，以利于战胜自己，帮助他人。

二、主题讨论

讨论题目：高校青年大学生存在哪些失范行为？你觉得应该如何避免这些行为的产生？

◎参考文献

[1] 陈程. 当前我国社会失范的类型分析 [J]. 社会，2002 (12).
[2] 朱力. 变迁之痛：转型期的社会失范研究 [J]. 江苏社会科学，2006 (5).
[3] 李强. 论社会团结、社会失范与犯罪控制 [J]. 刑事法评论，2010 (1).
[4] 王牧. 新犯罪学 [M]. 北京：高等教育出版社，2005.
[5] 高铭暄，马克昌. 刑法学 [M]. 北京：高等教育出版社，2007.
[6] 莫洪宪. 中国青少年犯罪及对策研究 [M]. 长沙：湖南人民出版社，2005.

CHAPTER 13

专题十三 性别视域下的青年发展

导言

罗曼·罗兰曾说过："每个人都有他的隐藏的精华，和任何别人的精华不同，它使人具有自己的气味。每个个体都渴求自由，希望根据自身的兴趣、个性发展的特点，寻求未来的发展空间。"但是在性别视域下，男女青年身体、心理发展存在差异，导致社会对男女青年有着不同程度的期待、不同层次的要求，甚至设置了条条框框限制个体的发展，特别是对于女青年的约束更是明显。因此，现代的男女青年都有着各自的权利诉求，即要求尊重个人自由发展的权利，冲破社会传统观念和价值取向，抛弃身份歧视，遵循公平、公正的原则和价值取向。

尽管当前我国男女青年的权利诉求都得到了不同程度的回应，但社会上依然存在限制男女青年发展的种种障碍，对女性则是转向更加难以被察觉的隐性歧视。青年是当代中国的重要力量，为了让青年自身得到更好的发展，我们有必要了解社会性别对青年发展影响的相关知识，以更好地促进青年自身发展。

精彩故事

青春无悔——一个男护士的人生感悟

小孙(化名) 从来都认为护理工作不是男人应干的活，但对自己的十年护理生涯却毫不后悔，尽管那是他全部的青春岁月。

1978 年，小孙怀着对当一名军官的热切向往参加了军校招考，当时，他所在的部队分到了两个护理专业的参考名额。于是，他便成了护理队伍中的一名男"天使"，也很幸运地圆了自己的军官梦。

然而，生活是美好的，生活更是严峻的。如果说护理工作的繁忙琐碎还能让一个男人接受的话，那么，来自社会上甚至是患者亲属及其本人的歧视，却会让一个男人的自尊受到严重伤害。尽管这种歧视也许根本不是对某个人，而是对一种职业的偏见，但它依然让人难以承受，特别是当你献出全部的情谊和爱心的时候。

小孙说："说句心里话，我的确没有那种偏开'顶风船'的勇气，在频频而至的蔑视、歧视、偏见面前，我感到了自己的力不从心。我常常自问，这难道就是我的'天使梦'、军官梦吗？我的一切美好憧憬，仿佛一下子变成了一张撕碎的废纸张。那时，'跳槽'这个词还没有流行，但我的确想到了改行，一件令我终生难忘的事情发生了。"

那是一个塞外寒冷的冬夜。凌晨4点钟，来了一位面色苍白的战士，他昏睡着，几丝鲜血从已经填塞过的鼻孔里渗出，顺着脸额滴落。经过几个小时的紧张抢救，他奇迹般地睁开了眼睛。一双明明亮亮的眼睛，像雨后的蓝天和山涧的清泉。我被这双眼睛的纯净感动了。

他得的是急性白血病。对生命来说，这无疑是一张死神的请柬。他只有17岁——生命的花朵刚刚开放就要凋谢，这使我这个看惯了痛苦和死亡的人也抑制不住自己痛苦遗憾的情感。而我唯一能做的，也就是精心的治疗和悉心的护理。

一个月后，他的病情恶化了。他逝去的时候，正赶上我给他上特护。经过一晚上剧烈的头痛之后，他的目光依然那么纯真，只是多了倦意。当看到我正守护在他身边时，他颤抖地握住我的手，嘴唇喘动着，我把耳朵凑到他嘴边才听清，他叫了一声“哥哥……”微弱的声音像重锤一样砸在我的心头，我哽咽了，什么也说不出来，只有泪水夺眶而出。

哥哥，这是一个多么平常的称呼，但它却饱含着一个病患者对我这个普通护士的深深理解。它使我真切地感受到了人们内心深处那不可泯灭的深情。在这样的深情面前，那些世俗偏见是多么微不足道；在这样的深情面前，我为自己的懦弱而羞愧。

转眼就是十年，我把自己生命中最美好的青春献给了护理工作，但我从不后悔。因为，我是在为成百上千个生命守护了十年，世界上还有什么比守住生命更崇高、更圣洁、更让人自豪的呢？况且，这十年让我得到的，是比金子更珍贵的对生命真谛的感悟。

（改编自：孙继革．青春无悔：一个男护士的人生感悟［J］．当代护士，1997.）

◎**总结：**

这个故事告诉我们：“我们应该根据自身的兴趣发展自我。”

◎**思考：**

1. 你了解自身的个性特点吗？
2. 你了解男女两性发展的差异吗？
3. 你知道什么是性别刻板现象吗？

情景导入

一、班级调查

1. 你了解社会性别吗？
2. 你知道社会性别对青年发展的影响吗？
3. 你认为了解社会性别对青年发展的影响重要吗？

4. 你认为当前社会性别视域下的青年发展存在哪些问题?

二、案例分析

【案例1】 2015年1月16日，由中华全国妇女联合会、中国科学技术协会、中国联合国教科文组织全国委员会以及欧莱雅中国共同主办的第十一届“中国青年女科学家奖”颁奖典礼在北京举行，包括国家纳米科学中心研究员陈春英在内的10位青年女科技工作者，从来自111个单位的183位候选人中脱颖而出，摘得这一奖项。

长期以来，女科学家的玻璃天花板问题备受瞩目。自20世纪90年代末以来，从事科学研究的女性队伍日益壮大，但纵观全球，科研人员中女性所占比例仍不足三分之一。而在诺贝尔奖得主中，女性获奖者的比例更是不足3.5%，在颁发给女性的总计16个诺贝尔奖中，两个授予了居里夫人。

一份女性从事科研工作现状的研究报告显示，在高中时期，女生和男生在科学领域的表现难分伯仲。但是，从本科开始划分专业，到成为顶级的学术科研人员，女性的比例呈现阶段性的下降，从本科阶段所占比例的32%，下降到顶级学术科研比例的11%，仅占到一成。这份由欧莱雅企业基金委托波士顿咨询公司编撰的报告还显示，高中毕业后，女生选择在大学就读理工科的平均概率为35%，获得理工科学士学位的概率为18%，获得理工科硕士学位的概率为8%，获得理工科博士学位的概率为2%，而对男生而言，这些概率分别为77%、37%、19%和6%。

成见和偏见，成了年轻女性选择科学事业的最大障碍。报告称，年轻女性以及她们的父母、老师甚至整个社会似乎都有一些阻碍女性进入科学领域的先入之见：“科学很枯燥”，“男生对喜欢科学的女生没兴趣”，“理工科专业不好找工作”，“我不想被当作一个不懂社交、孤僻、孤独的‘科学怪人’”。然而，最令人担忧的成见是“男性比女性更擅长科学研究”，即便事实上没有任何证据可以证明这一观点。①

【案例2】 2015年6月全国的高考文理科头名调查结果显示，2015年文科头名共31人，女生人数有20人，占文科头名总人数的三分之二中女生人数依旧占据多数；理科头名共30人，男生人数占了19人，仅11位女生，男生占多数。

◎问题:

结合案例和自身情况，思考当前社会对男女青年发展的限制?

探求新知

性别角色是社会的产物。人类学家玛格丽特·米德在20世纪30年代曾对新几内亚的阿拉佩什人、蒙杜古马人和德昌布利人三个原始部落的男性和女性进行观察研究，从其研究结果看来，男性和女性天生就存在生理差异，不过男女的性别角色差异则会由于部落文化传承的不同也会大不相同。这些部落中，有的部落女性从属于男性，负责照顾

① 邱晨辉. 一份研究报告显示：顶级科学家中女性仅占一成［N］. 中国青年报，2015-01-19.

孩子，但是同样也有的部落，女性作为经济支柱掌握大权，孩子多由男性照看。因而性别角色不是天生注定的，而是通过各种文化中的性别行为模式的学习、模仿和认同后形成的。[1]

第一节 认识社会性别

人自古以来就被分为两类：一类是男人，另一类是女人，这是按性别进行划分的。性别即男女差异，分为生理性别和社会性别。所谓生理性别，是指男女生理结构方面的差异，它是与生俱来、不可自然改变的，它不因你的肤色、阶级、地域、民族、地位等因素而有所差别。那么，什么是社会性别呢？

一、社会性别概念及特征

（一）社会性别概念

社会性别是相对生理性别而言，是长期教育和环境影响所产生的男女差别，是社会变迁及社会政治、经济和文化等相互作用的结果。例如，小孩在儿童期虽也知道男孩、女孩的生理差异，但在言行上并不觉得有什么差别，仅当父母、老师、朋友等社会各方力量不断地通过各种途径教育男孩应当如何如何，女孩又应当如何如何，使得男孩、女孩分别按照既定的思维模式和行为模式去塑造、发展和成长。[2]

（二）特征

社会性别的塑造基于生理性别，但其影响却往往超过后者，远比生理性别复杂得多。不同历史时期的政治、经济和文化特点产生不同形式的社会性别关系。即使在相同的历史时期，由于不同的社会制度和政治制度的差异也会产生不同的社会性别关系。社会性别是一种客观存在，是一个社会的、历史的、动态的概念。社会性别的基本特征可做如下理解。

1. **社会性别的差异性特征**

差异性在不同的历史阶段、区域、种族、阶层有不同表现，它是社会性别最显著的特点。比如，不同历史阶段的性别角色模式变化则充分表明了社会性别的这一特征。工业革命前后，男女性别角色模式不一样，两性对社会所起的作用大不相同，社会对男性与女性各自扮演的角色和所起作用的期待也不同。

2. **社会性别的社会性特征**

每一个社会都以自己特有的方式建构社会性别，如何建构则取决于这个社会中政治、

---

① 米德．三个原始部落的性别与气质［M］．杭州：浙江人民出版社，1988．

② 张莹．社会性别视角应用研究［M］．北京：知识产权出版社，2007：3．

经济和文化诸多因素相互作用的合力的大小和方向。

3. 社会性别角色的共塑性特征

虽然社会性别有自塑性，男性或女性对待自身社会性别的态度对于社会性别的形成有举足轻重的作用，但是社会性别更主要是男女两性共同塑造的。在社会中无论是男性还是女性，都是社会性别的塑造者和被塑造者，因为社会性别是男女两性在某一社会背景下相对存在、相互陪衬、相互依赖、相互作用的，从而形成异性间的相互塑造。所谓男性气质形成于男性与女性的社会交往中，所谓女性气质也是女性在与男性的社会交往中形成的。

社会性别指在社会文化中形成的属于女性或男性的气质和性别角色，及与此相关的男女在经济、社会文化中的作用和机会差异。其强调社会性别是由社会造成的，是人们通过社会学习而获得与生理性别相关的一系列规范性的期望和行为。①

二、性别社会化

（一）社会化的含义

社会化，是指一个人学习群体文化，学习承担社会角色，通过参与社会，从而成为与社会文化规范相适应的社会成员的过程。简而言之，就是一个“自然人”被整合到社会中，成为“社会人”的过程。

（二）性别社会化

性别社会化是个人关于性别角色和性别规范的学习过程，是贯穿人的一生的性别认同过程。对个人来说，性别社会化主要是个体如何对自身的性别认同有机地与社会所规定的性别角色整合起来。对社会来说，性别社会化是使个体对性别规范认同的最基本的机制，它通过个人和社会的互动使性别不平等制度得以延续。对性别社会化的了解有助于我们发现社会性别是如何构建在两性各自生命周期的各个阶段的，并由此理解男女两性的性别角色规范是如何经由社会化过程而实现生产和再生产的。②

（三）性别社会化的内容

性别社会化的内容包括性别期望、性别角色和性别认同三个方面。

（1）性别期望是社会对属于不同性别的人的要求与期望。对男女两性不同的社会期望主要体现在三个方面：一是发展一定的性别气质，如对男性而言，社会一般要求他们坚强独立、理智果敢、积极进取；而女性则应该温柔顺从、感情丰富、敏感依赖。二是认为男女两性应该承担不同的责任和义务，如男性要努力工作，挣钱养家；女人要照顾家庭、抚养孩子。三是针对男女两性建立不同的社会规范，涉及言行举止和社会交往等方面。日常生活中互动关系在传递性别期望中具有重要作用。

---

① 张莹．社会性别视角应用研究［M］．北京：知识产权出版社，2007：3－5.

② 苏红．多重视角下的社会性别观［M］．上海：上海大学出版社，2004：56－57.

（2）性别角色是由于人们性别不同而产生的符合一定社会期望的品质特征，包括男女两性所持的不同的态度、人格特征和社会行为模式①。

（3）性别认同可以分为社会的性别认同和自我的性别认同。社会的性别认同是社会赋予性别的属性，表明一个人是何种性别的标志。自我的性别认同是自我发展的过程，它将人们分为不同性别的个体。不同性别的个体在自身成长的过程中，获得了有关自我性别的独特感觉和符号意义。②

三、影响性别社会化的要素

在性别社会化的过程中有许多因素能够对这一过程产生影响，这些因素包括语言、媒体、书籍、宗教、学校、同伴以及家庭，其中比较重要的因素是家庭、学校、同辈群体和大众传媒等。

（一）家庭

家庭是性别社会化的第一个场所，性别社会的早期阶段基本上都是在家庭中进行的，它对儿童性别角色的初步形成具有重要作用。婴儿降生之后主要就生活在家庭中，接触的是家庭中的成员，家庭成员尤其是父母都是“重要他人”，他们有意无意地影响着婴儿对性别的区分和认识，婴儿就在潜移默化中逐步开始了性别的社会化进程。

父母被认为是婴儿一生中的第一任老师，也可以说是最重要的老师，他们对子女的性别角色分派在孩子出生便开始。一般来说，由于性别的不同，父母对待婴儿的方式也是有区别的，同时他们对男孩和女孩的期望也是不同的，这些潜移默化的方式促成了子女的性别社会化。当婴儿哭闹时，如果是男婴，父母倾向于认为他饿了，如果是女婴，父母常常认为她是害怕和恐惧；穿衣服时，父母给男孩选择的是蓝色、灰色等暗色调，对女孩则总是选择红色、黄色、绿色等很亮的色彩；如果女孩不小心摔倒了，父母会赶紧跑上去，扶起她嘘长问短，如果是男孩，父母则鼓励他独自站立起来，并大声赞扬他的勇敢；买玩具时，父母常常给男孩买手枪、汽车等，女孩的玩具则大多是洋娃娃等。

同样，父母除了会以这种不明显的方式来告诉孩子，不同的性别应该以什么样的方式生活并且更适宜生存。父母常常告诫女孩举止要文静、规矩，不能像男孩那样大声说话和行为粗放，要温柔和顺、心灵手巧，还要注意衣着整洁、漂亮，生活的环境要有条理，如果违反任何一条的话，父母常常以长大后嫁不出去威胁女孩。对于男孩，父母常常要求他们勇敢，不允许他们做被视为是女孩该做的事，否则就会受到训斥，更有甚者会受到体罚。

（二）学校

家庭外的社会化要素中，学校是一个极其重要的社会化场所，因为人们往往要在学校度过他们社会化历程中的关键的十多个年头，这时，他们处于学习和塑造自我的重要

---

① 周晓红．现代社会心理学：多维视野中的社会行为研究［M］．上海：上海人民出版社，2000：154.

② 祝平燕，夏玉珍．性别社会学［M］．武汉：华中师范大学出版社，2007：98－99.

时期，所以学校教育也成为儿童社会化的一个重要环节。

学校所施于人们的影响是全面的、系统的和深入的，性别角色的社会化在学校里通过多种方式得到强化和推进。其中，最主要的途径是通过课堂传授的教学内容来影响学生的性别角色意识。首先是教学内容上，从幼儿园到大学，甚至是研究生阶段，“男女有别”观念总是不同程度地存在着。在幼儿园教师讲述的童话故事中，在各级学校的教材里，到处是大量有关性别角色的暗示性内容，如幼儿教材中的插图总是将男女的职业定型化，警察一定是“叔叔”而不是“阿姨”，只要出现医生就都是男性，出现护士的时候就是女性了。随着教学计划的开展，教材中这些性别角色的刻板定型内容会逐步灌输进学生的意识之中。从中学阶段开始，男女生的体育课一般是分开上的，即使形式上没有分开，但在内容上也是有很大区别的，男生往往是做剧烈运动，如踢足球、打篮球等，而女生多是进行一些小运动量的活动，如踢毽子、打羽毛球等，或者是站在树荫下、走廊里成为运动的旁观者。高中阶段，选择理科的多数是男生，选择文科的多数是女生，因为他们认为理科更难学一些，不适合女生。这造成大学男女比例严重失调，理工科院校绝大部分是男生，师范类和外语类学校则大半是女生的现象。其次是教师对待男生和女生的态度和期望也是不同的，这也成为一门隐形课程。有些教师无论是平时语言中还是潜意识中常认为男生比女生更聪明些，更适合读书，所以教师在学业上，往往对男生要求更严格一些，期望也更高一些，对女生常希望将来有个好职业、好归宿就可以了，所以这一因素也部分地影响了女生的升学率。

（三）同辈群体

在人的成长过程中，同辈群体始终对人的行为发展产生着重要影响。儿童在学龄阶段，尤其是青少年时期，同伴之间彼此施加的要服从某种特定期望的压力可能要甚于家长或教师。研究发现，玩女孩玩具的男孩更容易落单，其同伴不太会接纳他，而更倾向接纳那些玩男性色彩重的玩具的男孩。无论是对于男孩还是女孩，行为与性别刻板定型模式相符与否是能够被同龄群体接纳的主要因素之一。儿童会称行为像男孩的女孩为“假小子”，称行为像女孩的男孩为“娘娘腔”。男孩们往往不愿与女孩玩耍，女孩更不好意思与男孩成玩伴，男孩和女孩彼此相互隔离，置身于一个与自己性别相同的群体中。

（四）大众传媒

随着科技的发展和现代化生活方式的普及，大众传媒日益成为人们生活中必不可少的东西，它对人类的生活内容、生活方式和生活态度产生了极大的影响，因而不可避免地也成为性别社会化过程中的一个重要因素。

大众传媒主要包括电视、报纸、广播、杂志和网络世界等，其中电视被认为是目前我们生活中最具有影响力的传播媒介。现代社会生活节奏加快，人们日益成为整个社会的一个原子，这些原子并不是有机地结合在一起，而是无机地“集合”在一起。城市社会中孤独的个人只有在特别的、狭窄的、单调的周围环境（如工作场所）中才能认识他人，与之发生某种交往关系。于是，人们更多地诉诸直观、主观、形象、快捷的电视工具，不假思索地接受电视媒体所传达的意识。

电视等大众传媒所表达的往往是男性霸权文化，在男性视角下来看待男性、女性以及世界中的一切事物。如在众多的媒体广告中，电冰箱、吸尘器、洗衣机等家用电器的主角都是家庭妇女，服装、首饰、化妆品等广告中也是年轻貌美的女性居多。很明显，女性的世界被定格在家庭之中，女性的角色也被界定为母亲、妻子等，女性是家庭事务的权威，而男性在这方面是门外汉，他们不在行也不必在意这些琐事。

大众传媒在日常生活中为我们描绘和策划出了男性和女性的模范榜样，好女人应该是苗条曼妙、相夫教子、以家庭为中心的；好男人则应该冷静出色、献身事业、牺牲家庭、勇挑重担。在媒体如此铺天盖地的攻势下，很少有人能够保持自我，也很难拒绝得了这种性别标准。①

第二节 了解青年男女个性发展差异

一、个性

个性包括个性倾向性和个性心理特征。个性倾向性是指个体在与客观事物交互作用的过程中，对现实事物的一定的看法、态度和取向；个性心理特征是指表现在个体身上的那些经常的、稳定的、本质的类型特征。这些看法、态度和趋向以及经常的、稳定的、本质的类型特征反映着每一个人的社会品质。

■拓展阅读

马克思在1865年曾经以半开玩笑的形式做过“自白”：

我喜爱的优点：一般人—纯朴；男人—刚强；女人—柔弱。

你的特点：目标始终如一。

你喜欢做的事：啃书本。

你喜爱的名字：劳拉·燕妮。

你厌恶的缺点：逢迎。

你能原谅的缺点：轻信。

你对幸福的理解：斗争。

你对不幸的理解：屈服。

你厌恶的是：马丁·塔波尔②。

你喜爱的英雄：斯巴达克、刻卜勒。

你喜爱的女英雄：甘泪卿③。

---

① 苏红．多重视角下的社会性别观［M］．上海：上海大学出版社，2004：57－60.

② 马丁·塔波尔是与马克思同时代的英国作家，马克思认为他是冀望轻易成功的庸俗的化身。

③ 甘泪卿是歌德的悲剧《浮士德》中的人物。

你喜爱的诗人：埃斯库罗斯、莎士比亚、歌德。

你喜爱的散文家：狄德罗。

你喜爱的花：瑞香。

你喜爱的菜：鱼。

你喜爱的格言：人的一切我都不感到陌生。

你喜爱的箴言：怀疑一切。

这个“自白”多少说明了马克思的个性，说明了他的兴趣、气质、性格和能力。青年男女的个性差异，也同样表现在兴趣、气质、性格和能力这些方面。①

二、青年男女个性差异

青年男女的个性差异，主要体现在兴趣、气质、性格和能力方面。

（一）兴趣差异

青年男女的兴趣差异，主要表现在兴趣的倾向性、广阔性、持久性和效能性等兴趣的特征上。

1．兴趣的倾向性

兴趣的倾向性是指兴趣指向的客观事物的具体内容和对象。青年女性由于个性倾向性更容易显示出“人物定向”，记忆、思维和想象具有较明显的形象性的特点，言语的情感色彩也比较浓厚。在学习和工作中，青年女性一般对文学、艺术、教育、医学等与人生有关的内容和对象更感兴趣。在学习和工作中，青年女性一般也对文学、艺术、教育、医学等与人生关系密切的学科和职业更感兴趣，而且也容易学得好和取得更好的成绩。在大学里攻读文科的女性的比例显然比攻读理科的女性比例要大；在文艺界、教育界、医学界女性的成功率也明显超过其他各个领域。

青年男性由于个性倾向性更容易显示出“物体定向”，记忆、思维和想象具有较明显的抽象性的特点，言语的逻辑哲理性比较突出，因而他们的兴趣也容易倾向于与探索物体奥秘有关的内容和对象。例如青年男性常喜欢摆摆弄弄、拆拆装装，一会儿琢磨电工产品，一会儿又学会骑摩托车，一会儿热衷于球类，一会儿又在装修家具。反正与物品打交道，能动手的东西，青年男性都感兴趣。在学习和工作中，青年男性一般也对数学、物理、化学及其相关的职业更感兴趣，在大学里学理科的男性的比例明显高于学文科的男性的比例；在事业中自然科学领域做出突出贡献的男性远多于其他领域。

2．兴趣的广阔性

兴趣的广阔性是指兴趣指向客观事物范围的大小。青年女性的情趣容易局限在自己所从事的活动相关的某些方面，容易局限在自己生活的环境范围以内。

青年女性对物质兴趣中的住宅、家具、服装等物质生活品的兴趣一般要甚于照相机、收录机等精神用品的兴趣；对精神兴趣中的看电影、读书等认识兴趣一般要甚于打球等活动兴趣。而且其兴趣更容易由事物或活动本身所引起，更容易为新奇的东西、与需要

---

① 傅安球．青年性别差异心理学［M］．上海：上海人民出版社，1988：102－103.

直接相符合的事物所引起。这就会在一定程度上影响青年女性知识的广度和活动的范围。

青年男性的兴趣较为广泛，好奇心容易在各个方面表现出来。青年男性不仅对表现为衣、食、住、行等物质用品以及表现为玩、看、听等精神用品的物质兴趣比较浓厚，而且对由表现为获得各种知识的认识兴趣以及表现为文艺、体育、美术、摄影等有益于身心发展的活动兴趣构成的精神兴趣也相当强烈；青年男性的兴趣不仅容易由事物或活动的本身直接引起，而且能大大促进他们的求知欲，为他们的知识更加渊博打下基础。青年男性兴趣的这种广阔性，也常表现为“泛”和“散”，但他们也会在这过程中建立中心兴趣。

3．**兴趣的持久性**

兴趣的持久性是指兴趣持续时间的长短，青年女性虽然为事物和活动直接所吸引，尤其是为活动的目的、任务和结果间接所吸引而产生的兴趣的趋向不如青年男性，兴趣相对显得较为狭窄，但一旦产生浓厚的兴趣，就能持续较长时间，显得较为稳定。

青年男性的兴趣则常为好奇心所驱使，容易变化，显得不十分稳定，“见异思迁”的现象更为常见，表现为事过境迁，兴趣就烟消云散，兴趣随着某种活动的结束而消失。青年男性兴趣短暂和“瞬息万变”的现象只有到了成年期才会有根本的改变，这就为他们在事业中有可能做出的有价值而突出的贡献带来不可忽视的影响。

4．**兴趣的效能性**

兴趣的效能性是指兴趣能引起相应的实际活动以及实际活动产生效能的大小。青年女性的兴趣相对地讲，容易局限于对感兴趣的事物和现象的感知上，不那么经常表现出进一步认识的积极性，以至于用实际行动来理解它、掌握它。青年男性的兴趣相对地将更容易变为行动，将兴趣付诸实践。他们对感兴趣的事物更喜欢动手尝试。他们的兴趣更显得积极主动，更显示出要使认识深化的倾向。这样，青年男性兴趣的效能在一般情况下比青年女性显得大些。①

（二）气质差异

气质是指人的心理活动全部动力特征的总和，是人的典型的、稳定的心理特点，是高级神经活动类型在人的心理活动和行为动作中的表现。气质有以下四种基本类型。

一是多血质，此类型的人活泼好动，思维敏捷，善于交际，体验敏感，注意易于转移，情绪易于改变。

二是黏液质，此类型的人安静稳重，反应缓慢，沉着坚定，善于忍耐，注意难以转移，情绪不易外露。

三是胆汁质，此类型的人直率热情，急躁冲动，经历充沛，反应迅速，自制能力较差，情绪变化剧烈。

四是抑郁质，此类型的人行为孤僻，反应迟缓，多愁善感，腼腆怯懦，情绪体验深刻，感受性极高。

青年男性更多地表现出多血质、胆汁质或多血质—胆汁质，以及主要表现出多血质或胆汁质，同时又表现出黏液质或抑郁质，而青年女性更多地表现出黏液质、抑郁质或

---

① 傅安球．青年性别差异心理学［M］．上海：上海人民出版社，1988：109－113.

黏液质—抑郁质以及主要表现出黏液质或抑郁质，同时又表现出多血质或胆汁质。青年男性更容易显示出活泼好动，精力旺盛，不甘寂寞，善于交际，直率热情，智慧敏捷，反应迅速，易于冲动，兴趣广泛易变，情绪剧烈而外露、多变而短暂等心理特征和行为特点；青年女性之所以更容易显示出淡泊宁静，沉着稳重，孤僻怯懦，沉默寡言，善于忍耐，反应迟缓，不尚空谈，埋头苦干，情绪体验深刻，不易外露，多愁善感，具有很高的感受性，善于觉察到别人不易发觉的细小事物和细微变化等心理特征和行为特点。

青年男女气质类型的各自不同倾向，使青年男性比较容易适应新的环境，容易接受新事物，热情机灵，比较适合要求做出迅速反应和活动强度大的活动；而青年女性则比较沉着坚定，稳重忍耐，做事小心谨慎，观察敏锐细致，比较适合要求持久细致而又不易感到疲劳的活动。①

（三）性格差异

性格是个人对现实的稳固态度以及与此相适应的习惯化的行为方式。

例如，有的人在各种场合总是表现出娇嗔、怯懦、拘谨；有的人在各种场合总是显示出正直、诚实、直率；有的人在各种场合总是显得傲气、虚伪、粗野……这种在各种场合都能稳定地表现出来的对现实的态度以及与此相适应的独特的行为方式，就构成了这个人或那个人的性格特征。

青年男性的性格特征比较明显偏向于意志型或理智—意志型，偏向于独立型、外向型。也就是说，青年男性性格的意志特征或理智与意志的混合特征比较明显，他们往往有明确的目标，有独立的主见，主动性较强，处事果断，但缺乏恒心，喜欢凭个人的嗜好、兴趣感知事物，力图用想象来打开自己的活动领域；青年男性的独立程度也较高，喜欢独立地提出问题和解决问题，不易受次要因素所干扰，在紧急情况下不慌张，易于发挥自己的力量，甚至喜欢把自己的意见强加于别人；青年男性的心理活动也比较倾向于外部，开朗、活跃、善于交际，经常对外部事务表示关心，不拘小节，情感外露。

青年女性的性格特征比较明显偏向于情绪型或理智—情绪型，偏向于顺从型、内倾型。青年女性性格的情绪特征或理智与情绪的混合特征比较明显，她们的情绪比较深刻，举止易受情绪左右，情绪持续的时间也比较长，待人接物带有浓厚的感情色彩，比较重视人与人之间的感情交流，容易触景生情，感知事物注意细节，但易受暗示，容易囿于现成的结论；青年女性的依赖性也比较强，独立性较差，容易不加批判地接受别人的意见，照别人的意见办事。在紧急困难情况下容易显得张皇失措，不善于更好地发挥自己的力量，容易迁就顺从和墨守成规；青年女性的心理活动也比较倾向于内部，沉静多思，反应缓慢，处事谨慎，顾虑较多，腼腆怯懦，不易适应新的环境，交际狭窄。②

（四）能力差异

能力是直接影响活动的效率，使活动顺利完成的个性心理特征。能力总是和活动联系在一起的。但只有那些直接影响活动的顺利完成及其效率的心理特征，才能成为能力。

① 傅安球．青年性别差异心理学［M］．上海：上海人民出版社，1988：109－113.

② 傅安球．青年性别差异心理学［M］．上海：上海人民出版社，1988：113－116.

例如作家的书面语言表达能力、教师的口头语言表达能力、画家的视觉记忆力等，都是顺利完成他们所从事的相应活动并且直接影响效率所必需的、最基本的心理特征。

能力可以分为一般能力和特殊能力。一般能力适用于广泛的活动范围，是完成基本活动的能力。如观察力、注意力、记忆力、思维力和想象力等。这些能力是人们有效掌握知识所必须具备的，生活、学习、工作乃至创造、发明，任何活动的顺利完成，都离不开这些能力。智力是观察力、记忆力、思维力和想象力等各种一般能力的整体结构。各种一般能力在其作为智力所构成的能力系统中，是作为一个统一的整体发挥作用的。

特殊能力只有在特定的活动领域内才有意义，是从事某种专业活动的能力。例如精细地分析各种音高、音强的听觉能力就是从事音乐活动所要求的特殊能力；精密地分析色调的彩色鉴别能力就是从事绘画活动所要求的特殊能力；等等。

一般能力和特殊能力都是构成才能的基础，要成功地完成任何一种复杂的活动都有赖于它们的有机结合。青年男女的能力差异，不论是一般能力、特殊能力，还是两者完备的结合——才能，在能力的类型和能力发展的水平上，都表现得比较明显。

青年女性的特殊能力容易在文学、新闻、医学、教育、艺术等领域显示出来。青年男性的特殊能力容易在自然科学、哲学、经济学等领域显示出来。

在完成同一活动中，青年男女在一般能力的表现和各种能力结合上也有差异。视觉方面，青年女性对于细节感知清晰、敏感、深刻，分析方面比较好，青年男性则更富有概括性和整体性，知觉较为笼统；表象方面，青年女性更趋向于听觉型，听觉表象较为明显，青年男性则更趋向于视觉型，视觉表象较为鲜明；记忆方面，青年女性更习惯于机械识记，青年男性更习惯于理解识记，青年女性更倾向于直观形象的记忆类型，青年男性则更倾向于词语的抽象记忆类型；言语方面，青年女性的形象、情绪因素占优势，青年男性则是概括的、逻辑的联系占优势；思维方面，青年女性偏向于形象思维类型，青年男性偏向于抽象思维类型；想象方面，青年女性带有更明显的形象性的特点，青年男性则带有更明显的抽象性的特点等。因此，这种在完成同一种活动中能力表现的不同，就会导致在完成同一种活动中各种能力结合的不同。

例如，数学能力的基本组成部分是运算能力、逻辑推理能力和空间想象能力，青年男女虽然都能达到正确、迅速地进行解题的水平，但保证解题所必需的能力的结合都是不同的。一般地说，青年女性喜欢依靠运算能力和逻辑推理能力的结合来解决数学问题，青年男性则喜欢依靠空间想象能力和逻辑推理能力的结合来解决数学问题。

青年男女能力的水平差异，从总体上说，并不存在孰高孰低的问题。也就是说，从综合平衡上并不能断定青年男性的能力优于青年女性或者相反。但是，能力水平的性别差异还是客观存在的，这种性别差异突出地表现在能力层次分布上。作为一种能力整体结构的智力，其层次分布也不一样。

青年男女智力层次的不用，会在一定程度上对学业和事业带来影响。学习方面，无论是高中还是大学阶段，成绩优秀的和较差的两端，都是青年男性居多，而成绩中等的则是青年女性居多；在学科成绩的分类上，青年男性理科成绩优秀的人数百分比比文科为高，而青年女性文科成绩接近或达到优秀的人数百分比则又比理科为高。事业方面，由于创造性的活动更需要高智力，而高智力的比率青年男性又较大，因而青年男性在事业上取得成功的可能性就显然要比青年女性大一些。特别是在自然科学的研究上，这种情况更为明显。在文学领域，虽然青年女性在这些领域更能显示她们的才能，但由于智力层次分布的性别差异的影响，出类拔萃的人才同样也是青年男性居多。①

第三节 探索社会性别对青年发展的影响

一、性别刻板印象

（一）性别刻板印象的概念

刻板印象是人们对某个社会群体形成的过分简单化、滞后于现实变化的以及概括性的看法。性别刻板印象即性别定型观念，是关于男女应具备的心理特征和所从事活动的相对固定的看法。当人们以性别为基础，赋予男女两性以不同的特征框架时，性别刻板印象就产生了。性别刻板印象是人类社会文化塑造的，是普遍存在于人们周围的文化产物。

（二）性别刻板印象的内容

1. 性别气质

性别气质是两性被社会认可的表象、行为和性格等，它是性别刻板印象的基础。性别气质包括外表形象和人格特征两个方面，如前者认为女性是娇小优雅的，男性是高大宽肩的，后者认为女性是情绪化而依赖他人的，男性是自信理性且独立的。

2. 性别角色

性别角色包括角色行为和职业规范两个方面。角色行为认为女性要担起私人领域内的照顾孩子和家庭的“主内”角色，而男性则要承担公共领域内的供养家庭和参与工作的“主外”角色。职业规范则主要是对那些走出家庭、从事社会性工作的女性，划定了她们所能从事的职业，如护士、教师等，而那些技术含量高、可替代性低的职业却多半将女性排斥在外，这种基于女性生理特征的女性职业角色的刻板印象阻碍了女性自身性格和职业生涯的发展。

（三）性别刻板印象的影响

性别角色刻板印象对人们的影响是深刻的。在任何一个个体成长的过程中，性别角色刻板印象都在潜移默化地影响着个体的发展，一点一点地塑造着个体的行为。由于性别角色刻板印象的存在，使不同性别个体的社会化过程的方向十分明确，但强化角色定型观念可能会对个体社会化产生消极影响。性别刻板印象的普遍性与牢固性同样给男女

---

① 傅安球．青年性别差异心理学［M］．上海：上海人民出版社，1988：116－127．

两性带来生活上和心理上的压力，男女两性都必须按照社会规定的角色规范去进行自我塑造，在影响女性的成就动机与自我潜能的发挥的同时，也逼着男性以追求事业成功作为人生价值的实现。①

二、性别视域下的青年发展

男女性别角色差异的存在虽说有利于男女两性各司其职，促使社会有序地发展，但是男女性别角色差异也会产生一些问题。在中国，尽管不同时期对于男女的性别形象的定位各有不同，但无论何时，男性总是与工作、成功和先进的科学技术联系在一起的，而女性总是与家庭、家务劳动、厨房、儿女联系在一起的。性别视域下，青年男女的发展都受到诸多限制，尤其女性的发展障碍重重。

（一）青年男性发展

1. 男性发展空间被限制在特定领域

学科发展上，男性大多被引导到理工科。男性擅长抽象、逻辑、推理能力等，男性个性发展特点，使大多数男性发展空间被引导到理工科等被认为是男性天下的学科。

职业发展上，男性更多地选择警察、城管、销售、IT、电信行业以及创业等，而被隔离于幼师、护士等行业。在性别刻板印象影响下，男性发展空间受到束缚。

2. 男性被赋予过分期望

自社会性别存在以来，社会对男性的要求越加严格，男性被赋予过分的期望。例如男性的形象应该是“勇敢”“坚毅”“刚强”，因而男性在现实社会中不能表现出脆弱的一面，否则就会被视为“懦夫”“不堪一击”，这样的男性形象是不被社会所接受的。社会将重担赋予男性，对男性提出的要求过高，使男性在身心上承受巨大的压力，不利于男性发展。

（二）青年女性发展

1. 劳动力就业市场中的性别排斥

（1）劳动力市场准入的性别不均等。对女性的偏见在还没有进入劳动力市场时就已经存在，许多用人单位招聘时指明不要女性。在劳动力市场上，女性的入职门槛普遍高于男性。不管是从劳动力市场登记的用人单位的招聘条件来看，还是从报纸、杂志、互联网、招聘会上的招聘信息来看，都不同程度地存在男女就业不平等现象，如一些用人单位对那些适合女性的行业和岗位，以及男女都适合的岗位，往往以种种借口将女性拒之门外，宁用“弱”男，不用“强”女。

（2）女性就业与再就业困难。中国现行劳动法和劳动政策规定，生育成本要由雇主来承担，而企业追求利润最大化的目标，使妇女就业机制由安置就业向竞争就业转变。25～29岁正是女性的生育高峰时期，女性生育与企业利益之间存在矛盾冲突，更容易成为企业减员或辞退的对象。由于生育使女性的工作出现中断，许多女性面临着二次就业，

---

① 祝平燕，夏玉珍．性别社会学［M］．武汉：华中师范大学出版社，2007：107－108.

就业难度要大于第一次就业，常常因婚姻和家庭被雇主拒之门外。①

2. **职业分层中的性别分化**

（1）职业结构中的性别差序现象。职业分层的等级顺序依次为国家机关、党群组织、企事业单位负责人、专业技师人员、办事人员和有关人员，商业服务业人员，农林牧渔水利业生产人员，生产运输设备操作人员。当前，我国职业社会性别差距在缩小，体现出一定的性别平等化趋势。但是，男女两性在各种职业中所占的比例仍有较大的差距。

女性在那些声望低、待遇低的职业门类中密集程度较高，而那些技能要求高、收入高、有较高社会声望的职业中男性比例较大。在社会分层中处于上流位置的职业，对于女性进入该领域的要求标准高于男性。

（2）女性职业发展中的"玻璃天花板"。由于性别歧视的广泛存在，女性在求职过程中多以比男性更具优势的条件和更良好的表现获得稀缺的职位。即便如此，白领女性在职业发展过程中常常遇到阻力。许多优秀的女性在上升到某一位置时，无论其具有什么样的资格和能力，都很难再有向上发展的空间。即使女性进入社会优势职业，她们在职业内也很难进入上层位置。②

■拓展阅读

在纽约某私募投资公司一间宽敞的会议室里，来自商界的投资者正激烈地讨论着互联网业的投资新方向。一位女性与会者站起身，打算去一下厕所。她步出会议室，在大堂里转了半圈，却没有找到厕所。

这时，她刚好碰到这家私募公司的 CEO，就询问他是否知道女洗手间在哪？这位 CEO 回答说，自己也不清楚女洗手间的位置。于是，女性问他："是不是你们公司刚刚搬到这栋大厦里面?" CEO 说："不，我们已经搬到这有一年了。"女性惊讶地说："别告诉我，这一年里只有我一个女性来过这个办公区。" CEO 显得有些尴尬，他说："是啊，可能也只有您这一位女性需要使用女洗手间。"

这是"脸谱"公司首席运营官雪莉·桑德伯格的一段亲身经历。今年 46 岁的桑德伯格是"脸谱"二号人物，她帮助"脸谱"经历数次高速扩张，成功开发出对世界一些最大品牌企业极富吸引力的广告平台。桑德伯格的经历反映出当今女性在管理层的尴尬境遇——女性领导者还很少。

2015 年 1 月，国际劳工组织发布的一项报告显示，全球大公司总裁中女性只占 5%，公司越大，女性高管数量越少。报告显示，挪威女性总裁和董事长所占比例最高，为 13.3%。芬兰、英国、挪威和瑞典四国的公司董事会中，女性人数超过 20%；瑞士、美国、法国和德国等 13 个国家女性占比为 20%；比利时、意大利和西班牙等国占 10% ~ 5%；低于 5% 的国家包括印度、日本、俄罗斯和阿拉伯国家。③

---

① 祝平燕，夏玉珍．性别社会学［M］．武汉：华中师范大学出版社，2007：156 - 158.

② 祝平燕，夏玉珍．性别社会学［M］．武汉：华中师范大学出版社，2007：159 - 161.

③ 女性高管知多少［N/OL］．深圳特区报，2015 - 03 - 14［2016 - 08 - 11］．http://sztqb.sznews.com/html/2015 - 03/14/content_ 3166963.htm.

《2015年全球性别差距报告》调查了全球女性首席执行官的人数后发现，有100个国家的女性，其受到高等教育的人数要超过男性，但只有4个国家的领导人、公司主要高管为女性。全球性别平等指数"全球挑战"项目总监阿迪亚·扎赫迪（Saadia Zahidi）指出，这简直是"浪费才能"。①

3. **两性收入差距的差异化**

收入性别差是指男性与女性收入的比较情况。随着社会经济的发展，男性和女性收入都有所增长。但现实生活中，男女同工不同酬的现象依然存在。

2015年11月19日，世界经济论坛发布的《2015年全球性别差距报告》显示，2015年全球女性薪酬仅相当于男性十年前的水平。过去十年，全球虽有2.5亿新增女性人口进入劳动力市场，但女性参与经济机会仍然低于男性，且差距没有缩小，受教育女性人数的增长并未明显提升，女性工作职位与收入，特别是在"同工同酬"和"劳动力参与"两项上的差距，自2009年以来一直没有改善。2015年的女性薪酬水平仅相当于十年前的男性所得。该报告还公布了男女工资差别最大的五个行业，具体见表13-1。

表13-1 男女工资差别最大的行业TOP5②

行业	比例
IT业	13.36%
金融业	11.42%
房地产	8.73%
汽车	8.51%
法律业	7.76%

CNN报道称，在美国男女收入差指数为64%，这数据意味着女性在同工的情况下只有男性64%的酬劳。这个情况比去年66%的情况要糟糕。报告发现，没有一个国家的男女员工是同工同酬的。其中，巴西和安哥拉的妇女的薪水，只有对等工作男性的一半都不到。③

■拓展阅读

伊丽莎白·普伦在英国奥尼克斯环境集团担任主管，是一位事业有成的女性。她每年经手的营业金额高达2 000万英镑，手下还管着300名职员。对于4.2万英镑的年薪，普伦一直感到很满意。

不过，自从普伦无意间从老板口中得知其他同事的薪水后，这种感觉就一去不复返了。普伦说，另两名与她同级的男性主管，每年能额外得到相当于一年薪水的奖金，而

① 全球性别差距报告：男女收入平等还要118年［N/OL］. 参考消息，2015-11-20［2016-08-11］. http://www.cankaoxiaoxi.com/world/20151120/1002575.shtml.

②③ 2015年度全球性别差距报告：男女收入平等还要118年［EB/OL］.（2015-11-20）［2016-08-11］. http://news.cngold.com.cn/20151120d1903n57727718.html.

她的奖金只相当于半年薪水。此外，一直以来，他们每年的基本薪水都比她多 1.5 万英镑。

愤怒的普伦无法接受这个不公平的事实。“这使我震惊。虽然我是公司唯一的女主管，但我们干活都是一样的，”普伦说，“我猛然醒悟，所谓保密文化让我损失了利益。”①

高薪领域男女两性收入差尤其严重。如金融业领域，女性平均薪水比男性少 41%。这一差距意味着，在拥有最多白领雇员的金融部门，女性与男性一生的薪水差距将可能达到 100 万英镑。而在制造加工业，这一“薪水鸿沟”为 19%。报告还说，干兼职工作的女性平均每小时比男性少赚 41%，而全职工作的女性则比男性少赚 13%。②

三、性别视域下青年实现发展路径

（一）尊重青年男女个性发展差异

青年男女个性差异是客观存在的，青年必须承认男性和女性之间个性发展的差异。青年男女应该用积极的眼光从多个角度和层面去审视自身的优势与不足，促进自身学业、事业等的发展，以更好地成长成才。

（二）善于根据个性特点发展自己

人的能力和智力是多元的，是先天存在又是可以进行后天开发的，每个人都在一定程度上拥有多种能力和多项智力。青年男女具有不同兴趣爱好、气质特点、性格特点以及智力能力特点，每个青年男女身上都有自己的闪光点，因而要学会发现、挖掘。如青年男性自身有言语能力特长，可加以挖掘并进行专业训练，培养自身的文学、艺术等才能；同样，青年女性自身擅长抽象逻辑思维能力的，也可加以挖掘并进行训练，发展自身的科技才能。

（三）利用男女个性优势弥补自身不足

男性化和女性化，是用来描绘社会中男性与女性所拥有的相对稳定的行为倾向性。有研究认为双性化性别角色类型者具有最理想的人格特征和最好的心理健康水平。无论是男性还是女性，都应该具备胆大而细心、勇敢而稳健、豁达而深沉、智力而多情等完美的人格特征。

（四）营造社会氛围，实现两性和谐发展

人类社会是由男性和女性构成的复杂共同体，男性和女性的交往关系是社会诸多关

---

① 女性高管的薪酬实在差太多［EB/OL］.（2015 - 03 - 30）［2016 - 08 - 11］. http://lady.163.com/15/0330/07/ALUHP6DO00264N2N.html.

② 有关男女工资待遇的差异［EB/OL］.（2016 - 03 - 24）［2016 - 08 - 12］. http://www.hwhr.cn/zhichang/a4655.html.

系发展的基础。两性的社会交往关系所呈现的状态会直接影响社会风气。因此，要实现两性和谐发展，就需要男性和女性共同努力，需要双方共同探索和寻求良好的沟通合作方式。与此同时，男性应更有意识地推动社会实现男女共同发展。

阅读与思考

女孩考上大学父亲不让上，称捡垃圾都比读书强[①]

今日是很多大学的开学日，在新生们忙着开始迎接大学生活时，家住槐树店路的玲玲，却在为上大学的事和父亲进行着一轮又一轮的谈判。虽然拿到了成都某高校的本科录取通知书，但玲玲的父亲固执地认为"读书无用"，他宁愿出钱资助玲玲做点小生意，也不愿"扔几万学费进去打水漂"。

19 岁的玲玲出生在川北的一个小村子。父母和所有的亲戚都是面朝黄土背朝天的农民。父母都只读完了小学，就开始自己做小生意。5 年前，觉得成都是大城市，更好赚钱，父母带着玲玲和弟弟举家搬到了成都，在槐树店路附近全款买了套房还买了个小铺面，靠着这个铺面做着小生意。"我们家经济条件不错，不缺上大学的钱。"玲玲说，父亲反对主要是认为上大学没什么用。

读书有用

"我们家经济条件不错，不缺上大学的钱。"——女儿

复读一年，终于考上自己中意的成都某高校本科。只有读大学，才能让自己更有修养、更有层次，大学是对一个人综合素质的提升。玲玲说："我不想成为只会做小生意的人，不想过父亲那样的生活，思想封闭，眼界和层次低，没有任何精神追求。"

读书无用

"我不想把我辛苦赚来的钱白白丢给大学。"——父亲

父亲的账本：大学四年学费加生活费要 8 万元，如果高中一毕业就打工，四年至少可赚 8 万元，一来一回就是 16 万元。这 16 万元拿去做首付买房子，或者开个店做生意都能赚钱。拿去读大学，毕业后也许找不到工作，或者找一份工作每个月就两三千元，又要四五年才能赚回这 16 万元。玲玲父亲说："我只读个小学，比很多大学生还赚得多。不管什么方式，都比读大学划得来。"

◎**思考：**

1. 我们为什么要学习性别视域下的青年发展？
2. 我们该如何实现性别视域下的青年发展？

---

① 柯娟，何彬．女孩考上大学父亲不让上，称捡垃圾都比读书强［N/OL］．成都商报，2013－09－02［2016－08－12］．http://edu.qq.com/a/20130902/006746.htm.

课堂内外

小测试

题目：九型人格测试

目标：让人真正地知己知彼，帮助人明白自己的个性，从而完全接纳自己的短处、活出自己的长处；让人明白其他不同人的个性类型，从而懂得如何与不同的人交往沟通及融洽相处，与别人建立更真挚、和谐的合作伙伴关系。

操作方法：利用互联网，通过九型人格（Ninehouse）完整版测试等参加测评。

效果预期：有助于你有效地掌握个人的行为习惯；有助于你更好地了解自身的优势和弱点，并知道在何种情形下你的行动将更为有效。

◎参考文献

[1] 傅安球. 青年性别差异心理学 [M]. 上海：上海人民出版社，1988.

[2] 苏红. 多重视角下的社会性别观 [M]. 上海：上海大学出版社，2004.

[3] 张莹. 社会性别视角应用研究 [M]. 北京：知识产权出版社，2007.

[4] 祝平燕，夏玉珍. 性别社会学 [M]. 武汉：华中师范大学出版社，2007.

[5] 赖芳，季辉. 大学生恋爱与婚姻 [M]. 天津：天津大学出版社，2012.

[6] 贺雯. 性别差异的研究及其对教育的启示作用 [J]. 上海师范大学学报（哲学社会科学·基础教育版），2005（12）.

[7] 王雪珍，李林. 性别角色类型研究及其对性别角色教育的启示 [J]. 当代教育论坛（宏观教育研究），2008（2）.

[8] 中国特色社会主义妇女理论研究课题组. 论男女平等、妇女发展与性别和谐 [J]. 中华女子学院山东分院学报，2010（1）.

[9] 王亚南，刘昌. 男女生个性差异及其教育启示 [J]. 成人教育，2013（12）.

后　记

教材是教学之本。以团青立足的广东青年职业学院从最初的华南团校开始就特别注重团青教材的建设。改革开放后，广东青年干部学院又编著出版了一批优秀的团青特色教材，产生了一定的影响。

随着时代的发展，团属院校迎来了团青与高教融合的浪潮。如何在进行高等教育的同时保持学校的团青特色，成为新时期团属院校面临的一个新课题。广东青年职业学院的第一本应对该课题的教材——《青年发展导论》也就应运而生。这本教材是一种崭新的尝试，是力图在充分把握当代青年发展和高职学生学习的特点的基础上，结合近年大胆尝试的教学改革经验，面向新时代专门编写的团青特色高等教育教材，供全体青年工作院校学生使用。

本教材在编写的过程中始终注意秉承教育引导与实用主义相结合的原则，一方面通过不同主题对现阶段青年发展情况进行梳理和总结；另一方面是通过案例阐述与分析来展望青年发展的未来方向，为青年群体的教学与研究提供有力支持。从学术价值层面来讲，本教材立足于现有调查和资料搜集的做法，一是对现阶段青年发展研究指明了方向，二是对青年发展的规划提供了全面的素材，三是为新时期的青年发展细化了研究主题。

本教材由广东青年职业学院胡荣华院长担任主编、广东青年职业学院林楠教授担任副主编，由青年发展教学和研究领域的优秀教师组成专门的编写小组。整个编写团队为了本书的完成付出巨大的努力，在整个编写过程中历经多次讨论，数易其稿。本教材力争在保持学术价值的同时做到简明易懂，力争能得到青年朋友的认同，力争能对青年发展起到一定帮助的作用。

全书共分 13 个专题，各专题具体编写分工如下。

林　楠：专题一（青年发展的理论基础与意义）

张震宇：专题二（青年的定位与特点）

　　　　专题八（青年的职业生活与职业发展）

付永昌：专题三（青年学习能力）

钟宇慧：专题四（青年交往能力）

何丽娟：专题五（青年的情感生活与爱情）

专题十三（性别视域下的青年发展）

陈　妍：专题六（青年社会参与）

黄海泳：专题七（青年社交礼仪）

伍珍贞：专题九（青年领导力）

陈青云：专题十（青年网络信息素养）

邵明众：专题十一（文化价值与青年发展）

专题十二（青年发展失范行为）

在教材编写过程中，编者借鉴参考了多部同类教材和著作，在此向所有相关作者表示感谢。由于编者水平有限，教材难免存在不足和缺憾，错谬之处敬请读者不吝赐正。

编　者

2016 年 8 月